황제 프리드리히 2세의 생애

상

De Imperatoris
Friderici Secundi Vita
Nanami Shiono

잉글랜드왕국

대서양

신성로마제국

아헨

라인강

파리

레겐스부르크

푸아티에

빈

프랑스왕국

알프스산맥

리옹

베네치아

피레네산맥

밀라노

에그모르트

제노바

이베리아반도

아라곤

마르세유

피사

피렌체

리스본

톨레도

바르셀로나

아드리아해

타라고나

코르시카

로마

포쟈

발렌시아

브린디시

코르도바

사르데냐

나폴리

지브롤터해협

시칠리아왕국

알제

팔레르모

부제

메시나

보나

오랑

카르타고

시라쿠사

튀니스

몰타섬

카이라완

트리폴리

황제 프리드리히 2세의 영국(領國)과 지중해 세계

——— 로마 가도

카스피해

베스트

베오그라드

도나우강

흑해

하드리아노폴리스

콘스탄티노플

테살로니카

비잔틴제국

소아시아

티그리스강

아테네

입소스

메소포타미아

펠로폰네소스반도

로도스

안티오키아

바그다드

키프로스

시리아

유프라테스강

크레타

다마스쿠스

지중해

아코

팔레스티나

N

예루살렘

알렉산드리아

카이로

나일강

0   250   500km

황제 프리드리히 2세의 생애 상

중세의 '화려한 반역아', 황제 프리드리히 2세의 일생

시오노 나나미 지음

민경욱 옮김

서울문화사

"Intentio vero Nostra est manifestare in hoc libro de venatione avium ea, que sunt, sicut sunt, et ad artis certitudinem redigere, quorum nullus scientiam habuit hactenus neque artem."

/

/

/

"이 책, 조류를 이용한 사냥에 관한 책을 쓰면서 내가 명심한 것은 아래 한 가지다.
모든 것은 있는 그대로, 그리고 본 그대로 쓸 것.
왜냐하면 이 방침을 관철해야만, 책을 통해 얻은 지식과 경험해보고 처음으로 이해한 지식의 통합이라는, 지금까지 아무도 시도하지 않은 과학의 길을 열 수 있을 것이라 믿어서이다."

"Nissuna umana investigazione si pò dimandare vera scienzia s'essa non passa per le matematiche dimostrazioni, e se tu dirai che le scienzie, che principiano e finiscono nella mente, abbiano verità, questo non si concede, ma si niega, per molte ragioni, e prima, che in tali discorsi mentali non accade esperienzia, sanza la quale nulla dà di sé certezza."

/

"내게는 영혼이란 무엇인가를 놓고 논쟁하는 게 쓸모없는 일처럼 여겨진다. 영혼은 우리 눈으로 볼 수 없기 때문이다. 그보다는 실험으로 얻은 지식을 통해 밝혀진 사상을 탐구하는 게 쓸모 있다고 생각한다.

그런 종류의 지식에 근거해야만 잘못된 길에서 헤맬 위험을 피할 수 있다. 과학적인 경험이 없는 곳에 진정한 지식이 생길 리 없다."

처음 소개한 글은, 신성로마제국 황제였던 프리드리히 2세가 직접 집필한《De Arte Venandi cum Avibus(조류를 이용한 사냥에 관한 고찰)》의 첫머리에서 인용한 것이다. 한편 다음 글은 레오나르도 다빈치가 쓴《회화론》에서 인용했다.

두 글은 모두 집필된 지역이 이탈리아고, 쓴 사람도 모두 이탈리아인이지만, 그 사이에는 250년이라는 시간이 놓여 있다.

프리드리히는 1194년에 태어나 1250년에 죽었고, 레오나르도는 1452년에 태어나 1519년에 죽었다.

독자에게

/

/

1968년이니까 45년도 더 된 옛날이야기입니다. 당시 잡지 〈주오코론(中央公論)〉에 데뷔작이었던 《르네상스의 여인들》의 연재를 끝낸 저는, 잡지 연재 중에 "재미있게 읽었다"라고 써주신 하야시 겐타로 선생님과 만날 기회를 얻었습니다. 당시 선생님과 저는 이런 대화를 나누었습니다.

"앞으로 뭘 써줄 건가요?"

"언젠가 프리드리히 2세를 쓸 생각입니다."

"오호! 왜?"

"왠지는 아직 모르겠습니다. 그저 그냥 마음이 가는 남자라."

"칸토로비츠의 평전이 있는데요."

"그건 이미 샀습니다. 하지만 아직 읽지는 않았습니다."

선생님은 미소를 지을 뿐이었습니다. 그는 도쿄대학교 총장이 되실 때까지 독일 근현대사를 가르친 역사학자였습니다. 장황한 설명을 늘어놓지 않아도 알아주셔서 기뻤습니다.

어쨌든 신문 서평에서 처음으로 언급해주셨던 분이라 그 뒤로도 저작은 모두 보내드리고 귀국하면 늘 뵈러 갔는데 그때마다 선생님은 프리드리히는 언제 쓸 거냐고 물으셨습니다. 그때마다 저는 아직 순서가 되질 않았다고 대답했고 선생님은 또 미소를 지으셨죠. 그런 일의 반복이었습니다.

순서가 된다는 것은 저처럼 글을 쓰는 사람에게는 중요한 일입니다. 마음의 준비가 되었다는 뜻이니까요. 공부와 조사가 다 끝나 쓸 때보다 순서가 되어 쓸 때 훨씬 기합이 들어갑니다.

《로마인 이야기》를 끝냈을 때도, 어떤 분이 질문하시더군요. 다음은 뭘 쓸 거냐고. 그에 대해 저는 이렇게 답했습니다.

"르네상스를 쓰고 고대 로마를 쓰고 나니, 아직 쓰지 않은 천 년이 가운데에 남아 있다는 걸 깨달았습니다. 중세라고 부르는 천 년을 앞으로 메워나가고 싶습니다."

이런 이유로 중세에 도전하게 되었는데 생각해보면 전에 썼던 《바다의 도시 이야기》 전반부에서 이미 중세를 썼네요. 베네치아공화국은 중세와 르네상스 양쪽에 걸친 시대의 해양 도시국가였으니까요. 서유럽 측에서 중세를 보는 것은 일단 충분하다는 생각이 들었습니다.

하지만 중세는 그리스도교 세계와 이슬람 세계 양쪽을 다 시야에 넣고 바라볼 필요가 있습니다. 그래서 그 시대 지중해를 끼고 대치했던 북아프리카에 사는 이슬람교도와 남유럽에 사는 그리스도교도의 대립을 해적과 해군으로 조명해 쓴 것이 《로마 멸망 이후의 지중해 세계》입니다.

그다음으로 이번에는 북유럽 그리스도교 세계와 중근동의 이슬람 세계의 격돌을 주제로 한 《십자군 이야기》입니다.

그리고 이러한 중세 작품의 마지막이 이번 《황제 프리드리히 2세의 생애》입니다. 이번에는 그리스도교 세계 내부의 대립으로, 교권과 왕권을 둘러싼 대결이므로 중세를 다룬 작품의 '진수'라는 느낌도 있습니다.

여하튼 이들 작품은 중세 천 년을 무대로 했다는 점은 같습니다. 같은 시대를 조명하면서 대상만 바꿔 썼다고 해야겠죠.

그러므로 읽어주시는 당신에게 제가 보증할 수 있는 딱 한 가지는, 중세를 다룬 저작 중에 '진수'라는 느낌이 있는 '프리드리히'를 읽으시면 중세가 어떤 시대였는지 알 수 있을 거라는 사실입니다. 그리고 그 중세의 무엇이 고대와 다르고, 왜 중세 다음에 르네상스가 일어나는지도 알게 되겠죠.

고대와 중세와 르네상스의 차이를 가장 명쾌하게 보여주는 것이 등장인물들의 '얼굴'을 제대로 소개할 수 있느냐입니다. 제 작품 속에서 고대 저작과 르네상스 저작은 그게 가능했습니다. 반대로 중세 저작은 불가능합니다. 중세의 유명인들, 리처드 사자심왕이나 프랑스 왕 필리프, 그리고 프리드리히 모두 초상이 없습니다. 중세에 그려진 '얼굴'은 신앙의 대상인 신이나 예수 그리스도 혹은 성인들뿐이었습니다.

인간의 '얼굴'을 사실적으로 그린다는 것은 인간성의 현실을 직시하려는 태도와 비례합니다. 이 점만 봐도 중세가 어떤 시대였는지 상상할 수 있을 겁니다.

2013년 초가을, 로마에서, 시오노 나나미

차례

/
/

독자에게

1장
-
유소년 시대

천막 안에서

/

/

지중해의 중앙을 향해 장화 모양으로 툭 튀어나와 있는 이탈리아반도의 장딴지에 해당하는 지점에, 예시Jesi라는 이름의 작은 마을이 있다. 동쪽으로 20킬로미터를 가면 바다가 나오므로 지리상으로 따지면 아드리아해 연안 지방에 포함되나, 예전부터 바로 옆에 있는 고대 항구도시 안코나와는 달리 바다와 인연이 거의 없었다. 오로지 농업과 목축업을 영위하며 검소하고 평온하게 살아온 탓인지 천재나 위인과도 인연이 없었다.

1194년, 그런 예시에서 성탄절 미사를 마치고 교회에서 나온 사람들은 이 마을에서 좀처럼 볼 수 없는 광경에 눈이 휘둥그레졌다. 작은 마을이라 광장도 작았을 텐데, 보통 때는 시장이 열려야만 북적였던 광장에 대형 천막이 펼쳐져 있었기 때문이다.

며칠 전, 황후 콘스탄체가 이 마을에 도착한 것은 마을 사람 모두 알고 있었다. 경호원으로 황후를 수행하는 독일인 기사들의 갑옷은 이탈리아의 작은 마을 예시에서는 눈에 띌 수밖에 없었다.

그건 그렇고 이 대형 천막은 무엇 때문에?

콘스탄체는 남편이자 황제인 하인리히의 시칠리아 왕 즉위식에 동행해야 하는 처지였다. 2백 년 동안이나 시칠리아 왕위를 차지해온 노르만 왕조의 유일한 정통 후계자가 바로 콘스탄체였다. 지금 신성로마제국 황제인 하인리히가 시칠리아 왕국의 주인 자리를 차지할 수 있었던 것도 콘스탄체와 결혼했기 때문이다.

그런데 그해 콘스탄체는 임신 중이었다. 게다가 하인리히와 결혼한 지 9년째에 접어들어서야 이제까지 한 번도 갖지 못했던 아이를 얻은 것이다. 산모의 나이는 이미 마흔. 최대한 배려해야 한다는 것은 남편도 잘 알고 있었다. 하지만 즉위식을 미룰 수는 없다. 황제만이라도 먼저 떠나는 수밖에 없었다.

콘스탄체는 최대한 느긋하게 여행하며 먼저 떠난 남편을 뒤따를 계획이었다. 그런데 시칠리아의 수도 팔레르모로 건너가는 배를 탈 예정이던 바리에서도 멀리 떨어진 예시에 도착했을 때 갑자기 산기를 느낀 것이다. 여기서 낳을 수밖에 없는 상황이었으나 그렇다고 아무 곳에서나 낳을 수는 없는 노릇이었다.

황후는 급히 예시 마을에서 유일하게 많은 사람이 모일 수 있는 장소인, 마을 주교회 앞 광장 한복판에 대형 천막을 치라고 명한다. 그리고 마을의 유력자들을 초대해 예시의 주민 대표가 출산에 입회하도록 요구했다.

▶ 프리드리히의 탄생(같은 시대 연대기에서)

    콘스탄체는 서른두 살의 나이에, 당시 신성로마제국의 황제였던 프리드리히 1세, 역사상으로는 '붉은 수염'이라는 별명으로 더 유명한 황제의 아들이자 당시 스물한 살이던 하인리히와 결혼했다. 정략결혼이었고 열 살이나 나이 차가 난 데다 8년 넘게 임신 조짐도 없었으나 둘의 결혼 생활은 행복했다.

    그러므로 콘스탄체는 마침내 현실이 되려고 하는 후계자 탄생의 순간을 누구도 의문을 가질 수 없는 상황에서 맞아야겠다고 생각했다. 태어날 아이는 현 황제의 아이일 뿐만 아니라 앞으로 시칠리아 왕국의 왕위에 오를 사람이다. 또 마흔이라는 그녀의 나이로 보건대 처음이자 유일한 아들이 될 가능성이 컸다. 그러므로 반드시 그녀의 배에서 태어난 아이임을 명확히 해둘 필요가 있었다. 예시의 주민 대표에게 출산 입회를 요구한 것은 증인으로 삼기 위해서였다.

성탄절 다음 날인 12월 26일은 그리스도교 최초의 순교자로 알려진 성 스테파노의 축일이다. 크리스마스 다음 날이므로 그리스도교도라면 전날에 이어 쉬면서 축일을 보낸다.

그날 천막 안은 운반해온 침대에 누운 콘스탄체와 그 주위를 둘러싼 예시 유력자의 아내들로 입추의 여지가 없었다. 남자들은 천막 바깥을 빙 둘러서 있었고 유력자가 아닌 서민과 아이들은 광장을 빼곡하게 메우고 있었다.

정오가 다가왔을 때 그때까지 광장을 가득 채우고 있던 불가사의한 정적을 깨고 갓난아이의 힘찬 울음소리가 울려 퍼졌다.

황제의 아들이든 농부의 아들이든, 순진무구한 갓난아이의 울음소리는 사람들의 마음을 들뜨게 하는 법이다. 천막 안팎, 그리고 광장 전체가 어린아이의 탄생이라는 경사에 환호성을 올리며 축복했다.

1194년 12월 26일, 이렇게 황제 프리드리히 2세는 화려한 궁전과 웅장한 성벽 깊은 곳에서가 아니라 작은 마을 예시의 광장에 처진 천막 안에서 그 생애를 출발했다. 전날, 아버지 하인리히는 바라던 대로 성탄절에 팔레르모대성당에서 나폴리 이남의 남부 이탈리아와 시칠리아섬을 통치하는 권리의 증표인 '시칠리아 왕'의 왕관을 썼다.

　서민의 아이로 태어나면 엄마 품에서 자란다. 하지만 신성로마제국 황제를 아버지로, 시칠리아 왕국의 여왕을 어머니로 둔 아이는 그럴 수 없었다.

　엄격한 궁정 예절이 있었기 때문은 아니다. 길었던 중세도 후반으로 들어선 12세기부터 13세기에 걸친 이 시대, 안정된 사회를 나타내는 지침이었던 엄격한 궁정 예절 같은 것은 유럽 어느 나라에도 존재하지 않았다. 이 시대 유럽을 지배한 것은 약육강식의 개념뿐이다.

　갓 태어난 프리드리히가 어머니의 체온을 느낄 수 있었던 것은 어머니 콘스탄체가 체력을 회복하고 남편에게 가는 여행을 재개할 때까지의 며칠뿐이었다. 콘스탄체는 갓난아이를 시녀장쯤 되는 우르슬리겐 공작 부인에게 맡긴다. 남편과 재회한 후 그들 부부가 직면할 역경을 생각했을 때 소중한 외아들은 무기 소리가 들리지 않는 곳에서 키우고 싶은 마음이었을 것이다. 우르슬리겐 공작은 중부 이탈리아에 있는 스폴레토 공국의 영주였다. 지금의 움브리아 지방을 완만하게 잇는 언덕과 그 사이 펼쳐진 계곡이 계절의 변화를 잘 보여주는 아름다운 곳이었다.

　프리드리히는 결국, 소도시지만 풍요롭기로 유명했던 스폴레토와 페루자, 아시시가 흩어져 있는 움브리아 지방에서 세 살까지 지낸다. 그동안 어머니와는 한 번도 만나지 못했다. 아버지와도 두 살이 될 무렵 이루어진 세례식에서 처음 대면한다. 황제 하인리히는 일단 독일로 갔다가 다시 남부 이탈리아로 가던 중 여정을 변경해 아시시에 들러 맡겨둔 외아들의 세례식에 입회한 것이다.

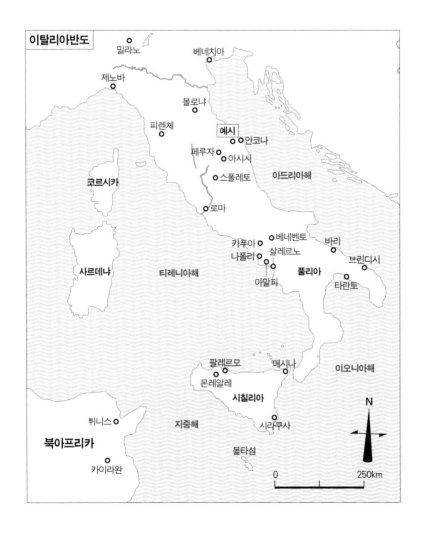

이탈리아반도

밀라노
베네치아
제노바
볼로냐
피렌체
예시 · 안코나
페루자 · 아시시
스폴레토
코르시카
아드리아해
로마
카푸아 · 베네벤토
나폴리 · 살레르노 · 바리
아말피
사르데냐
티레니아해
풀리아
브린디시
타란토
팔레르모 · 메시나
몬레알레
이오니아해
시칠리아
튀니스
지중해
시라쿠사
N
북아프리카
카이라완
몰타섬
0   250km

　서민의 아이라면 세례라는 그리스도교도에게 중요한 행사는 태어난 직후 치르는 게 보통이다. 세례식을 서두르는 것은 만약 세례를 받기 전에 죽으면 갓난아이라도 천국에 가지 못할 우려가 있기 때문인데, 그렇다면 프리드리히는 천국행 보증이 없는 상태로 2년이나 보낸 셈이다. 또 어머니에게 안겨 머리에 성수를 살짝 흘리는 게 일반적인 세례인데 프리드리히는 이미 두 살이었다. 자기 발로 선 아이에게 세례를 주는 것이었으니 진귀한 풍경이었음이 분명하다.

그렇다고 해도 황제이자 시칠리아의 왕이기도 한 사람의 외아들이다. 아시시대성당에서 열린 세례식에는 아시시만이 아니라 이웃 스폴레토와 페루자에서도 주교와 사제들이 몰려드는 바람에 교회 안은 화려한 금은 자수로 장식한 예복 차림이 가득했다. 아시시의 마을 유력자들도 아내와 아이까지 총출동해 자리를 잡았다. 그날 교회를 메운 수많은 사람 가운데 아시시의 유력자였던 직물 상인 베르나르도네의 외아들, 당시 열네 살이던 프란체스코도 있었을 것이다. 아시시의 소년들은 세례식이 치러지는 동안 성가를 부르도록 약속되어 있었다.

늦었지만 세례식을 올린 프리드리히. 이것으로 부모의 의무를 다했다고 생각했는지 하인리히는 세례식이 끝난 다음 날, 바로 남부 이탈리아로 출발했다. 시칠리아 왕국은 두 살짜리 아이를 데려갈 만한 상황이 아니었기 때문이었는데, 프리드리히가 아버지를 만난 것은 이때가 처음이자 마지막이 된다. 그 후 1년 동안 어린아이는 그대로 움브리아 지방에서 지낸다.

세례식에 참석했을 게 틀림없는 아시시의 유력 상인 집안의 아들 프란체스코는 당시에는 훗날 성인이 될 면모를 조금도 찾아볼 수 없었다. 부잣집 아들로 태어나 또래와 놀 생각으로 머리가 가득했던 그가 느닷없이 신의 계시를 받고 수도사가 되는 것은, 그로부터 8년 뒤이기 때문이다. 그런 탓에 같은 마을에 살았더라도 공작의 성에서 애지중지 자란 세 살 아이와 마을에서 젊음을 구가하던 열다섯 살 청년은 다른 세계에서 살았을 것이다.

그러나 이 두 사람, 아시시의 성 프란체스코와 황제 프리드리히 2세야 말로, 중세에 살면서 르네상스의 문을 연 사람들이다. 살아온 세계와 성직 자와 세속이라는 차이는 있었으나 둘 다 중세를 지배해온 고정관념을 깼 다는 점은 같다. 게다가 둘 다 지금으로 치면 '혼혈'이다.

열두 살 연상인 프란체스코는 이탈리아인 아버지와 프랑스인 어머니 사이에서 태어났다. 이탈리아어로 하면 '페데리코'가 되는 프리드리히는 독일인 아버지와 프랑스계 이탈리아인 어머니 사이에서 태어났다.

노르만 왕조

/

/

프랑스계 이탈리아인, 이에 대해서는 조금 설명이 필요할 것 같다.

프리드리히의 어머니 콘스탄체에게는 그녀가 태어난 가문인 노르만 왕조의 성(姓) 같은 느낌으로 '알타빌라Altavilla'가 붙어 다닌다. 알타빌라는 프랑스어 오트빌Hauteville을 이탈리아식으로 읽은 것으로, 콘스탄체의 가계를 2백 년쯤 거슬러 올라가면 프랑스 노르망디 지방의 오트빌 출신이라는 것이다. 그 시대 노르만 남자들은 엄청나게 활동적이었던 탓에 영국을 공격해 노르만 왕조를 연 남자가 있었던 반면, 반대로 남쪽으로 간 남자들은 시칠리아를 지배하던 이슬람교도를 공격해 남부 이탈리아와 시칠리아에 노르만 왕조를 세웠다.

다만 그로부터 2백 년이 지난 콘스탄체 시대의 노르만 남자들은 정복한 땅에 완전히 동화되어 이제는 그냥 이탈리아인으로 봐도 무방했다. 영불해협에 면한 북부 프랑스 노르망디 지방과의 인연도 거의 끊어졌다고 해야 할 것이다.

그런 탓에 당시에는, 남부 이탈리아를 정주의 땅으로 정한 지 오래인

'알타빌라 가문' 사람들의 이름은 일반적으로 이탈리아어로 읽게 된 것이다. 시칠리아 노르만 왕조 최전성기의 왕이었던 루제로 2세도, 그 아버지의 사후에 태어난 딸이었던 콘스탄체도, 이보다 1백 년 전인 제1차 십자군 때 활약했던 보에몬드도, 그 사촌인 탄크레디까지 모두 남부 이탈리아에 정착한 노르만계 이탈리아인이었다.

중세는 폐쇄적인 사회라는 우리의 상식과 달리 그 시대의 유럽은 의외로 개방적인 사회였다. 성 프란체스코나 프리드리히만 혼혈아였던 게 아니다. 제3차 십자군에서 크게 활약한 사자심왕 리처드도 영국과 프랑스의 피를 다 갖고 있었다. 이탈리아 상인이 장사하러 프랑스에 갔다가 점찍은 여자를 아내로 맞아 이탈리아로 데리고 돌아왔고 그 사이에서 태어난 아이에게 프랑스계임을 단박에 알 수 있는 '프란체스코'라는 이름을 붙여도 전혀 괴롭힘을 당하지 않던 시대였다.

또 같은 시대의 이슬람교도들은 유럽의 그리스도교도를 민족에 따라 나누지 않고 통틀어 '프랑크인'이라고 불렀다. 유럽인들조차 자신들을 영국인, 프랑스인, 이탈리아인, 독일인이라고 나누지 않았다. 영불해협에 면한 노르망디 지방을 떠난 '오트빌'이라는 이름의 남자들이 남부 이탈리아에 정주해 '알타빌라'라는 이름이 되었을 정도니까. 이 시대에는 아시시의 프란체스코도, 프리드리히도 그렇게 살고 있었다.

현대 유럽처럼 국가별로 나눌 수 없었던 중세였으나 그래도 역사적 차이에서 비롯된 '차이'는 있었을 것이다. 프리드리히의 아버지 하인리히 6세의 시칠리아 왕국 통합은 이게 바로 독일식이구나 하고 여겨질 만큼 강압적이었다. 그야말로 이제 주인은 독일이고 노르만 왕조의 관계자였더라도 이제는 복종해야 한다는 태도로 일관했다.

반대로 2백 년 동안 남부 이탈리아를 지배해온 노르만 왕조가 피정복민인 선주민족과의 융합 정책에 성공했던 덕분에 오랫동안 번영을 구가했다는 사실은 그 실적으로 알 수 있다. 그 대표가 바로 루제로 2세이고 콘스탄체는 그의 딸이다. 콘스탄체는 남편의 계속되는 강경책에 동의할 수 없었을 듯하지만 그래도 받아들였다. 노르만 왕조 시대의 가신들에게 떨어지는 가혹한 조치도 묵묵히 견뎠다. 하지만 황제 하인리히를 향한 시칠리아 왕국의 증오는 날마다 커졌다. 황제가 십자군 원정 계획을 밝히자, 저 멀리 팔레스타인까지 따라갈 사람은 독일인뿐일 거라며 남부 이탈리아인들은 수군거릴 뿐이었다.

그랬던 하인리히 6세가 갑자기 죽었다. 전장에서 살해된 게 아니다. 원한을 가진 누군가에게 암살당한 것도 아니다. 서른두 살이라는 아직 젊은 나이에 느닷없이 찾아온 건강 이상으로 며칠 만에 사망한 것이다. 시칠리아 왕국을 손에 넣은 지 3년째, 외아들의 세례식에 참석한 지 1년째였다.

신성로마제국 황제는 중세 그리스도교도의 세계에서 속세의 최고위자이다. 그런 사람이 서른두 살의 젊은 나이에 아무도 예상치 못한 죽음으로 퇴장한 것이다. 유럽 안에 지각변동이 일어날 수밖에 없는 상황이었다. 실제로 그의 죽음이 알려지자마자 우선 독일에서, 다음은 남부 이탈리아에서 반란이 일어났다. 게다가 그 혼란에 기름을 붓듯 종교계의 최고위자인 로마 교황이 죽었다. 권위자로 이해 조정을 기대했던 교황과 황제가 나란히 거의 같은 시기에 사라진 것이다. 콘스탄체에게는 남편의 죽음을 슬퍼할 여유조차 없었다.

▶ 아버지 하인리히 6세와 어머니 콘스탄체의 결혼

어머니 콘스탄체

/

/

독일에서는 공석이 된 황제 자리를 두고 죽은 하인리히의 동생 필립이 재빨리 움직이기 시작했다. 콘스탄체로서는 필립의 행동이 좋은 결과로 이어져야 했다. 형과의 관계가 좋았던 필립은 죽은 형의 뒤는 후계자인 프리드리히가 이어야 한다는 생각을 과부가 된 콘스탄체에게 밝혔기 때문이다. 하지만 필립에게는 강적이 있었다. 작센공 오토 브라운슈바이크였다. 오토는 교황파의 기수로 황제파인 필립에 대항해왔다.

끊임없이 이어지는 여진처럼 중세 유럽을 흔들었던 것이 교황파(겔프)와 황제파(기벨린)의 항쟁인데 그 실체는 종교적인 의견 대립도, 통치 방식의 차이도 아니었다. '교황파'란 콘라트, 그 조카이자 붉은 수염으로 불린 프리드리히 1세, 붉은 수염 황제의 아들인 하인리히로 이어져온 호엔슈타우펜 왕가에 반발해 집결한 제후들이다. 그들이 '교황파' 깃발을 든 것은 호엔슈타우펜 가문 출신의 황제들이 보인 이탈리아에 대한 야심에 위기감을 느낀 로마 교황과 이해가 일치했기 때문이다. 로마 교황에 있어서 독일 교황파의 존재 이유는 앞으로만 전진하는 황제라는 차바퀴 사이에 끼워 넣을 '몽둥이' 같은 것이었다. 이른바 '어깃장'이었으므로 로마 교황도 그 '어깃장'의 유지에는 원조를 아끼지 않았다. 독일과 이탈리아를 양손에 거머쥔 황제로 인해 교황이 자리 잡은 로마가 사이에 끼는 사태는 가톨릭교회가 가장 두려워하는 일이었다.

독일 땅에서 시동생 필립의 움직임이 어떤 결과를 가져오든, 이제 막 과부가 된 콘스탄체에게는 시급히 해결해야만 하는 문제가 있었다. 남편이 남기고 떠난 시칠리아 왕국의 통치였다. 죽은 남편과 함께 이탈리아로 내려와 이탈리아 안에서 세력을 확장하고 있던 가신들은 신뢰할 수 없었다. 어린 프리드리히를 맡긴 스폴레토 공작 우르슬리겐조차도, 공국의 영지 유지 보증을 미끼로 독일 교황파에 가담하라는 로마 교황청의 종용을 받고 있었다.

한편 독일 세력에 밀리고만 있던 노르만의 옛 가신들도 신뢰할 수 없는 것은 마찬가지였다. 독일인이든 노르만인이든 그들은 자신의 영지 유지를 최우선시하는 봉건 제후였을 뿐이다. 영지의 유지만 보증된다면 어느 쪽에 서든 부끄러울 게 없는 사람들이다.

콘스탄체가 의지한 것은 고위 성직자였다. 그녀가 소집한 왕실최고회의에 이름을 올린 사람들은 팔레르모, 몬레알레, 레조, 카푸아 같은 남부 이탈리아와 시칠리아를 합친 '시칠리아 왕국' 주요 도시가 임지인 대주교들이었다. 적어도 이 사람들에게는 노골적인 영토 욕심은 없었기 때문이다.

콘스탄체는 이러한 행보를 한 후에야 비로소 스폴레토 공작 부인에게 맡겨뒀던 프리드리히를 데려온다. 어린 아들은 세 살이 되어서야 마침내 어머니의 품으로 돌아왔다.

해가 바뀐 1198년 1월, 로마 교황으로 인노켄티우스 3세가 선출되었다. 서른여덟 살이라는 젊은 교황의 즉위는 당시로서도 이례적인 일이었는데 그 시대 2대 최고 학부였던 볼로냐와 파리 모두에서 공부한 엘리트 중의 엘리트로, 영재라는 사실이 널리 알려져 교황 선출도 단 한 번의 투표로 정해졌을 정도였다. 고등학교 세계사 교과서에도 로마 교황의 권력을 최고로 발휘한 교황이었다고 적혀 있는 이 사람은 로마 남쪽의 작은 마을 아나니에서 태어난 이탈리아인이었다.

아들을 자기 품으로 데려온 콘스탄체의 다음 바람은 아직 세 살밖에 안 된 아들을 시칠리아 왕의 자리에 올리는 것이었다. 이 일은 라이벌이 등장하기 전에 해치워야 했다. 빠른 일 처리를 위해 콘스탄체는 막 교황에 즉위한 인노켄티우스 3세에 접근한다. 교황이 시칠리아 왕국에서 프리드리히의 왕위를 인정해주면 혈통상 프리드리히에게 권리가 있는 독일의 왕위 계승권을 포기하겠다는 조건이었다.

호엔슈타우펜 가문 남자들의 이탈리아와 독일 합병 야심은 역대 교황들의 골칫거리였다. 붉은 수염이라 불린 프리드리히 1세 때부터였으니, 그 문제를 해결할 수 있다면 교황청으로서는 그보다 좋은 소식은 없었다. 인노켄티우스 3세는 콘스탄체의 제안을 받아들였다.

어쩌면 콘스탄체는 사랑하는 아들이 성장해 야만적인 독일인들 사이에서 고생하지 않길 바랐을지 모른다. 따뜻하고 경제적으로 풍요로우며 높은 문명을 지닌 시칠리아 왕국을 주었으니 독일은 신경 쓰지 말라는 마음이었을 수도 있다. 남편이 죽은 후 그녀가 그토록 독일 가신들을 배제하려고 노력한 것을 보면 그녀가 얼마나 독일인을 싫어했는지 알 수 있다.

그리하여 아직 세 살 반밖에 되지 않은 프리드리히는 1198년 5월 17일, 팔레르모대성당에서 시칠리아 왕으로 즉위한다. 시칠리아 왕에 더해 풀리아 공작과 카푸아 공작의 칭호도 받는다. 즉 나폴리까지 공략해온 로마 교황의 영토와 국경을 접한 남부 이탈리아 전역의 통치권을 얻었다는 이야기다. 게다가 그것은 로마 교황의 정식 승인을 받은 것이라 봉건 제후들의 야심이 들끓던 당시라도 아무나 쉽게 욕심낼 수 없는 지위를 얻은 것이다. 그리고 이 시점에서 콘스탄체의 선택은 옳았다. 독일에서는 필립과 오토의 항쟁이 계속되고 있었으니까.

하지만 그로부터 불과 반년 후인 1198년 11월, 콘스탄체에게 죽음이 찾아온다. 병상에 누운 지 며칠 만에 찾아온 죽음이라는데 남기고 가야 하는 네 살짜리 외아들을 맡길 사람을 선택한다는, 너무나도 중요한 일을 끝낸 뒤의 죽음이었다.

▶ 인노켄티우스 3세

죽음으로 향하던 콘스탄체가 아들의 후견인으로 선택한 사람은 교황 인노켄티우스 3세였다. 이때 교황은 조건을 달았다. 시칠리아 왕국이 로마 교황의 영유지임을 인정하는 것이었다. 콘스탄체는 그것을 받아들였다. 그리고 성년이 될 때까지의 후견 비용을 낸다는 것까지 받아들였다. 신을 믿는 성직자라도 공짜로는 후견할 수 없다는 말인데, 후견 비용의 납부는 성년이 된 다음이라고 했으니 그나마 양심적이었던 것일까.

　그렇지만 후견인이 교황이라는 것은 이점이 컸다. 법에 따른 질서 같은 건 꿈에도 생각할 수 없던 시대다. 네 살의 고아지만 그 보호자는 다름 아닌 교황이다. 아무리 극악무도한 무법자라 해도 함부로 손댈 수 없는 게 중세라는 시대였다. 죽음으로 향하는 어머니의 처지에서는 유일하고 효과적인 선택이었을 것이다. 가령 성년이 될 때까지의 후견 비용이 3백 킬로그램 이상의 황금이라는, 막대한 액수라 할지라도.

늑대 무리 속의 한 마리 어린 양

/

/

세 살 때 아버지를 잃고 네 살에 어머니까지 떠나보낸 프리드리히는 유일한 혈육인 삼촌이 독일에서 움직일 수 없는 상황에서 천애고아가 되었다. 외아들이었으니 형제, 자매도 없다. 로마 교황이 후견인인데 무슨 문제냐고 할 수 있겠으나 교황의 관심은 시칠리아 왕국이 교황의 통치권 아래 있고 시칠리아 왕이 로마 교황의 신하라는 점만 인정되면 충분했으므로 언젠가 그 통치자가 될 어린아이의 양육에는 특별한 관심이 없었다.

　인노켄티우스 3세는 로마 교황은 태양이고 황제는 달이라고 당당하게 말했던 인물이다. 그리고 프리드리히는 당시 '달'도 못 되었다. 또 이 시기의 교황은 제4차 십자군을 동방에 보내는 데 온통 신경이 쏠려 있었다. 이 십자군은 시종일관 베네치아공화국의 농간에 놀아나기만 했고 교황은 씁쓸한 심정으로 기정사실을 인정하는 수밖에 없었다. 이는 계획대로 일이 진행되는 동안에는 능력을 발휘하나 예상 밖의 일이 벌어지면 두 손 들고 마는, 엘리트에게서 자주 보이는 한계를 드러낸 사건이었다. 여하튼 이런 상황이었던 탓에 어린 프리드리히의 성장은 사실상 방치된 상태였다.

그러나 좋은 그리스도교도가 되는 길만을 말하는 신실한 성직자와 자신의 학설 주장에만 집착하는 고명한 교사에 둘러싸여 교육받지 않았던 것이, 또 일반인들에게 격리된 채 애지중지 길러지지 않았던 것이 프리드리히에게 있어서는 다행이었다. 가정교사의 이름은 딱 한 명만 알려져 있다. 굴리엘모 프란체스코라는 이름의 그 인물은 일반인으로, 성직자 출신 교사도 아니었다. 나중에 프리드리히가 그의 아들을 중용한 걸 보면 그에게 적합한 교사였던 듯하다. 즉 자기 생각을 주입하는 교사가 아니라 필요한 사실만을 정확하고 끈질기게 알려주고 나머지는 자유롭게 하도록 하는 교사였을 것이다. 그렇지 않았다면 유소년 시절부터 '불굴의 정신이 왕성해 만사에 자기 뜻이 강했다'는 프리드리히와 잘 맞지 않았을 테니까.

천애의 고아가 되고 10년 동안, 만 나이로는 네 살부터 열네 살까지 10년 동안, 프리드리히는 말하자면 '독학, 독보'의 상태였다. 배워야 하는 것을 강제하는 사람이 없었던 터라 다행히도 그는 당시 귀공자에게 꼭 필요한 것을 빼고는 자기 호기심 닿는 대로 탐구 분야를 넓혀갔다. 언어 습득에 관해서는 다음과 같았다.

중세의 국제어이자 그런 탓에 공용어였던 라틴어.
십자군의 공용어가 프랑스어라는 사정을 반영해 당시로는 '통용되는 국제어' 같은 지위에 있던 프랑스어.
아버지의 혈통 탓에 꼭 필요한 독일어.
어머니 대부터 살던 땅이니 가장 중요한 필수과목인 '국어' 이탈리아어.

고전을 읽을 때 여전히 활용되던 그리스어.

그리고 시칠리아의 수도 팔레르모에서 사는 이상 자연스럽게 귀에 들어오는 아랍어.

이 시대의 팔레르모는 가톨릭·그리스도교도로 이탈리아인이 된 지 오래된 노르만계 시칠리아인과 그리스정교를 믿는 그리스계 시칠리아인, 거기에 이슬람교를 버리지 못한 아랍계 시칠리아인이 뒤섞여 사는, 당시로는 이색적인 사회를 구성하고 있었다.

무엇을 배울지를 자유롭게 선택할 수 있었던 프리드리히는 어디로 갈지도 자유롭게 만끽하고 있었다. 항상 거주하는 '노르만인의 궁전'이라 불리는 성에서 나와 시종도 없이 팔레르모 시내로 나가서는 돌아오지 않던 소년은 옆에서 시중드는 사람들이 보기에는 '만사 자기 뜻을 관철하는 존재'였을 것이다. 그러나 이런 종류의 경험이야말로 프리드리히에게는 성장한 뒤 진정한 도움이 된 '인생의 학교'였을 것이다.

고위직 사람 곁에는 항상 성직자가 있다. 프리드리히 옆에도 사제가 있었으나 이 사람의 영향력은 거의 없었다. 그의 임무는 프리드리히의 일상을 상사인 카푸아 대주교에 보고하는 것일 뿐이었다. 카푸아 대주교는 그것을 로마 교황에 전달했다. 이 시기 인노켄티우스는 이교도끼리의 십자군만이 아니라 역사상 '알비 십자군'이라 불린 그리스도교도를 상대로 한 군사 행동에 나서고 있었다. 그러니 보고서를 보고 건강하게 지내고 있구나, 정도로만 생각하고 쓱 훑어보고 끝내지 않았을까.

그렇지만 후세의 우리가 이 시기의 프리드리히를 파악하는 데 유용한 정보는 교황에게 보내진 이 보고서뿐이다. 그 안에 흩어져 있는 사실을 모아보면 소년 프리드리히의 모습은 다음과 같다.

- 키는 중간 정도로 작지는 않다. 그렇다고 해도 이 나이의 다른 소년들에 비해 큰 편은 아니다. 평균 정도다. 또 체격은 단단하고 지구력이 있다.
- 무기를 잘 다룬다. 칼도 창도 활도 평균 이상으로 다룬다.
- 무술에 집중하고 있을 때는 자세가 부드럽고 몸을 자유자재로 써서 틈이 없다.
- 승마를 아주 좋아한다. 성질이 거칠더라도 일단 타면 압도적으로 빨리 달리는 말을 좋아한다.
- 아침에 일어난 순간부터 잠들 때까지 가만히 있는 그를 본 적이 없다. 나이를 생각하면 당연한 일일 수 있으나 가만히 있어선 안 된다고 생각하는 듯하다.
- 하루 중, 유일하게 '가만히' 있는 것이 독서할 때다. 좋아하는 것은 역사물이 많은데 인물이나 주제를 선택해서 읽는 건 아니다. 뭐든 눈에 들어 손에 넣은 책은 다 읽는다. 독서는 종종 새벽까지 이어진다.
- 늘 활달하고 피로를 모르는 소년이나, 왕으로 행동해야 하는 자리에서는 태도가 일변한다. 태도가 근엄해지고 표정까지 조용히 변한다. 그런 순간의 소년 왕은 고귀한 인물답게 늠름하고 아름다움을 뽐내 만나는 사람이 절로 그의 지위를 생각하게 만든다.
- 누구나 눈이 휘둥그레지는 미소년은 아니다. 하지만 넓은 이마는 넓

은 마음을 드러내고 강력하게 상대를 바라보는 눈빛은 소년이지만 지력과 가슴에 품은 열정을 드러낸다. 한편으로는 왕이라는 높은 지위의 인물과는 어울리지 않는 서민적인 말로 사람들을 놀라게 할 때도 적지 않다.

• 무엇이든 미리 정해진 대로 따르는 걸 제일 싫어하는데 벌도 전혀 효과가 없다. 어린 나이임에도 벌써 자기 뜻대로 행동하겠다는 의지가 굳은 듯하다. 그런 탓에 주위에서 후견인이 필요한 소년으로 보는 현 상황을 참을 수 없는 듯하다.

프리드리히는 아무래도 다민족, 다문화, 다종교가 뒤섞인 도시 팔레르모에서 자유롭게 자란 듯한데, 그렇다고 마냥 평온하고 태평한 환경이었던 것은 아니다. 고아가 된 뒤로 10년 동안 시칠리아 왕국은 한마디로 무법 상태였다. 수많은 봉건 제후가 서로 다투었기 때문인데, 이 역시 간단히 정리하면 독일파와 이탈리아파의 항쟁이 끊이지 않았던 10년이라 할 수 있다. 프리드리히의 후견인이 된 로마 교황도 프리드리히가 왕인 시칠리아 왕국의 통치에는 관심이 없었기 때문이다. 하지만 그 탓에 소년 프리드리히는 이 두 파가 가지려고 서로 다투는 공 같은 존재가 되어버렸다. 왜냐하면 두 파 모두 아직 미성년인 프리드리히를 수중에 넣어 섭정이 됨으로써 시칠리아 왕국 전체로 세력을 확대하려는 목적이 있었기 때문이다. 사제에서 대주교로, 그리고 로마 교황에 보내진 보고서가 이런 상황에서 일어난 사건 하나를 기록하고 있다.

1201년 10월 일이니까 프리드리히가 아직 일곱 살도 되지 않았을 때였다. 이탈리아파와의 세력 다툼에서 우위에 선 독일파가 수도 팔레르모까지 쳐들어왔다. 이 파의 우두머리인 마르코발도는 부하들을 이끌고 시칠리아 왕이 사는 '노르만인의 궁전(팔라초 디 노르만)'의 성문에 서서 문을 열라고 요구했다. 저항은 무의미하다고 판단한 수비대는 싸우지 않고 성문을 열었다. 마르코발도의 목적은 왕국의 점거가 아니라 소년 왕의 납치였는데 당시 프리드리히는 일곱 살 소년다운 방식으로 저항했다.

자신의 몸을 피가 나도록 마구 할퀴며 큰 소리로 울부짖는 방식으로 저항한 것이다. 이래서는 소년의 할아버지인 '붉은 수염' 황제가 이끌던 십자군에 참전했던 전력을 자랑으로 여기던 마르코발도도 손댈 수 없었다. 소년 왕의 납치는 실패로 끝나고 말았다.

하지만 이 일화를 전한 사제는 다음과 같은 문장으로 보고를 마쳤다.

"이때 소년 왕이 보인 광기라 할 법한 행동은 공포나 절망에서 나온 게 아니었습니다. 가신에 불과한 인물이 자기 몸에 손을 대는, 왕이지만 실권을 지니지 못한 자신의 현재 상태에 대한 강렬한 분노에서 나온 행위였습니다."

유소년 시절부터 그런 긴장 상태에서 살다 보면 모든 것을 의심하게 되는 게 당연하다. 주위는 모두 적이고 아무에게도 마음을 허락하지 않게 된다. 그 결과 신뢰하는 사람을 얻지 못하는 일생을 보내고 만다.

하지만 프리드리히에게 그런 일은 일어나지 않았다. 난독(亂讀)이라 할 수 있을 정도의 독서에 대한 열정이 폐쇄적인 성격이 되지 않도록 했던 것일까. 책이란 자칫하면 외통수로 빠질 수 있는 생각에 다른 견해와 사고방식이 있음을 알려주는 것이다. 실제로 성인이 된 후 프리드리히는 신뢰하는 사람에게는 철저한 믿음을 베풀었고 그 덕분에 평생 그를 지지해주는 친구를 얻었다.

그러나 일곱 살 소년에게는 아직 성인으로의 길은 멀기만 했다. 그동안 프리드리히는 변함없이 '만사에 자기 뜻을 관철'하며 자랐다. 왕국 안의 무정부 상태는 전혀 개선되지 않았으나 소년의 주위는 조금씩 안정을 되찾았다. 그때의 단호한 태도, 물론 온몸을 할퀴며 울부짖는 게 전부였지만, 그때의 행동은 소년 왕이니 어쩔 수 없으리라 여겼던 가신들에게 소년일지라도 왕이라는 강렬한 인상을 남겼던 듯하다. 적어도 그 후로 그의 몸에 손을 대려는 자는 나오지 않았다.

그리고 조금씩 소년의 관심사도 넓어졌다. 원래부터 '독학 스타일'이었다. 인생이 곧 학교라고는 해도 사람들과 섞여 있다고 충분한 건 아니다. 또 책으로 얻는 지식도 그것만으로 충분한 건 아니다. 선입견에 사로잡히지 않고 허심탄회하게 관찰하는 일도 훌륭한 배움의 장이 된다. 팔레르모와 그 주변에는 그야말로 진정한 학교라 할 만한 배움의 장소가 수없이 존재했다.

우선 겨울철에 머물렀던 성 '노르만인의 궁전' 내부의 예배당을 중심으로 한 왕의 거주 구역. 거기서 걸어갈 수 있는 거리에는 마토라나라는 통칭으로 알려진 궁전 내 예배당과 마찬가지로 금색 바탕에 화려한 모자이크로 장식한 아름다운 교회가 있다. 또 여름철을 보내는 별궁으로는 아랍어로 지자와 쿠바라고 부르는 곳도 있었다. 그리고 하루 여행을 각오하면 몬레알레의 교회와 그 회랑이 '학교'가 된다. 이 건물들은 전부 시칠리아 왕들이 발주했으나 그리스정교도 모자이크 장인이 벽면을 장식하고 이슬람교도 장인들이 기둥과 바닥을 장식해 완성한, 시칠리아를 다스려온 노르만 왕들의 개방 노선이 낳은 훌륭한 결실이었다. 그것들은 모두 프리드리히가 중세적인 고정관념으로부터 자유로워지는 데 도움을 주었을 게 분명하다. 8백 년 후 그와 같은 독일인 학자가 평한 '독일인 군주 가운데 유일하다 할 만한 창조적인 천재'의 기초는 사실 이 시기, 네 살부터 열네 살까지의 고아였던 시기에 완성된 것이다. 창조란 이질적인 요소의 자극이 없는 곳, 그러니까 순수 배양만이 있는 곳에서는 생길 수 없는 정신 활동이니까.

그러나 1208년, 아직 열세 살 반에 불과했던 프리드리히는 이 '학교(스콜라)'에서의 배움을 이어나갈 수 없게 된다. 그해 6월, 삼촌인 필립이 살해당한다. 독일 땅에서 10년이나 이어져온 황제파와 교황파의 항쟁이 교황파의 승리로 끝났음을 의미한다. 다만 그 끝이 프리드리히의 끝을 의미하는 것은 아니었다. 결정적으로 열세에 놓이게 되었다고는 해도 독일에서는 여전히 강력한 세력인 황제파 제후들의 시선이 호엔슈타우펜 가문의 유일한 생존자인 열세 살짜리 아이에게 다시 모이게 된 것이다.

독립 선언

/

/

그해 12월 26일, 열네 살이 된 프리드리히는 성인이 되었음을 스스로 선언했다. 빠르면 열다섯 살, 늦어도 열여섯이나 열일곱 살이 되어야 성인식을 치르는 게 상식이었다. 그런데 열네 살이 되자마자 마음대로 성인임을 선언하고 앞으로 모든 일은 스스로 결정하겠다고 공표한 것이다.

후견인인 인노켄티우스 3세는 그야말로 허를 찔린 셈인데 그 소식을 듣고도 기분 나빠하지는 않았다. 측근에게 다음과 같이 말했다고 한다.

"그는 나이의 걸음보다 능력의 걸음걸이가 빨랐던 것 같군. 소년기에서 갑자기 고도의 인지능력이 요구되는 나이로 들어갔다니."

그러나 교황도 그리 느긋하게 있을 수만은 없었다. 성인 선언으로부터 한 달도 지나지 않은 1209년 1월, 아직 열네 살밖에 되지 않은 시칠리아의 왕은 권위와 권력 모두에서 '태양'으로 칭해지는 마흔아홉 살의 로마 교황의 심기를 거스를 만한 행동에 나섰기 때문이다. 팔레르모 대주교의 후임을 고르면서 교황이 추천한 세 명의 성직자 가운데 선택하길 거부한 것이다.

　이는 사실, 중세를 뒤흔든 서임권 투쟁의 뿌리를 건드리는 큰 문제였다. 성직자는 로마 교황에 임명권이 있는가, 아니면 그 성직자가 성스러운 임무를 수행하는 지역을 통치하는 왕에 있는가, 하는 문제이기 때문이다. 하지만 이때 인노켄티우스 3세의 대응은 온건했다. 프리드리히에게 보낸 교황의 편지에는 이번 젊은 왕의 태도는 왕 측근들의 몰상식에서 비롯된 것이므로 용서한다고 되어 있었으니까. 프리드리히도 여기서 더 나아가지 않고 한 걸음 후퇴를 선택함으로써 로마 교황과 프리드리히의 첫 번째 충돌은 이것으로 끝나고 이때의 대립은 표면화되지 않은 채 해소되었다.

　그래도 교황은 고삐 풀린 말이 되기 전에 고삐를 죄어야 한다고 느꼈던 듯하다. 이 사건의 한 달 뒤에 바로 프리드리히에게 결혼하라고 권했을 뿐만 아니라 상대까지 결정해버렸다. 아내가 될 사람은 아라곤 왕의 딸로, 헝가리 왕과 결혼했으나 남편이 죽고 유일한 아들도 죽자 스페인으로 돌아온 사람이었다. 나이는 프리드리히보다 열 살이나 많았다. 열네 살의 시칠리아 왕은 로마 교황이 철저히 준비한 이 결혼 이야기를 받아들였다.

　결혼식은 그해 8월 15일에 팔레르모대성당cathedrale에서 엄숙하게 치러졌다. 8월 15일은 성모 마리아의 승천을 축하하는 축일이라 그리스도교도 세계에서는 그날에 중요한 의식을 치르곤 했다. 오빠와 함께 스페인에서 시칠리아로 결혼하러 온 신부에 관한 동시대 기록은 하나도 없는데 신부가 지참금으로 데려온 5백 명의 기사에 대한 기록은 있다. 마치 프리드리히의 관심이 신부보다 5백 명의 기사에게 있었다는 듯. 그게 사실이긴 하지만.

프리드리히의 어머니와 이름이 같았던 아라곤 왕가의 왕녀 콘스탄체는 교황이 기대한 '고삐'가 되지 못했다. 오히려 프리드리히에게는 좋은 동반자였다. 미리 인생의 쓴맛을 봤던 덕에 긴장의 끈을 놓지 못하는 젊은 남편의 마음을 부드럽고 따뜻하게 감싸주어 풀어줬을지도 모른다. 2년 뒤, 그녀는 프리드리히의 첫아들을 출산한다.

▶ 젊은 날의 프리드리히와 시종들

아라곤 왕가의 왕녀가 지참금으로 데려온 5백 명의 기사는 마음대로 성인임을 선언하고 앞으로는 모든 일을 스스로 결정하겠다고 공표한 프리드리히에게는 어떤 영지보다 중요했다. 왜냐하면 성인 선언을 한 직후인 이때 프리드리히는 오랜 기간 무정부 상태였던 시칠리아 왕국에 왕의 직접적인 통치 질서를 회복한다는, 매우 어려운 사업에 착수하고 있었기 때문이다. 무정부 상태는 왕국 안의 봉건 영주들이 저마다 마음대로 행동해 일어난 사태인데, 그 결과 왕국 국고에 세금이 들어오지 않아 당연하게도 왕이 쓸 수 있는 군사력이 없는 것이나 마찬가지인 상태였다. 그러니 5백 명의 기사는 너무나 고마운 존재였다.

참고로 왕의 직접 통치로 왕국의 질서 회복을 기하겠다고 했는데 구체적으로는 그런 통치가 기능했던 굴리엘모 2세의 치세기(1171년부터 1189년)로 돌아가 제후들의 영지를 재검토하는 것부터 시작해야 했다. 돌아간다 해도 20년 전까지 거슬러 올라가야 한다. 어쨌든 지난 20년 동안, 왜곡된 상태라도 왕에 의한 통치가 기능했던 때는 프리드리히의 아버지가 통치했던 3년간과 그의 사후 어머니가 통치한 1년간까지 채 4년이 못 되는 기간이 전부였고 다음은 프리드리히가 미성년이었던 10년이 이어졌다. 즉 남부 이탈리아와 시칠리아로 이루어진 '시칠리아 왕국'은 20년간 거의 봉건 제후들의 천하였던 셈이다.

프리드리히는 그런 상황을 재검토한 뒤 재편성하겠다고 선언한 것이다. 당연히 독일파, 이탈리아파 할 것 없이 기득권자인 봉건 제후들은 대대적으로 반대하고 나섰다. 열네 살의 프리드리히가 하려는 일이 매우 어려운 사업일 수밖에 없었던 것도 지난 '20년' 탓이었다.

그래도 프리드리히는 결혼식을 치른 2주 뒤, 제후 영지의 재검토에 꼭 필요한 왕국 각지 시찰에 나섰다. 물론 호위병을 대동한 시찰이었다. 그러나 반대파의 적대 행위를 충분히 예상할 수 있었기에 위험부담을 각오한 행동이었다.

라이벌 오토

/

/

한편 로마에 있던 교황 인노켄티우스 3세는 그런 프리드리히는 안중에도 없다는 듯 행동했다. 이전까지는 비공식으로 이루어졌던 작센공 오토에 대한 지원을 공식적인 지원으로 변경한 것이다. 오랫동안 오토의 적이었던, 프리드리히의 숙부 필립이 암살되는 바람에 남은 오토를 선택할 수밖에 없었는데 작센공 오토는 교황파의 우두머리이기도 했다. 그 오토가 이탈리아로까지 탐욕의 손길을 뻗어 시칠리아 왕국을 손에 넣어 중부 이탈리아에 있는 교황의 영지를 압박하는 행동은 결단코 벌이지 않으리라 예상한 것이다. 독일과 이탈리아가 단 하나의 군주에게 들어가는 것은 교황에게는 끔찍한 악몽이었다.

1209년 10월, 독일에서 남하한 오토를 맞아, 로마에서는 교황 주도로 신성로마제국 황제 대관식이 열렸다. 교황 인노켄티우스 3세도, 이제 정식 황제가 된 오토가 아직 스물일곱 살로 젊으니 당분간 이런 상태가 유지되리라 생각했을 것이다. 북쪽의 독일은 오토가, 남쪽의 시칠리아 왕국은 프리드리히가 통치하니 중간의 로마는 이로써 안전하다고. 분리해 통치하라는 고대 로마의 통치 원칙을 따라 교황은 대관식 전에 미리 오토에게 이탈리아에는 손대지 않겠다는 약속을 받았다.

그런데 대관식을 마치자마자 새 황제 오토는 그 약속을 잊었다. 잊었다기보다 그동안 쓰고 있던 양의 탈을 벗어던지고 늑대로 돌아왔다는 표현이 적절할 것이다. 새 황제의 야심은 우선, 교황청 영토의 북쪽과 국경을 맞댄 토스카나 지방으로 향한다. 그리고 이어서 바로 시칠리아 왕국의 영토인 남부 이탈리아로까지 군대를 진격시켰다.

교황은 오토의 행동에 격노했으나 로마 교황은 자신의 군대를 갖고 있지 않았다. 종교 조직이 군사력을 가져선 안 되기 때문인데 종교 조직만의 '무기'는 있었다. 그리고 그 무기가 오토의 군세에 밀려 자국 영토 북쪽의 카푸아, 나폴리, 살레르노, 아말피까지 속속 점령당해 절체절명의 위기에 몰린 프리드리히를 구원했다.

해가 바뀐 1210년 10월, 로마 교황 인노켄티우스 3세는 신성로마제국 황제 오토 4세를 파문한다고 공표했다.

이 파문이 오토의 약속 위반에 교황이 격노한 지 1년이나 지난 시점에 이루어진 이유는 첫째, 오토를 대신할 인물을 찾는 데 시간이 걸렸다는 점, 둘째, 교황청이 이탈리아반도에 주둔해 제멋대로 날뛰는 오토의 군대를 두려워했던 점을 꼽을 수 있다. 그래도 교황은 '태양'으로서의 권위를 걸고 '달'에 단호하게 조치할 필요가 있었다.

이 파문의 효과는 바로 나타나지 않았다. 오토가 파문 같은 것은 신경

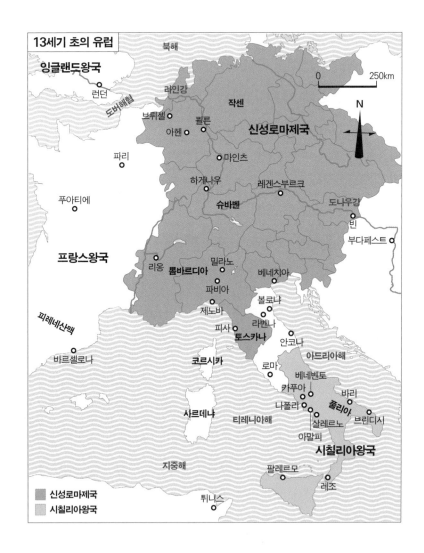

13세기 초의 유럽

북해

잉글랜드왕국

런던

0 ──── 250km

라인강

도버해협

브뤼셀

쾰른

아헨

파리

작센

신성로마제국

N

마인츠

하게나우

레겐스부르크

슈바벤

도나우강

빈

부다페스트

푸아티에

프랑스왕국

리옹

롬바르디아

밀라노

파비아

베네치아

볼로냐

제노바

피레네산맥

피사

라벤나

토스카나

안코나

아드리아해

바르셀로나

코르시카

로마

베네벤토

카푸아

나폴리

풀리아

바리

브린디시

살레르노

사르데냐

티레니아해

아말피

시칠리아왕국

지중해

팔레르모

레조

튀니스

■ 신성로마제국
■ 시칠리아왕국

쓰지 않는다는 듯 로마 시대부터의 오랜 도시 카푸아에서 남유럽의 온화
한 겨울을 만끽한 데 반해 오토라는 말을 버리기로 한 교황이 새로 점찍은
프리드리히는 같은 남유럽에 있으면서도 온화한 겨울을 만끽하기는커녕

자국의 방위에 분주한 날들을 보내고 있었으니 말이다.

그런 오토가 자신의 군대와 함께 독일로 돌아간 것은 로마에서 대관식을 치른 2년 뒤, 파문당하고도 1년 뒤인 1211년이었다. 파문의 영향을 느끼기 시작했기 때문이 아니다. 독일 땅에 퍼지기 시작한 반오토 움직임을 무시할 수 없어졌기 때문이다. 이 사람은 무장으로서는 상당한 능력의 소유자였으나 제후나 병사들에게 인기가 없었다. 혈연이었던 까닭에 그가 어려서부터 동경했다고 전해지는 영국의 리처드 사자심왕이 제후부터 병사에 이르기까지 사랑받았던 것과는 반대로.

베라르도와의 만남

/

/

인노켄티우스 3세는 오토에서 프리드리히로 갈아타기는 했으나 그 대상의 나이가 열여섯 살이었으니 아무래도 마음이 놓이지 않았던 모양이다. 파문당했음에도 여전히 오토가 이탈리아에 진을 치고 있던 1211년 봄, 프리드리히에게 한 인물을 상담자 역할로 추천한다.

그 사람의 이름은 베라르도 카스타카. 중부 이탈리아 아부르초 지방의 귀족 출신인데 성직에 나선 인물로, 이 시기에는 남부 이탈리아의 바리 대주교로 있었다. 교황은 상담자로 있으려면 왕 측근에 있어야 한다고 생각했는지 이 사람을 바로 팔레르모 대주교로 임명한다. 덕분에 이후로는 '팔레르모 대주교 베라르도'가 이 사람의 역사적 호칭이 된다.

교황의 진의는 대주교 베라르도를 통해 프리드리히를 자신의 지배 아래 두는 것이었다. 처음 만났을 때 두 사람은 프리드리히가 열여섯 살, 베라르도가 서른세 살이었으니까 나이 면에서는 감시 역할로 최적이었다. 또 당시에도 이미 대주교 베라르도의 높은 식견은 유명했다. 이 사람을 곁에 두면 무슨 일에나 제멋대로 구는 야생마도 잘 조련할 수 있으리라 생각했을 것이다.

하지만 교황의 기대는 완전히 배신당했다. 대주교가 아무런 기록을 남기지 않았으므로 서른세 살이 열여섯 살 소년에게 무엇을 보았는지는 알도리가 없다. 분명한 것은 이 팔레르모의 대주교 베라르도가 프리드리히의 이후 생애에서 가장 소중한 파트너가 된다는 점이다. 1년 뒤에 시작되는, 모험이라고밖에 할 수 없는 미래를 건 불투명한 독일행에 처음부터 프리드리히와 함께 행동했던 사람도 베라르도였다.

2장
-
열일곱에
일어서다

이탈리아를 떠나 독일로 돌아간 오토와 교대하듯 1212년으로 해가 바뀐 1월, 독일에서 온 일행이 프리드리히를 찾아왔다. 반오토파의 일원인 그들은 프리드리히에게 독일에 오라고 요구했다. 뉘른베르크에 집결한 반오토파 제후들이 자신들의 황제로 프리드리히를 추대했으니 그 뜻을 받고 황제 추대를 확실히 하기 위해 독일에 오라는 요청이었다.

작센 지방을 본거지로 한 오토의 근거지가 북부 독일인 데 대해 호엔슈타우펜 가문의 근거지는 남서부 독일이다. 남부 독일이 북부 독일에 반발한다기보다 오토의 난폭하고 강압적인 통치에 처음부터 체질이 맞지 않았던 남서부가 반발해 오토를 대신할 황제로 프리드리히를 선출하고, 그에게 자신들의 리더가 되어달라고 요청한 것이다.

할아버지도, 아버지도 황제로 즉위해 황제로 죽었다. 자신이 그 뒤를 잇는 것은 프리드리히에게는 당연한 권리였다. 하지만 그 자리에서 흔쾌히 수락하지 못했던 것은 수많은 장애물이 그의 앞을 가로막고 있었기 때문이다.

첫째, 왕의 직접 통치에 의한 시칠리아 왕국의 재편성이라는 첫 목표가 좀처럼 진척되고 있지 않았다.

오토의 남하는 기득권만 지키면 그만이라는 속내의 봉건 제후들에게 각자의 영지를 최우선시해야 한다는 그럴듯한 대의명분을 주었다. 구체적으로는 프리드리히가 명령한 성채 반환에 응하지 않은 것이다.

둘째, 직접 통치의 실현이 여전히 결과를 내지 못한 탓에 돈과 병사가 없는 프리드리히의 사정에 변화가 거의 없었다. 아내가 지참금 대신 데려온 5백 명의 기병은 낯선 땅에서의 격무 탓에 역병에 걸려 대다수가 죽었다.

그러나 독일의 요청을 수락하지 않거나 미루는 데 대한 손실도 크다.

첫째, 지금은 교황에게 파문당하고 제후들이 반기를 들어 수세에 몰린 오토지만, 아직 서른 살로 젊다. 프리드리히가 독일행을 연기하면 그동안 세력을 만회할 가능성이 컸다.

둘째, 발밑이 튼튼하지 않은 상태에서 독일행을 결행할 수 있는가다. 하지만 왕의 직접 통치에 의한 시칠리아 왕국의 재편성이라는 기득권 계급과의 격돌은 지극히 어려운 사업이라 언제 실현될지 예상할 수 없었다.

열일곱의 황제는 결단을 내렸다. 프리드리히는 발밑을 단단히 굳힌 다음 한 걸음을 떼는 게 아니라 우선은 한 걸음을 먼저 내디디고 그것이 이루어진 단계에서 발밑의 문제를 해결하러 돌아오겠다고 생각했을지 모른다. 이렇게 열일곱 황제의 '빈털터리' 모험이 시작되었는데 실제로 여행을 떠나기 전에 해둬야 할 일이 아직 있었다.

교황 인노켄티우스 3세

/

/

열일곱의 나이에 이제 막 세상에 나가려는 프리드리히가 절대 무시해선
안 되는 중요한 인물은 다음 네 사람이다.

　작센공 오토 … 30세
　교황 인노켄티우스 3세 … 52세
　영국 왕 존 … 45세
　프랑스 왕 필리프 … 47세

　오토를 파문했을 정도니까 교황 인노켄티우스에게 오토는 적이다. 그
런 오토는 숙부에 해당하는 영국 왕 존과 동맹 관계에 있다. 바로 그 존이
프랑스 왕 필리프와 프랑스 안의 영국 영지를 놓고 적대 관계에 있다. 그
리고 프랑스 왕 영토의 동쪽은 프리드리히의 독일 내 기반이 될 남서부 독
일과 국경을 접하고 있다. 그러므로 프랑스 안에서 영국 세력을 몰아내려
는 집념에 불타고 있는 프랑스 왕과 영국 왕과 결탁한 오토를 파문한 교황

은 이해가 일치하는, 그러니까 '아군'인 셈이다.

프리드리히의 독일행 목적은 독일 제후들이 제공하는 황제 자리를 확실히 하는 데 있다. 거기에는 남서부에 펼쳐져 있는 호엔슈타우펜 가문의 영지 수복을 빼놓을 수 없다. 그러기 위해서는 바로 서쪽에 있는 프랑스와의 관계를 우호적으로 유지할 필요가 있다. 열일곱의 황제는 오토에서 자신에게로 갈아탔음을 시사한 교황의 지지를 더 견고하게 하는 방안을 우선시하기로 했다.

역대 교황들의 악몽이 독일이 있는 북방과 시칠리아 왕국이 있는 남방이 한 군주의 지배를 받는 사태라는 것과, 그런 사태를 피하기 위해서라면 무슨 짓이든 할 사람들이라는 걸 프리드리히는 잘 알고 있었다. 그런데 지금, 시칠리아 왕인 자신이 독일 제후의 초빙을 받고 황제의 지위를 확고하게 하고자 독일로 떠나려는 것이다. 로마 교황의 악몽의 원인을 제거하고 그런 교황으로부터의 자신에 대한 지지를 더 확고하게 하려면 할 일은 하나밖에 없었다.

독일에서 온 사절을 접견한 2개월 뒤, 팔레르모대성당에서 이제 막 한 살 생일을 맞은 적장자 엔리코, 독일어로 읽으면 하인리히가 아버지 프리드리히와 어머니 콘스탄체가 참석한 가운데 시칠리아 왕국의 왕으로 즉위한 것이다. 이로써 황제와 왕위는 다른 사람이 차지한 형세다. 한 살짜리 왕 대신 왕국을 통치할 섭정에는 아내 콘스탄체를 임명하고 그녀를 지원할 행정부의 진영도 모두 갖췄다. 아들의 즉위식이 모든 사전 준비의 마지막을 장식하는 행사였다. 즉위식을 치르고 2주 뒤, 프리드리히는 이미 북으로 항해하는 배 위에 있었다.

　빈털터리 여행이었으므로 황제 직위를 받으러 가는 사람치고 한심할
정도로 수행원이 적었다. 독일에서 왔던 사절과 대주교 베라르도까지 포
함해도 달랑 일곱 명. 이들 외에 둘이 더 있었는데 이 둘은 비서부터 서기
까지 온갖 잡무를 담당한 탓에, 수행원에 넣기에도 민망하다. 아무리 그래
도 경호 병사는 따라갔을 텐데 기록이 전혀 없는 것으로 보아 언급할 가치
가 없을 정도였으리라.

　게다가 프리드리히를 태우고 독일로 향하는 배조차 자기 배가 아니었
다. 이 시기의 시칠리아 왕국에는 해군은커녕 상선단조차 없었으므로 해
양 도시국가인 제노바의 배를 탈 수밖에 없었다.

　다만 당시 제노바는 같은 해양 도시국가인 피사와 전투 중이었다. 그래
서 제노바 배의 선장은 프리드리히와 그 일행의 승선을 허락하기는 했으
나 그들이 원하는 로마까지는 갈 수 없었다. 도중에 있는 가에타 항에 내
려 거기서부터는 육로로 로마에 가라는 것이었다. 로마 근해부터 피사까
지의 해협은 피사 해군이 통제하므로 제노바 배로는 승객의 안전을 담보
할 수 없다는 것이다.

　그런 까닭에 프리드리히는 가에타 항에서 내려야 했는데 다행히 가에
타의 주민은 시칠리아 왕에게 호감을 품고 있었는지, 그들이 제공하는 배
로 로마의 외항 오스티아까지 갈 수 있었다. 도적의 출몰이 일상다반사인
육로 여행은 피할 수 있었던 셈이다. 이리하여 시칠리아를 떠난 2주일 뒤
인 4월, 프리드리히와 그 일행은 로마에 입성했다. 로마 민중은 소수 인원

의 선두에 선 젊은 프리드리히를 환호로 맞아주었다.

교황 인노켄티우스 3세와의 첫 대면은 부활절 날에 실현된다. 14년 전 어머니를 잃은 해부터 이 교황이 프리드리히의 후견인이었다. 쉰두 살이 된 교황은 이때 처음으로 자신이 부모 역할을 해줬던 고아의 성장한 모습을 보게 된다.

첫인상은 매우 좋았던 듯하다. 프리드리히에게는 만나는 사람을 단박에 매료시키는 재능이 있었고, 중세 교권의 상징이었음에도 교황 인노켄티우스 3세 역시 의외로 시대를 앞선 젊은이를 민감하게 알아보는 부분이 있었다.

이보다 2년 전, 스물여덟 살이었던 프란체스코가 이끄는 수도회를 공인한 것이 인노켄티우스 3세다. 사랑과 청빈을 주장하며 당시 그리스도 교회와는 반대 방향으로 나아간 것이 아시시의 프란체스코였다. 만약 로마 교황이 반 가톨릭이라고 규정했다면 프란체스코와 그를 따르는 사람들은 불구덩이 속에 있었을 것이다. 그런데 당시 그리스도 교회의 최고위자가 이 젊은이들 집단을 공식으로 인정한 것이다. 프란체스코 수도회의 이후 발전에 강력한 후원자가 된 셈이다.

아이러니하게도 아시시의 프란체스코와 황제 프리드리히 2세라는, 중세에 태어났으나 르네상스의 선구자가 되는 두 사람 모두 중세 그 자체로 느껴지는 교황의 인정으로 비약의 기회를 얻었으니 참으로 흥미로운 사실이다.

그리고 인노켄티우스가 열일곱 살의 프리드리히에게 준 원조도 프란체스코와 마찬가지로 이 젊은이가 현재 가장 필요로 하고 있는 것이었다. 그것은 교황의 강력한 지지를 담은 공문서를 각국 군주와 대주교에게 보낸 것과 빈털터리 열일곱 살 황제에게는 무엇보다 감사했을 금전상의 원조였다.

교황은 프리드리히에게 로마 체류 중 비용은 물론, 로마를 떠나 독일에 들어갈 때까지의 모든 비용까지 원조해주었다. 다만 교황청은 지원하는 돈과 채무는 별개의 문제라고 생각했는지 성년까지 10년간의 후견 비용은 내라고 요구했다. 황금 380킬로그램이라는 막대한 금액이었는데 프리드리히는 자국 내 영지인 폰디와 교환하는 것으로 이야기를 끝낸다. 생애 처음으로 큰 승부에 나서는데 채무 변제를 둘러싼 교섭으로 시간을 지체하는 사태를 피한 것이다.

그래도 교황 인노켄티우스 3세는 열일곱 살의 황제에게 따뜻했다. 로마에서 북부 이탈리아까지 그가 타고 갈 제노바의 배에 교황 깃발을 달고 항해할 수 있도록 해준 것이다. 이렇게 되면 아무리 제노바와는 견원지간인 피사라도 함부로 손댈 수 없다. 덕분에 프리드리히는 피사의 제해권 안에서도 안전하게 항해해 제노바 항구에 상륙할 수 있었다.

하지만 여기서부터는 독일까지 육지로 갈 수밖에 없다. 도중에 만날 장애물은 알프스산맥이 아니라 알프스 남쪽에 펼쳐진 북부 이탈리아에 있었다. 그 장애물은 도적의 무리가 아니라 북부 이탈리아 일대에 산재한 '코무네comune', 즉 자치도시라는 깃발을 내건 여러 도시가 될 것이다.

독일로

/

/

나중에 프랑스인이 수입해 '코뮌'이라고 부르게 되는 '코무네'는 원래 지방자치단체라는 의미밖에 없다. 그것이 중세에 와서 '자치도시'를 의미하게 된 것은 지자체 규모의 마을까지 '주민에 의한 자치'를 내걸었기 때문이다. 하지만 그들의 자치에 대한 열렬한 열정도, 그 본심은 누구의 규제도 받지 않겠다, 특히 누군가 세금을 내라고 개입하는 것을 거부하겠다는 것이다. 그리고 이 문제에 개입하는 주체가 법적으로는 북부 이탈리아의 통치권을 지닌 신성로마제국의 황제였다. 그런 까닭에 북부 이탈리아의 여러 도시는 반황제파였다.

그런 그들이 갑자기 교황파가 된 것은 경제인이 주체인 코무네 주민이 유달리 신앙심이 깊었기 때문은 아니다. 경제인이므로 비교해보고 이득이 되는 쪽을 택한다. 무엇보다 대놓고 교황파임을 주장할 수 있게 된 것은 북부 이탈리아에 황제 세력이 확립되는 사태를 꺼린 로마 교황이 뒤에서 지원을 아끼지 않았기 때문이다. 게다가 교황청은 경제인 모임이 아니었으므로 경제에 개입하는 일은 없다. 그렇기에 북부 이탈리아의 코무네가 '교황파(겔프)'라고 선언하는 데는 아무런 문제가 없었다.

'롬바르디아 동맹Lega Lombarda'으로 총칭되는 이들 북부 이탈리아 코무네
의 대표적인 도시만 꼽자면 다음과 같다.

밀라노, 크레모나, 파르마, 볼로냐, 페라라, 베로나, 브레시아.

제노바와 베네치아, 피사는 해양 도시국가로 해외와의 통상이 주력이
었으므로 수공업과 금융업으로 경제력을 높이고 있던 '롬바르디아 동맹'
의 여러 도시와는 같은 반열에서 논할 수 없었고 코무네 쪽도 같다고 생각
하지 않았다.

그러나 북부 이탈리아의 이들 '코무네'가 항상 단결해 공동보조를 취했
다면 그것도 나쁘지 않다. 지휘체계가 하나면 대화할 상대도 하나니까 접
근할 길도 열린다. 그런데 '롬바르디아 동맹'의 실체는 전혀 그렇지 않았다.

제노바와 피사는 가까이 있으면서도 처절한 대결 관계에 있고, 제노바
는 베네치아와도 항쟁 관계였던 것과 마찬가지로 밀라노는 항상 크레모
나와 사이가 나빴고, 크레모나와 볼로냐가 좋은 관계였던 적도 없다. 중부
이탈리아에서는 피렌체가 아레초를 눈엣가시처럼 봤다면 아레초는 피렌
체 근처에 있는 시에나와 동맹을 맺고 있었다.

게다가 이 문제를 더욱 복잡하게 만든 것은 교황파(겔프) 깃발을 든 도
시가 항상 교황파고, 황제파(기벨린)인 도시가 계속 황제파로 있는 게 아
니라는 사정이다. 같은 코무네, 그러니까 같은 도시에서도 적과 아군으로
나뉘어 피차 상대의 몰락을 노리니 셰익스피어의 《로미오와 줄리엣》그
자체였다. 로미오가 속한 몬태규 가문이 황제파(기벨린)라면 줄리엣의 캐

플릿 가문은 틀림없이 교황파(겔프)였을 것이다. 그 결과 몬태규 일가가 지배권을 잡으면 베로나는 황제파가 되고, 반대로 캐플릿 가문의 천하가 되면 베로나는 교황파로 바뀌게 된다.

이 지방을 지도로 표시할 때, 황제파와 교황파를 확정해 나타내지 않는 이유도 여기에 있다. 하지만 이곳 북부 이탈리아를 통과하지 않으면 독일로 갈 수 없다. 이해, 프리드리히는 북부 이탈리아를 그저 지나가기만 하면 그만이었으나 그조차 쉽지 않았던 것은 이 때문이다. 그런 이유로 확실히 황제파인 도시만 골라 지나가야 했다.

그 가운데 반황제파를 고수해온 곳이 '롬바르디아 동맹'의 리더로 자임하고 또 동맹 도시들의 인정도 받고 있던 밀라노다. 밀라노는 '붉은 수염'이라 불린 황제 프리드리히 1세에게 철저하게 패배한 과거가 있고, 게다가 그 패배를 명심하라는 듯 붉은 수염의 아들 하인리히와 노르만 왕조의 후계자인 콘스탄체가 밀라노대성당에서 결혼식을 하는 치욕을 견뎌야 했다. 호엔슈타우펜 가문에 대한 밀라노 사람들의 적개심은 강렬했는데 프리드리히는 그 붉은 수염의 손자이자 하인리히의 아들이다. 프리드리히의 1212년 북부 이탈리아 횡단도 단순한 횡단으로 그칠 수 없었다.

제노바에서 북쪽 길을 따라가 밀라노 북쪽에 있는 코모호수를 건너 알프스를 넘는 것이 독일로 가는 가장 가까운 길이다. 그런데 그 길은 선택할 수 없었다. 프리드리히와 소수의 수행원은 제노바에서 파비아로 갔다. 이 시기의 파비아가 황제파였기 때문인데 그런 까닭에 큰 환영을 받은 파비아를 떠난 뒤로는 북쪽의 밀라노를 피하면서 동쪽으로 방향을 잡고, 밀라노에 들키지 않도록 주의하면서 역시 황제파임이 분명한 크레모나로 향한다. 하지만 밀라노는 제노바에 상륙한 뒤로 프리드리히의 동정을 계속 쫓고 있었다. 밀라노와도, 크레모나와도 상당히 떨어진 지점에서 프리드리히와 그 일행은 무장한 남자들의 습격을 받는다.

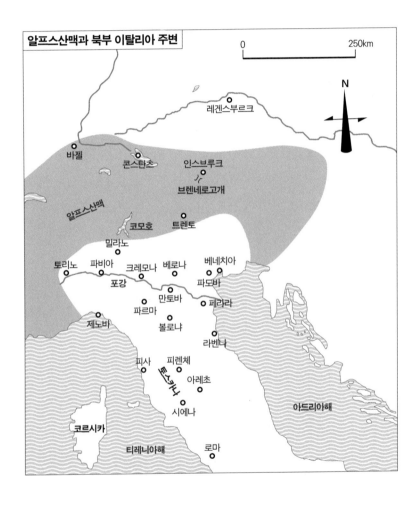

알프스산맥과 북부 이탈리아 주변

프리드리히를 포함해 열 명 정도에 불과한 일행이었다. 전원이 말에 채찍을 휘두르면서 열심히 도망쳤으나 밀라노 측이 이 지점에서 프리드리히를 습격해온 것은 여기서 젊은이와 일행을 납치할 생각이었기 때문이다. 크레모나로 들어가버리면 끝이지만, 크레모나까지 가려면 대하 포강의 지류인 람브로강을 건너야만 했다.

정신없이 도망치던 프리드리히의 앞을 람브로강이 막아선다. 밀라노와 크레모나의 관계를 반영해 다리는 없다. 건널 배도 없다. 열일곱 살의 황제는 말을 탄 채 강으로 들어갔다. 팔레르모의 대주교 베라르도 이하 전원도 그의 뒤를 따랐다. 다행히 계절은 수량이 적은 여름. 수면에는 말과 기수의 상반신만 나온 상태였는데 추격자를 따돌리는 데는 성공했다.

완전히 젖은 채 간신히 크레모나로 향해 나아가는 프리드리히와 일행은 얼마 후 크레모나 쪽에서 오는 병사 무리를 만났다. 밀라노가 젊은 황제의 동정을 추적하고 있었으니 크레모나도 마찬가지였다. 프리드리히의 접근을 알게 되자 바로 마중 나온 크레모나 측의 경비대를 람브로강을 건넌 다음 만난 것이다. 이틀 뒤, 프리드리히는 크레모나에서 모든 주민이 총출동한 대대적인 환영을 받는다.

이 크레모나를 떠나 만토바와 베로나를 거쳐 트렌토까지 이어진 여행은 어떤 방해도 받지 않고 안전하게 해냈다. 모두 황제파를 칭하는 도시를 고른 여행이었기 때문이다. 트렌토를 지나가면 알프스를 넘어가게 된다. 정상의 브렌네로고개를 넘으면 그곳은 이미 독일이다. 그런데 트렌토 체류 중 프리드리히는 독일 내 교황파가 브렌네로고개에 매복 중이라는 소식을 받는다.

　여기서 도피행이 재개된다. 브렌네로고개를 넘는 고대 로마 시대부터의 간선로를 크게 우회해 밀수업자처럼, 21세기 현재라면 불법 입국자처럼, 숲속을 나아가는 험한 길을 따라 알프스산맥을 넘은 것이다. 학자들조차 '대담무쌍한 모험'이라고 부르는 여행이었으나, 8월이었으므로 열일곱 살의 황제에게는 그리 힘든 일은 아니었을 수 있다. 시칠리아를 떠난 지 벌써 6개월이 지나고 있었다.

풀리아의 소년

/

/

8백 년 전에는 프리드리히의 영토였던 남부 이탈리아 풀리아 지방에서 생산되는 'Puer Apriae(퐤르 아프리아에)'라는 이름의 포도주가 있다. 프랑스 보르도에서 생산되는 고급품과 비교하면 동네 술이라 할 만한 레드와인이지만, 모젤산 화이트와인에 익숙한 사람이 마시면 비틀댈 정도로 풍부한 향미를 지닌 센 술이다.

8백 년 전 독일인에게 풀리아는 곧 남부 이탈리아를 가리키는 말이었다. 그 땅에서 태어나고 자란 프리드리히는 독일인의 피를 가지고 있다 해도 어디까지나 '풀리아의 소년'이었을 뿐이다.

작센공 오토는 그때까지 프리드리히의 존재를 전혀 문제 삼지 않았다. 하지만 그랬던 오토도 다시 생각할 수밖에 없었다. 사태의 진전이 이렇게 빠를지 몰랐던 만큼 이 젊은 라이벌의 독일 진입에는 그야말로 긴장하지 않을 수 없었다. 브렌네로고개에서의 매복도 실패로 끝났음을 안 오토는 프리드리히가 우선 콘스탄츠로 가리라 예상했다. 그래서 콘스탄츠에 면저 가서 자신이 직접 프리드리히 앞에 나서기로 한 것이다.

그런데 열일곱 살 쪽이 더 빨랐다. 불과 두 시간 차이로 오토는 뒤처지고 말았다. 한발 앞서 콘스탄츠에 입성한 프리드리히를 성벽 밖에서 바라보는 수밖에 없었다. 왜냐하면 '풀리아의 소년'은 오토 앞에서 성문을 닫게 함으로써 실력 행사를 불사해 성문을 깨고 들어오든지, 아니면 물러나든지를 강요한 것이다. 오토는 물러나는 수밖에 없었다.

프리드리히는 콘스탄츠에서 이번 모험 여행의 피로를 풀며 눈앞에 펼쳐진 아름다운 호수를 바라보며 시간을 보내야겠다는 생각 따위 전혀 하지 않았다. 독일 땅을 밟은 이후의 정황은 그에게 유리하게 진행되었으나 제후의 방문을 앉아서 기다릴 상태는 아니었다. 이들 제후가 표명하는 그에 대한 지지를 확실히 하려면 그가 먼저 제후들을 찾아가는 수밖에 없다. 바젤로 향한 것도, 라인강 상류 지방에 영지가 있는 제후의 지지를 확인하기 위해서였다.

이 '전략'은 성공한다. 젊고, 게다가 황제 혈통을 계승할 만한 품위와 태도를 지닌 '풀리아에서 온 소년'은 독일의 유력자들을 매료시켰다. 그들은 눈앞에 나타난 열일곱 살이 22년 전 십자군 원정 중 오리엔트에서 죽은 황제 프리드리히 1세의 직계임을 새삼 떠올렸다. 붉은 수염이라는 애칭으로 사랑받았던 이 황제는 독일인에게는 생각만 해도 자랑스러운, 가장 황제다운 황제였기 때문이다.

그러나 잊어선 안 될 것은 이 시기의 프리드리히는 할아버지가 가지고 있던 힘을 가지지 못한 상태로 지지자를 획득해야만 하는 몸이었다는 것이다. 즉 군사력을 배경으로 삼지 못했기 때문이다. 가지지 못했으니 어쩔수 없었으나 그 덕분에 독일 유력자에게는 오히려 프리드리히가 군사력을 전면에 내세우지 않더라도 질서 회복을 실현할 수 있는 리더로 보였다.

여기에는 동행한 팔레르모 대주교 베라르도도 한몫했다. 대주교는 로마 교황의 프리드리히에 대한 지원과 호의를 강조하고 프리드리히의 교양과 공정한 통치 의욕을 독일 유력자들에게 설파하며 돌아다녔다. 이는 사람들로 하여금 자연스럽게 거칠고 고압적이며 교양인의 증거인 라틴어는커녕 독일어조차 제대로 하지 못하는 오토를 떠올리게 했다.

또 프리드리히는 여전히 빈털터리 신세였음에도 불구하고 세금이라는 형태로 늘 뜯어가기만 바빴던 오토와는 반대로 빼앗는 것보다는 주는 게더 중요함을 시사했다. 요컨대 그들이 누려온 기득권을 흔쾌히 인정한 것인데, 특히 독일에서는 봉건 제후나 대주교 모두 자신의 영지를 거느린 영주였다. 그러므로 '풀리아에서 온 소년'이 내놓은 관용 정책이 그들의 환영을 받은 것은 당연한 일이다.

바젤에서 목적을 해결한 후에는 라인강을 따라 북쪽으로 향한다. 12월초에는 프랑크푸르트로 들어갔다. 그리고 그곳에서 고위 성직자이면서도 반교황파의 자리를 고수해온 지크프리트를 만난다. 4일 후, 프리드리히는 마인츠대성당에서 이 사람에게 황제의 왕관을 받는다. 예복을 갖춰 입은 대주교 지크프리트는 장엄하게 울리는 라틴어로 "프리드리히, 신의 은총으로 황제에, 동시에 시칠리아의 왕에"라고 말하면서 황제 예복으로 몸을 감싼 프리드리히의 머리 위에 황제의 관을 놓은 것이다.

독일과 이탈리아가 한 군주의 손에 떨어지는 일에 견줄 만한 악몽은 없다고 생각하는 로마 교황이 들었다면 졸도할 일이었을 것이다. 하지만 이시대의 뉴스 전달 속도는 독일과 이탈리아 사이라면 한 달은 걸린다. 그동안 교황이 졸도하지 않을 정도의 대책은 세울 수 있었다.

마인츠에서의 대관식에 제일 먼저 반응한 사람은 프랑스 왕이다. 마인츠와 로마보다 마인츠와 파리가 더 가까우므로 뉴스도 빨리 전해졌을 것이다. 하지만 프랑스 왕이 이토록 빨리 반응한 이유는 그것만이 아니었다.

프랑스 왕 필리프 2세

/

/

그 시기 마흔일곱 살이었던 프랑스 왕 필리프 2세는 열다섯 살 때부터 프랑스 왕위에 있었다. 즉 이때에는 이미 노련한 정치가로서 날카로운 정치적 감각을 지니고 있었다는 소리다.

다만 군사적 재능은 정치적 재능과 반비례라도 하는 듯 낮았다. 그런 탓인지 무장으로서 최고의 재능을 뽐내던 리처드가 영국 왕으로 있을 때는 늘 영국에 지기만 했다. 그런데 '사자심왕'으로 불리던 리처드도 3년 전에 전사했다. 그리고 그 후 영국 왕위에는 리처드의 동생이면서도 군사적 능력에서는 그 분야에서 형편없기로 유명한 필리프보다도 떨어지는 존이 올라왔다.

노련한 필리프는 지금이야말로 프랑스 안에서 영국 세력을 일소할 절호의 기회라고 생각했다. 그리고 그런 그의 감은 옳았다. 다만 불안 요소가 하나 있었다. 존 측에 군사적으로 상당히 뛰어난 오토가 붙어 있다는 점이다. 필리프에게는 프리드리히의 지지자 획득 작전이 상당한 효과를 올리고 있는 독일의 상황이 오토의 힘을 꺾을 호기로 보였다.

프랑스 왕과의 협동 작전은 프리드리히도 바라는 바였다. 왕도 장남 루이를 프리드리히와의 회의에 보낸다. 루이와의 회담에서 독일과 프랑스의 동맹이 성립되었다. 이로써 프리드리히는 오토를 몰아내는 데 전념할 수 있게 되었다.

흥미로운 점은, 현실 정치가였던 필리프도 프리드리히의 금전 상태를 알고 있었던 듯 동맹 상대에게 주는 착수금 같은 느낌으로 2만 마르크나 되는 은화를 선물했다. 그런데 프리드리히는 이 돈을 황제 군대 창설에 사용하지 않고, 말만으로는 제대로 준비하지 않는 봉건 제후의 매수공작에 써버렸다. 하지만 이 또한 젊은 황제의 평화적인 인상을 강화하는 역할을 했다. 그런 면에서 프리드리히의 대범함은 오토의 탐욕스러움과 더욱 대비되었다. '풀리아의 소년(풰르 아프리아에)'은 열일곱 살이었지만 홍보 선전의 중요성을 알고 있었던 듯하다.

시칠리아를 떠나 독일로 가자고 결단했을 때 프리드리히의 머릿속에 있었던 것은, 첫째, 로마에 들러 교황 인노켄티우스 3세의 지지를 확실하게 얻어내는 것이었고, 둘째, 반오토 덕에 황제파가 우세한 남서 독일을 순회함으로써 봉건 제후와 대주교라는 이 지역 유력자들의 지지를 확고하게 하는 것이었다. 그리고 셋째는 그 지방과 국경을 접하고 있을 뿐만 아니라 사자심왕 리처드가 죽은 뒤 유럽에서 가장 강력해지고 있는 프랑스를 우방으로 포섭하는 일이었다.

프리드리히는 그 세 가지를, 1212년 3월 중반부터 같은 해 12월 중반까지 불과 9개월 동안에 모두 이루었다. 수많은 방해에 직면했지만 열여덟 생일을 맞이하기 전에 다 이루어낸 것이다.

다만 개척한 것은 길뿐이다. 그 길이 더욱 충분히 기능하게 하려면 포장이 필요했는데 그것이 이후 그가 한 일이다. 그리고 어떤 의미에서 충분한 포장 공사 자체가 그대로 적 오토의 추락과 이어졌다.

라인강 상류 일대에서 가장 중요한 도시인 스트라스부르에서 30킬로미터쯤 북쪽에 독일어로는 하게나우Haguenau라는 이름의 마을이 있다. 알자스 지방의 북쪽으로, 17세기부터는 프랑스령이 되어 이름도 프랑스식인 '아그노'로 불리게 된다. 하지만 중세 때는 독일령이었으며 황제들의 성을 중심으로 생긴 마을이었다.

라인강과는 20킬로미터쯤 떨어져 있는데 지류인 모젤강이 바로 옆을 흐르고 있었다. 광대한 숲으로 둘러싸여 평지이면서 언덕도 흩어져 있는, 사냥을 즐기기에 최적인 장소였다. 백 년도 전부터 호엔슈타우펜 가문의 영토였고 성도 붉은 수염 황제 시절에 크게 증축했다.

그런데 이 하게나우가 일반 사람들 눈에도 신성로마제국 황제가 거주하는 성으로 보이게 된 것은 프리드리히 때부터다. 그는 이곳을 단순한 사냥터가 아니라 모든 통치기구가 들어와도 충분히 기능할 수 있도록 개조한다. 물론 어렸을 때부터 사냥에는 사족을 못 쓰던 그이다. 하게나우는 그에게는 사냥에 대한 열정을 마음껏 펼칠 수 있는 곳이기도 했으리라. 이 하게나우 성에서 프리드리히는 열여덟을 맞았다.

중세는 지배자가 각지를 순회하며 그 땅의 유력자나 주민 대표들과 만

나서, 즉 그들 앞에 스스로 몸을 드러냄으로써 지배권을 공고히 하던 시대이기도 하다. 하게나우가 마음에 들었다고, 그리고 쾌적하게 개조했다고 해서 계속 거기에 있을 수만은 없었다. 앞으로도 프리드리히는 어린 시절의 '한시도 가만히 있지 못하는' 성격 그대로 여러 곳을 돌아다니며 머문 곳에서 '디에타dieta'라 불리는 회합을 열게 된다.

사전에서는 이 '디에타'라는 말을 신성로마제국 시대의 의회라고 설명하고 있다. 하지만 프리드리히가 '디에타'에서 만나는 사람들은 후세의 우리가 생각하는 의원이 아니다. 그 땅의 봉건 영주들이다. 그리고 열여덟 살이 된 프리드리히가 소집한 '디에타'의 개최 장소가 조금씩 북쪽으로 이동함을 알 수 있다. 북부 독일의 작센 지방을 본거지로 하는 오토 추격 작전이 '디에타' 개최라는 형태로 시작된 것이다.

만약 프리드리히의 가장 큰 라이벌이자 정식 황제는 자신이라고 주장한 오토가 서른한 살이라는 자신의 나이를 직시해 초조해하지 않고 프리드리히와의 정면 대결로만 승부를 펼쳤다면 '풀리아의 소년'의 문제 해결은 요원했을 것이다. 무엇보다 오토의 본거지 브룬스비크에 군대를 파견한다는 전략도 포기해야만 했을 것이다. 프리드리히는 아직 군사력이라 할 만한 군대를 가지고 있지 못했다. 그런데 이 강력한 라이벌은 스스로 무덤을 파는 행동에 나선다. 숙부이기도 한 영국 왕 존의 요청을 거절하지 못한 것인데 프랑스 왕을 적으로 돌리는 행위임을 알면서도 존과 동맹을 체결한 사람은 바로 오토 본인이다.

마그나 카르타

/

/

1214년 7월, 지금은 벨기에 땅이지만, 당시는 프랑스 영토 북쪽에 해당하던 '부빈Bouvines' 평원을 무대로 프랑스 왕 필리프를 상대로 영국 왕 존과 독일 황제 오토의 동맹군이 대결한 전투는 프랑스 측의 승리로 끝났다. 군사 전문가의 흥미를 끌 만한 전투는 아니었으나 정치적, 그러니까 역사적으로는 영향이 컸던 전투다.

패배한 존 왕은 도망쳐 영국으로 돌아갔고 프랑스 왕 필리프 2세는 정치적 숙제였던 노르망디에서의 영국 세력 척결을 이루어냈다. 또 다른 패자 오토도 작센 지방으로 물러갈 수밖에 없었고 이 전투에서 승리해 그에게 내려진 파문을 사실상 무효로 하겠다는 계획도 실패로 끝났다.

반대로 프랑스와 동맹 관계였던 프리드리히는 실제로 참전하지도 않았으나 승자였다. 전투가 끝나고 프랑스 왕은 패주한 오토의 짐 속에서 발견한 황제관을 프리드리히에게 보내는 친절까지 베풀었다. 이리하여 프리드리히는 진짜 황제관을 처음으로 손에 넣게 된다. 마인츠대성당에서 대주교 지크프리트가 씌워준 황제관은 오토가 진품을 가지고 있는 탓에 비숫하게 만든 대용품이었다.

부빈 전투의 또 다른 역사적 의미는 '마그나 카르타(대헌장)' 탄생의 원인이 되었다는 것이다.

패배하고 영국으로 도망쳐 돌아간 존을 기다리고 있던 것은 당장이라도 폭발할 것 같은 영국인의 불만이었다. 국민은 프랑스 왕과의 전투비로 고액의 세금을 과세당했지만 참았는데 그 결과가 어땠는지 알았으니 참는 데 한계에 도달한 것이다. 이제 저런 왕에게는 충성할 필요가 없다며 존에게 불복종을 선언한 것이다. 요컨대 존 왕은 부하인 제후들의 불신임을 얻게 된다.

존은 왕권 축소와 제후 권리의 확대를 명기한 '마그나 카르타'에 조인하는 수밖에 없었다. 만약 5년 전에 죽은 리처드가 살아 있었다면 이런 요구는 일소에 부쳤을 테고 애당초 영국인이 그런 요구도 하지 않았을 것이다.

사자심왕 리처드는 프랑스 왕 필리프를 상대로 연전연승을 거둬 프랑스 안의 영국 영토를 확고하게 만들었다. 그런데 존의 치세에 들어오자 연전연패로 상황이 바뀌더니 끝내 노르망디 지방에서 몰려나기까지 한 것이다. 도망쳐 돌아온 존에게 누구보다 먼저 충성 서약을 거부하고 나선 것이 노르망디 지방에 영지를 가지고 있던 봉건 제후였다.

'마그나 카르타'는 역사상 시민의 권리를 지배자에게 인정받은 기념적인 성과로 기록되어 있다. 영국에서는 민주주의로의 첫걸음이라고도 말한다. 하지만 진상은 이렇게 한심한 인물을 왕 자리에 계속 두었다가는 자신들의 미래마저 막막해진다는 위기감에서 나온 행동에 불과하다. 게다가 '대헌장'에서 당시 영국민이 가장 중시한 조항은 앞으로 왕이라도 제후의 동의 없이 세금을 올리는 것도 새로운 세금을 거두는 것도 할 수 없다고 명기한 조항이다. '민주주의로의 첫걸음'도 돈 문제에서 시작된 것인데 세금이야말로 중요한 정치임을 알려주는 사건이다.

아무튼 '사자심왕Lion Heart'이라는 존칭으로 불린 것은 리처드인데 그 동생인 존에게 붙여진 별명은 '실지왕(失地王)Lackland'이다. 그 당시 영국 왕위에 실지왕이 있지 않았다면 '시민의 권리를 지배자에게 인정받은 기념적인 성과'도 훨씬 훗날이 되었을지도 모른다.

부빈 전투가 벌어진 것은 1214년 7월 27일.

'마그나 카르타'가 조인된 것은 1215년 6월 15일.

실의 속에서 존이 죽은 것은 1216년 10월 18일.

직역해 '대헌장'이라고 하는, 'Magna Charta'라는 라틴어는 라틴어의 맏딸에 해당하는 이탈리아어로 '마냐 카르타'가 된다. 하지만 라틴어도 일본에서는 독일식 발음으로 정착된 듯해 여기서는 '마그나 카르타'라고 적는데 그것이 조인된 1215년, 제후에게 이런 요구를 받았다면 일소에 부칠 만한 인물이 하나 더 있었다. 그해에 스무 살이 된 프리드리히이다. 그는 그 젊은 나이에 이미 자신이 차지한 황제라는 지위가 어떤 책무를 짊어지고 있는지 명확히 자각하고 있었다.

교황과 황제

/

/

중세 유럽 그리스도교 세계는 두 명의 최고지도자의 존재를 인정하고 있었다. 로마 교황과 신성로마제국 황제다.

로마 교황은 신의 뜻을 신자에게 전한다는 역할로 보건대 그리스도 교회의 최고위자이며 따라서 그리스도교도 전원의 정신적 지도자였다. 교황에 반하는 자가 파문당하는 것도 교황에 반하는 일은 신을 거부하는 것과 같다고 여겨졌기 때문이다. '정신적'이라는 것은 당시에는 '종교적'이라는 말이었다.

다른 하나는 황제인데 황제도 동방의 황제와는 다른 성격의, 유럽에만 존재했던 신성로마제국 황제다. 유럽 그리스도교 세계에서는 세속의 최고위자로 여겨지던 존재다.

바꾸어 말하면 로마 교회의 책무가 신자들이 정신적이고 종교적으로 평안한 생활을 보내다가 편안히 죽음을 맞을 수 있도록 책임을 지는 것이라면 황제의 책무는 같은 신자가 평화롭게 생활하며 굶주리며 살지 않도록 노력하는 것이다. 이 둘에 부여된 '권력'을 전자의 경우 '교권', 후자는

'속권'이라고 부르는 것은 그 때문이다.

이렇게 '교권'과 '속권'이 나뉘어 있어도 최고위 사람에게만 신이 주신 권력이 있다는 중세이므로 로마 교황도 신성로마제국의 황제도 세습은 허용되지 않았다. 둘 다 선거로 선출해야 했다.

로마 교황은 붉은색 옷을 입은 추기경들의 투표로 뽑혀야만 이 세상에서 유일하게 흰옷을 입을 수 있는 교황이 된다. 신성로마제국의 황제도 '선제후'라 불리는 독일의 유력 제후들에게 선출되지 않으면 머리에 제관을 쓸 수 없다.

이 점이 다른 제후들과의 가장 큰 차이였다. 왕권은 왕의 아들로 태어나면 얻을 수 있는 세습의 권리지만 로마 교황과 신성로마제국의 황제만은 그들보다 지위가 위였으므로 세습권이 아니었다.

프리드리히가 시칠리아의 왕이 된 것은 어머니에게 받은 세습권을 행사했기 때문이다. 이는 프랑스 왕 필리프도 영국 왕 존도 마찬가지다. 그러나 신성로마제국 황제가 되려면 할아버지도 아버지도 황제였다는 사실만으로는 충분치 않다. 그 자신이 선제후들에게 선출될 필요가 있다.

그 선출은 이미 1211년 9월에 치러졌다. 지금의 황제 오토가 교황에게 파문당했다는 이유에서만은 아니다. 이제까지 그가 저지른 악정에 질린 독일 제후가 뉘른베르크에 모여 오토를 대신할 황제로 프리드리히를 선출했기 때문이다.

프리드리히가 그 소식을 들은 것은 1212년 1월이 되고 나서였다. 그때 비로소 프리드리히는 지금까지는 시칠리아의 왕일 뿐이었던 자신이 할아버지나 아버지와 마찬가지로 신성로마제국 황제가 되었음을 안 것이다.

당시 아직 열일곱 살이었던 프리드리히는 독일을 떠나기 전 이미 자신이 황제로 선출되었음을 알았다. 하지만 그것은 가만히 앉아서 유지할 수 있는 자리가 아니었다. 스스로 노력해야만 확실히 거머쥘 수 있는 지위였다. 무엇보다 여전히 독일에 건재한 오토가 얌전히 프리드리히에게 왕관을 건네줄 리 없었다.

그런 오토가 부빈 전투 패배로 상당한 영향력을 잃고 말았다. 하지만 동맹 관계에 있던 영국 왕 존이 당한 것처럼 결정적인 권력 실추는 없었다. 쾰른 북쪽의 라인강 하류 지대와 선조로부터 물려받은 작센 지방은 확실히 그의 수중에 있었다.

그러나 일단 후퇴해도 다시 돌이킬 수 있는 재능은 나이와는 관계가 없을지 모른다. 프리드리히가 독일로 들어온 이후 후퇴에 후퇴를 거듭한 것은 오토였다. 고대 알렉산더 대왕은 전쟁에서 이기는 사람은 주도권을 쥔 쪽이라고 말했다. 하지만 주도권을 잡지 못하면 이길 수 없는 것은 전쟁터만이 아니다. 외교도 마찬가지여서 여전히 오토의 본거지를 공략할 군사력이 없는 프리드리히는 지금 외교의 장만이 '전쟁터'였다.

아헨의 서약

/

/

현대라면 벨기에와 아주 가까운 독일령 서쪽인데 쾰른에서 서쪽으로 70킬로미터쯤 간 곳에 아헨Aachen이라는 마을이 있다. 중세에는 라틴식으로 '아퀴스그라나Aquisgrana'라고 불린 마을로, 중세 시대 이 마을은 그리스도교도가 순례하길 원하는 땅, 예루살렘과 로마, 스페인의 산티아고 콤포스텔라를 잇는 순례지로 유명했다. 아헨이 신성로마제국의 최초 황제이자 중세 그리스도교도라면 누구나 아는 샤를마뉴가 숨을 거둔 땅이고 그의 유해도 이곳에 안치되어 있기 때문이다.

1215년, 스무 살이 된 프리드리히는 아헨으로 간다. 7월 25일, 샤를 대제의 묘소를 중심으로 세워진 아헨대성당에서 이제는 친우가 된 마인츠 대주교 지크프리트에 의해 이번에는 진짜 황제관을 쓰게 된 것이다. 프리드리히의 신성로마제국 황제로서의 첫 행보는 진짜 황제관을 머리에 쓴, 그날부터 시작되었다고 보는 역사가가 많다.

아헨 대관식의 반향은 바로 나타났다. 중부 독일의 제후들이 오토를 버리고 프리드리히 측으로 넘어온 것이다. 오토는 후퇴에 이어 또 후퇴할 수밖에 없었다.

대관식을 아헨까지 와서 거행한 것은 물론 그야말로 샤를마뉴가 창설한 신성로마제국의 정통 계승자임을 유럽 그리스도교 세계 전체에 어필하기 위한 것이다. 하지만 이 퍼포먼스의 목적은 그런 '먼 과거'를 떠오르게 하려는 게 아니었다. '가까운 과거'도 있었다. 프리드리히의 할아버지이자 붉은 수염 황제도 40년 전에 아헨에서 대관식을 올렸다. 사후에도 독일인들에게 자랑스러운 존재로 남아 있는 황제 프리드리히 1세의 직계임을 드러내는 것은 스무 살의 프리드리히 2세에게 수만의 군대에 버금가는 효과를 기대할 수 있는 일이었다.

그래서인지 대관식을 치른 뒤 프리드리히는 아헨에서 십자군 원정을 선서한다. 할아버지 붉은 수염도 제3차 십자군 때 오리엔트로 가다가 사망했고 아버지 하인리히도 젊은 나이에 죽는 바람에 끝내 실현하지 못했으나 시칠리아 왕위에 오른 직후 십자군 원정을 선서한 바 있다. 제1차 십자군부터 1백 년 남짓 흐른 이 시대, 가슴에 붉은 십자가를 붙인 군장으로 동방 원정에 나서는 것은 유럽 제후의 가업처럼 되어버렸는데, 황제나 왕이라도 그건 다르지 않았다.

다만 아헨에서의 프리드리히는 황제관을 이제 막 머리에 쓴 스무 살이었다. 게다가 이 시점에 꼭 선서해야만 하는 것도 아니었다. 아헨에서 대관식을 올리는 조건에 십자군 선서가 있었던 것도 아니다. 로마의 인노켄티우스 3세도 이런 요청을 한 바 없었다. 아헨에서의 십자군 원정 선서는 프리드리히가 직접 정하고 결행한 일이었다.

훗날 프리드리히의 십자군 원정에 관한 생각을 안다면 후세의 연구자들은 죄다 입을 모아 왜 그 시점에서 선서했냐고 묻는 게 당연하다. 그 답을 알 방법이 없으니 상상할 수밖에 없다. 한 연구자는 샤를마뉴의 묘소 앞에서 이루어진 대관식이었으니 천하의 프리드리히도 그 나이 소년답게 흥분했을 것이라고 말한다. 아무리 조숙해도 스무 살이었으니까. 하지만 프리드리히는 민중의 생각에 예민한 군주였다.

어쩌면 프리드리히는 대관식을 올리기 위해 아헨을 향해 북쪽으로 가던 중 어디선가, 그와는 반대로 남쪽을 향해 가는 소년·소녀 무리를 지나쳤을지 모른다. 이 시기, 십자군 역사에서 가장 비참한 사건이 되는 '소년 십자군'이 처음에는 프랑스에서, 이어서 독일에서 일어난 것이다. 독일에서는 쾰른을 중심으로 한 라인강 주변에 사는 소년·소녀들이 니콜이라는 이름의 소년을 선두로 제노바로 향한 것이다.

십자군 역사에서 '소년 십자군'이라는 이름으로 불리는, 자연발생적으로 일어난 소년·소녀들의 행동은 배를 타고 오리엔트로 가기도 전에 비참하게 끝났다. 하지만 그 시기 민중의 바람을 반영한 사건이기도 했다.

1099년, 제1차 십자군으로 오랫동안 이슬람교도의 지배 아래 있던 예루살렘이 그리스도교도의 손에 돌아왔다. 이 쾌거를 그리스도교도들은 이교도 이슬람으로부터의 '해방'이라고 불렀다.

그러나 그로부터 88년이 흐른 1187년, 살라딘이 이끄는 이슬람의 반격이 성공해 예루살렘은 다시 이슬람교도의 지배 아래 있었다. 하지만 그렇다고 그리스도교도의 성지 순례길이 끊어진 건 아니다. 현실적인 통치자였던 살라딘은 그리스도교도에게 있어서 무엇보다 중요한 순례지라는 데이의가 없을 예수 그리스도의 묘 위에 세워진 성묘교회는 파괴하지 않고남겼고 그리스도교도의 순례도 이전과 마찬가지로 인정한 것이다. 물론이슬람교도의 허가 아래 참관료를 내야 했지만.

하지만 십자군 운동 자체가 바로 그런 상황을 참지 못해 일어난 것이었다. 성스러운 수도 예루살렘이 다시 이교도의 지배 아래 들어갔다는 사실에 분노한 유럽 세계는 제3차 십자군을 보내 그 탈환을 도모한다. 이슬람세계의 영웅 살라딘과 그리스도교 세계의 영웅 리처드 사자심왕 사이에서 '꽃의 제3차'라 불릴 정도의 화려한 전투가 이어졌으나 끝내 예루살렘탈환에는 성공하지 못했다.

그 후로도 유럽은 프랑스의 봉건 제후를 중심으로 한 제4차 십자군을보냈는데 팔레스티나로 향하지 않고 비잔틴제국의 수도 콘스탄티노플을함락시키고는 해산해버린다.

그 뒤로는 제후와 왕 모두 성지 해방에는 관심을 드러내지 않았다. 프랑스 왕 필리프도 영국 왕 존도, 유럽에서의 영토 쟁탈에 열중했기 때문이다. 그러는 동안 그리스도교도의 성지 예루살렘은 내내 이슬람의 지배를받아왔다. 이 상태는 프리드리히가 아헨에서 대관식을 올린 1215년까지의 28년간 전혀 변함이 없었다.

'소년 십자군'은 제후도 왕도 움직이지 않는 현 상황에 대한 민중의 분노와 불만이 그대로 폭발한 사건이었다.

그리고 아무리 조숙하더라도 프리드리히는 아직 스무 살이었고, 게다가 친가 쪽 큰할아버지 콘라트가 제2차 십자군에, 할아버지인 붉은 수염은 제3차 십자군에 참여했던 가문에서 태어났다. 이에 대한 뜨거운 마음이 스무 살의 황제에게 십자군 원정을 선서하게 했을지 모른다. 언제 어떤 방법으로 실현할지는 나중에 결정하면 된다고 생각하면서. 일단 말을 뱉어놓고 결행은 현실적으로 추진하는 게 그의 방식이기도 했다.

게다가 그의 일련의 행동은 로마의 교황에게 보내는, 원거리 메시지이기도 했다.

라테라노 공의회

/

/

교황 인노켄티우스 3세는 독일 땅에서 보내오는 메시지를 정확히 받지 않았을까 한다. 규모로는 중세 최대가 되는 라테라노 공의회를 소집한 것이다.

아헨에서 프리드리히의 대관식이 열린 것은 1215년 7월 25일.
교황의 소집으로 라테라노 공의회가 열린 날은 같은 해 11월 2일.

프리드리히는 공의회 개최 소식을 듣자마자 손을 쓴다. 교황의 친동생을 자신의 영지 안에 있는 소라와 그 주변 일대의 영주로 임명한 것이다. 세 번째 아들이라 더부살이 신세였던 지금 교황의 동생은 덕분에 자신의 영지를 지닌 어엿한 영주가 되었다.

이 시대의 로마 교황은 테베레강 서안에 있는 바티칸에서 살지 않았다. 고대 로마 도시의 도심부는 테베레강 동안 일대였고 고대 말기가 되면 그 남단에 산 조반니 인 라테라노 바실리카가 건립된다. 건립 시기는 바티칸의 성베드로대성당보다 전이다. 그런 까닭에 대대로 로마 교황은 이 유서 깊은 교회에 인접해 세워진 라테라노 궁전을 주거지로 삼아왔다. 1215년 11월에 개최된 공의회가 '라테라노 공의회'라는 이름으로 남은 것도 이 교회와 그에 인접한 교황의 관저가 회의장이었기 때문이다.

"교황은 태양, 황제는 달"이라고 호기롭게 말한 교황 인노켄티우스 3세가 소집한 만큼 1215년의 라테라노 공의회는 세계 최대 규모라는 연대기 작가의 평처럼 호화롭고 장엄한 공의회였다. 가톨릭을 신봉하는 유럽은 물론 그리스정교회의 신도가 사는 나라에서도, 또 이슬람 세계에 여전히 존속하고 있던 팔레스티나 지방의 십자군 국가에서도 종교계를 대표한 사람들이 속속 로마로 모여들었다. 71명의 대주교, 4백 명의 주교, 8백 명 이상의 수도원장이라는 고위 성직자를 비롯한 모든 참가자 가운데 공의회장에 자리가 마련되어 있는 사람의 수만 해도 2천3백 명. 로마 전체가 성직자와 관련자들로 북적거렸을 것임이 틀림없다.

또 교황이 소집한 공의회라 해서 성직자만 참가하는 건 아니었다. 프랑스와 영국, 스페인에서도 왕의 대리인이 참석했기 때문이다. 이들 '대리인'의 임무는 공의회의 결정이 자국 왕에 유리해지도록 '로비 활동'을 하는 것이다. 프리드리히가 이해 라테라노 공의회에 보낸 사람은 그야말로 그의 최측근인 팔레르모 대주교 베라르도였다.

21세기인 지금도 로마 교황의 소집으로 열리는 공의회는 가톨릭교회 내부의 여러 의견을 조정하고 이후 그리스도교가 나아가야 할 방향을 정하기 위해 개최된다. 그럼 1215년 라테라노 공의회에서는 무엇이 결정되었나.

결정 사항은 71개 항목에 달하는데 그중에서도 가장 중요한 사항은 이단자에 대한 더욱 단호한 조치를 정한 것이다.

'이교도'는 그리스도교 외의 종교를 믿는 자를 말하는 반면, '이단자'라고 하면 그리스도교도이면서 그 신앙 방식이 교회의 결정에 반하는 것으로 결론 내려진 사람들을 가리킨다. 당시로는 남프랑스에 많았던 카타리파와 북부 이탈리아에 사는 발도파 신자들로, 교황 인노켄티우스 3세에게 이러한 이단은 로마 가톨릭교회의 반체제 조직에 불과했다.

군사력을 통해 같은 그리스도교도 궤멸을 목적으로 했던, 역사상 '알비 십자군'이라고 불리는 십자군이 일어나, 실제로 남프랑스 지역은 7년 전부터 전쟁터나 다름없었다. 라테라노 공의회에서의 이단 탄핵 결의는 앞으로도 알비 십자군을 속행한다는 가톨릭교회의 공식 선전포고였다. 이런 일을 강행해도 아무도 이의를 제기하지 않았기에 인노켄티우스 3세를 중세 가톨릭교회의 권위와 권력을 최대로 체현한 교황으로 평가하는 것이다.

라테라노 공의회의 두 번째 중요한 결정 사항은 이미 파문했던 오토에 대한 파문을 재결의한 것이다. 이와 동시에 프리드리히의 황제 취임을 공의회라는, 그리스도 교회의 가장 공식적인 자리에서 공인한다. 인노켄티우스 3세는 3년 전에 로마에서 만나 자금 원조까지 해주며 독일로 보낸 프리드리히가 일궈낸 성과를 다시금 공식적으로 인정했다. 권토중래가 더는 불가능해진 오토는 3년 뒤에 죽는다. 아직 서른여섯밖에 되지 않은 해였다.

헤르만과의 만남

/

/

독일에 머물면서도 바라는 모든 것은 손에 넣은 프리드리히는 사실 라테라노 공의회에 팔레르모 대주교 외에 한 사람을 더 보냈다.

이 사람은 헤르만 폰 살차Herman von Salza라는 이름에서 알 수 있듯이 독일 귀족 출신이다. 팔레르모 대주교인 베라르도보다 두 살 연하, 프리드리히보다는 열다섯 살 연상이다. 이때 서른다섯 살이었던 이 사람은 독일 귀족만 들어갈 수 있는 튜턴 기사단의 단장이기도 했다.

프리드리히에게 평생을 다 바친 이 사람의 헌신은 베라르도와 견주어 절대 뒤지지 않을 것이다. 프리드리히는 때에 따라 약삭빠르게 행동하기는 했으나 자기 지위에서 절대 움직일 수 없었던 만큼 직업적인 외교관 역할은 할 수 없었다.

그런 프리드리히의 협력자가 된 후, 헤르만은 이런 독일인이 있나 감탄할 정도로 능숙한 외교를 펼치는 인물이 된다. 프리드리히의 명을 받고 황제 때문에 분노한 교황을 만나러 파견되었을 때도, 우리 황제가 말은 그렇게 해도 진심은 그게 아니라는 식으로 에둘러 말해 로마 교황의 화를 누그러뜨렸다. 성지 팔레스타나에 그리스도교도 보호를 목적으로 설립한 튜턴 종교 기사단의 수장이었다는 점도 교황을 상대하는 외교에서 효과적인 '명함'이 되었다.

튜턴 기사단단장 헤르만과 팔레르모 대주교 베라르도가 프리드리히의 유능한 '외교부 장관'이었음은 연구자들의 일치된 의견이다. 타협을 좋아하지 않았던 자긍심 높은 청년 군주의 의향을 쓸데없는 충돌을 피하면서 실현할 수 있게 도운 것이 이 두 사람이었으니까. 독일과 이탈리아의 피가 흐르는 프리드리히의 '외교부 장관'도 한 명은 이탈리아인이고 다른 한 명은 독일인이었다.

어쨌든 황제 프리드리히 2세는 이미 이 시기에, 모두 열다섯 살 이상 나이가 많은 최고의 협력자 둘을 얻게 된다. 이제 막 스무 살이 된 그에게 어떻게 이런 일이 가능했을까. 둘 다 프리드리히 쪽에 선다고 해서 득 될 건 하나도 없다. 오히려 손해였다. 그런데도 그 둘은 평생 프리드리히의 편에 섰다. 튜턴 기사단단장 헤르만도 팔레르모 대주교 베라르도와 마찬가지로 '풀리아의 소년'과 꿈을 공유함으로써 삶의 보람을 함께 느낄 상대를 찾아냈기 때문일까. 베라르도도 그렇지만 헤르만의 철저한 협력은 그가 속한 기사단의 이익을 위해서라는 틀을 완전히 넘어선 것이다. 마치 튜턴 기사단은 부차적이고, 가장 큰 목적은 프리드리히의 생각을 실현하기 위해 움직이는 느낌이었다.

혹시 이 둘의 헌신은 꿈을, 즉 이상을 공유했다는 것에 더해 프리드리히가 두 사람을 '쓰는 방식'에 있지 않았을까.

프리드리히는 이 연장자 둘을 철저하게 활용한다. 다만 철저하게 믿고 철저하게 맡기는 방식으로 활용한 것이다. 철저한 믿음을 받아 철저히 활용되는 것은 남자에게 큰 기쁨이었을 것이다. 게다가 냉철하게 현실을 통찰하고 이상을 품고 있는, 남들보다 뛰어난 남자들은 더욱 그럴 것이다.

이만한 협력자라면 신뢰할 만한 정보 제공자이기도 하다. 스무 살이 된 프리드리히는 정확하고 객관적인 정보 수집의 필요성을 알았을 뿐만 아니라 그것을 잘 활용하는 게 얼마나 중요한지도 알고 있었던 듯하다.

"교황은 태양이고 황제는 그 태양의 빛을 받아야 비로소 빛날 수 있는 달"이라고까지 공언하며 중세 그리스도교 세계 최고의 권위와 권력을 행사한 교황 인노켄티우스 3세는 그 위세를 과시한 라테라노 공의회를 성공리에 마친 직후부터 건강이 나빠졌다. 아직 쉰여섯 살로, 서른여덟에 교황에 즉위한 지 18년이 흘렀다.

또 중세 시기 로마의 여름은 체력이 있는 사람도 견디기 힘들었다. 기온이 높은 것만이 아니다. 불결했다. 고대에는 제대로 기능하던 상하수도가 중세에는 보수, 유지를 담당하는 기관 자체가 사라져서 위생 상태가 극히 나빠진 것이다.

게다가 이 시기 그리스도교는 육체를 청결히 유지한다는 개념조차 경시했다. 아니, 경시라기보다 멸시했다. 목욕을 신앙을 잊은 고대 로마의 악습이라 여겼기 때문이다. 그 결과 교황이 사는 곳이라 그리스도교 세계 전체의 수도인 로마조차도 여름이 찾아오면 늘 역병이 돌았다.

이런 로마이니 라테라노 궁전에 산다고 안전한 것은 아니었다. 로마 교황을 비롯한 교황청 전체의 피서지행이 매년 정기 행사가 된 것도 역병을 피하기 위해서였다. 1216년 여름, 교황 인노켄티우스 3세가 체류한 곳은 중부 이탈리아의 산간 마을 페루자였는데 그곳에 독일에 있던 프리드리히의 편지가 도착했다.

교황에게 보낸 그 편지에는 이런 내용이 적혀 있었다. 자신이 로마에서 대관식을 한 뒤에도 시칠리아 왕국의 왕은 아들 하인리히가 맡는다는 과거 교황과의 약속을 계속 지키겠다는 것이다. 독일과 이탈리아가 같은 군주의 손에 들어가 교황이 사는 로마가 중간에 끼는 일만큼 교황에게 악몽 같은 일은 없다. 스물한 살이 된 프리드리히는 쉰여섯 살의 교황에게 분명히 말했다. 로마에서 교황이 주관하는 대관식을 치른 뒤에도, 즉 이제 더 증명할 필요가 없을 정도로 확실히 신성로마제국의 황제가 된 뒤에도 황제인 자신이 시칠리아 왕을 겸할 일은 없다고 말한 것이다. 네 살 때 고아가 된 프리드리히의 후견인 자리를 받아들일 때부터 교황 인노켄티우스 3세가 가장 두려워했던 일은 없을 것이라는 보증이다. 스물한 살이 보낸 '보증'에 안도했는지, 쉰여섯 살의 교황은 그 2주 뒤 세상을 떠났다.

교황 호노리우스 3세

/

/

교황청 전체가 페루자에 머물고 있었다. 교황 선출의 유권자인 추기경도 이 시절에는 열 명 정도밖에 되지 않았는데 그 추기경들도 전원 페루자에 있었다. 전 교황이 서거한 지 이틀 뒤, 다음 교황이 선출되었다. 로마의 호족 사벨리 가문 출신으로, 교황으로 선출된 다음에는 호노리우스 3세라 불렸다. 이미 여든여덟 살의 노령이고 온화한 인품으로 알려져 있었다. 새 교황은 교리 논쟁에는 전혀 관심을 보이지 않았다. 즉 전 교황과는 정반대 스타일의 교황인 것이다. 다만 스스로 종교계에 들어온 만큼 깊은 신앙심의 소유자로, 딱 두 가지만 보고 죽길 바랐다. 첫째는 이단파의 괴멸이었고, 이는 남프랑스에서 진행 중이었다. 둘째는 성지 예루살렘을 다시 그리스도교도에게 돌려주는 것이다. 이에 대해서는 '소년 십자군'으로 드러난 민중의 불만을 외면한 채 왕도 제후도 전혀 움직이려 하지 않았다.

프리드리히는 새로 교황에 오른 호노리우스에 관한 정보도 충분히 가지고 있었을 것이다. 프리드리히는 새로운 교황 호노리우스를 전 교황 인노켄티우스 3세에게는 시도할 엄두도 내지 않았을 방법으로 대하기 시작한다. 바꾸어 말하면 조심스럽게 대하지 않았다는 것이다. 팔레르모 대주교 베라르도와 튜턴 기사단단장 헤르만이 시칠리아로 향했다.

4년 전, 시칠리아를 떠날 때 그곳에 남긴 아내 콘스탄체와 다섯 살이 되었을 아들 하인리히를 불러들이는 것이 공식적인 이유다. 하지만 이유가 그것뿐이라면 최측근 둘을 한꺼번에 파견한 것은 너무 과했다. 만약 로마 교황의 정보수집 능력이 온화한 인품의 현재 교황을 따라 느슨해지지 않았다면 이 일만으로도 교황청 안에 경계경보가 울리기 시작했을 것이다.

이 시기 서른일곱 살이었던 팔레르모 대주교 베라르도를 측근 가운데 최고, 서른다섯 살의 튜턴 기사단단장 헤르만를 두 번째 측근으로 보는 것은 그저 프리드리히를 만난 시기가 전자가 먼저고 후자가 나중이기 때문이다. 당시 스물한 살이었던 프리드리히에게 두 사람의 존재감은 1, 2위를 나눌 수 없을 정도였다. 일본에서 흔히 '오른쪽에 홍귤나무, 왼쪽에 벗나무(헤이안 시대 궁 앞뜰에 심은 나무를 가리키는 것으로, 좌우에 주요 정부 기관이 있는 것을 빗댄 말-옮긴이)'라고 하는 표현이 적절하겠다.

둘 다 프리드리히보다 열다섯 살 이상 나이가 많다. 둘 다 종교계 인물이다. 전자는 대주교이니까 당연하겠는데 후자도 종교 기사단단장 지위에 있다. 종교 기사단으로는 앞선 '병원 기사단'과 '템플 기사단'과 마찬가지로 '튜턴(독일) 기사단'도 입단하면 속세의 지위와 직위를 버리고, 공작이나 백작 같은 작위도 없이 모두 '수도사'가 된다. 수도원에 들어가 기도와 노동에 임하는 수도사와 다른 점은 칼로 성지를 찾은 그리스도교도 순레자를 지킨다는 것이다. 무장했더라도 신분은 수도사이므로 결혼은 할수 없다.

프리드리히는 이 둘을 활용한다. 특명 전권대사로서만이 아니라 외교를 비롯한 온갖 분야의 상담자이기도 한, 진정한 의미의 중신으로. 활용분야는 모든 면에 걸쳐 있었는데 특히 로마 교황을 상대하게 한 것은 둘다 종교계 사람이기 때문이었을 것이다. 팔레르모 대주교 베라르도의 높은 식견과 깊은 교양은 그 방면의 엘리트를 모아놓은 교황청 안에서도 경의를 모았고, 팔레스티나에서 이교도를 상대로 몸을 던져 순례자들을 지킨 튜턴 기사단단장은 교황청 안 누구나 높이 평가했다.

게다가 베라르도는 이탈리아인이고 헤르만은 독일인이다. 프리드리히의 영토는 독일과 이탈리아에 걸쳐 있다. 프리드리히는 8년 동안이나 남부 이탈리아를 비웠는데도 그동안 시칠리아 왕국은 평안했다. 지난 8년간 여러 차례 알프스를 넘어 독일과 남부 이탈리아를 왕복해온 팔레르모 대주교의 공적이 크다는 점은 모두가 인정하는 바다.

상대가 독일인이라면 헤르만이 실력을 발휘한다. 독일 봉건 제후들은 그들과 같은 계급에 속하면서도 종교 기사단에 몸을 던진 헤르만 폰 살차를 독일 기사의 본보기로 보고 있었기 때문이다. 이리하여 베라르도가 남부 이탈리아를 담당하면, 헤르만의 담당은 독일이 되었다.

그런 둘을 나란히 시칠리아로 보낸 것이다. 프리드리히의 가족을 데려오는 여행을 수행하라는 명령에 그치지 않았을 게 분명하다. 전 교황과는 다른 성격의 새 교황 즉위를 계기로 프리드리히는 국제 정치에의 첫걸음을 내디딘 것이다.

영악한 스물다섯

/

/

1216년의 깊은 가을, 독일로 온 황후 콘스탄체와 그 아들이자 다섯 살이
된 시칠리아 왕 하인리히 일행의 화려함은 곧 사람들의 입을 통해 독일 안
에 퍼졌다. 그것도 그저 화려하기만 한 게 아니라 '좌청룡 우백호'를 거느
린 입성이다. 민중에 대한 선전 활동이라면 호화롭기만 하면 좋겠지만 프
리드리히가 상대해야 하는 것은 봉건 제후들이다. 게다가 이 시기의 프리
드리히는 제후들을 복종시킬 만한 충분한 군사력을 거느리지 못했다.

4년 만의 '가족 재회'는 뉘른베르크에서 이루어졌다. 프리드리히가 이
마을을, 독일의 봉건 제후를 불러 '디에타'를 개최하는 곳으로 삼았기 때
문이다. '디에타'란 후대의 의회와는 전혀 다르다. 통치자 자신이 수하 제
후들을 소집해 이 사람들에게 자신의 결정을 전하고 그들의 찬성을 얻는
장이다. 1216년 겨울에 뉘른베르크의 '디에타'에서 결의된 것은 다섯 살
의 하인리히를 라틴어로 하면 스베비아, 독일어로는 슈바벤 지방의 공작
으로 봉한 것이다.

하인리히는 이미 '시칠리아 왕$_{rex\ Sicilie}$'이다. 그 지위는 그대로 둔 채 여기에 '즈베비아 공작$_{dux\ Svevie}$'도 겸하게 한 것이다.

바이에른 지방의 서쪽과 인접한 슈바벤 공작령은 역사적으로도 호엔슈타우펜 가문의 영지로 알려져 있다. 현대는 스위스, 프랑스, 독일에 걸친 땅으로 주요 도시로는 취리히, 스트라스부르, 콘스탄츠가 있다. 도나우강과 라인강 원류가 모인 탓인지 숲과 호수의 지방이라 해도 좋은데 호엔슈타우펜이라는 이름의 마을도 있는 한편, 현재 프리드리히가 거주하는 성이 있는 하게나우, 프랑스어로는 아그노도 포함하고 있다. 아무리 다섯 살 아이라 해도 호엔슈타우펜 가문의 피를 물려받은 이상 영주가 된다 해서 불평할 사람은 없다. 세습권의 행사이기 때문이다. 프리드리히는 그의 정략(스트라테지아)을, 아무도 반대할 수 없는 지점에서 시작한 것이다. 이제 문제는 앞으로 어떻게 진행할 것인지에 있었다.

프리드리히는 모든 공문서에 아들의 직책을, 뉘른베르크의 '디에타' 직후에는 '시칠리아 왕'과 '슈바벤 공작'을 함께 쓰다가 슬며시 '시칠리아 왕'이라는 직함을 빼는 쪽으로 바꾼다. 로마 교황청이 프리드리히의 언동을 제대로 감시했다면 이제 막 스물두 살이 된 젊은이가 남부 이탈리아와 시칠리아섬을 합친 '시칠리아 왕국'을 다시 공식적으로 자기 수중에 넣으려는 조짐으로 봤을 것이다.

독일을 본거지로 하는 신성로마제국 황제가 동시에 시칠리아 왕도 겸한다면 이것은 다시 교황청의 영토가 있는 중부 이탈리아가 북과 남에서 압력을 받고 만다는 로마 교황의 최대 악몽이 꿈이 아니라 현실로 바뀔 우려가 있다. 그래서 전 교황 인노켄티우스 3세는 사사건건 프리드리히에게 그런 짓을 하지 못하도록 서약하게 한 것이다.

그러나 로마 교황에는 악몽일지라도 프리드리히에게는 처음부터 '시칠리아 왕국'을 놓을 생각은 전혀 없었을 것이다.

프리드리히의 영토는 지도를 봐도 알 수 있듯이 알프스산맥의 북측과 남측 양쪽으로 펼쳐져 있다. 21세기 현재라면 단연코 북쪽이, 그러니까 독일과 스위스, 남동 프랑스가 지리적으로도 넓고 강력하다. 하지만 현대보다 8백 년 전인 13세기에는 남쪽의 이탈리아반도가 경제적으로나 문화적으로 훨씬 풍요로웠다. 또 풍요를 나타내는 지표 중 하나이기도 한 인구밀도도 알프스 남쪽이 훨씬 높았다. 게다가 시칠리아는 프리드리히가 유소년 시절을 지낸 땅이다. 이런 감상적인 감정은 빼고라도 중세의 남부 이탈리아는 알프스 북쪽 제후들이 입맛을 다실 만한 '레몬 향이 풍기는 남쪽 나라'였다. 레몬 향기를 맡으며 자란 프리드리히에게 남쪽 나라에 대한 달콤한 생각이 없을 리 없다.

하지만 알프스 북쪽과 남쪽을 다 영유하지 않겠다고 서약한 장본인이 프리드리히다. 그러므로 교황 호노리우스 3세는 프리드리히가 전 교황과 맺은 서약을 위반하면 소리 높여 프리드리히를 비난해도 되는 상황이었다. 그러나 여든여덟 살의 교황은 자신이 아직 살아 있는 동안 십자군 원정을 실현하는 데만 정신이 팔려 있었다.

당연히 프리드리히에게도 십자군을 이끌고 오리엔트 원정에 나가라고

압력을 가했다. 아헨에서 샤를마뉴의 묘 앞에서 십자가에 맹세하지 않았

는가, 이렇게 말이다. 이 시대, '십자가에 맹세하다'라는 것은 '십자군 원정

에 나선다'는 것과 같은 말이었다.

　그러나 프리드리히에게는 해야 할 일이 산적해 있었다. 그래서 스물두

살의 황제는 여든여덟 살 교황의 압력을 피하려 했는데 단순히 이리저리

말을 바꾸는 게 아니라 오히려 활용하는 방식을 선택한다. 그것을 연대기

처럼 열거하면 다음과 같은데, 이 작전은 무려 1216년부터 시작되었다.

1216년 7월, 교황 인노켄티우스 3세가 세상을 떠난 후, 프리드리히는 새 교황으로 선출된 호노리우스 3세에게 교황 취임 축하 편지를 보낸다. 그에 답한 호노리우스의 편지에는 프리드리히가 십자군을 이끌고 갈 계획이 있다면 교황은 전면적인 지원을 하겠다고 적혀 있었다.

아직 '압력'은 아니었다. 전 황제 오토는 그의 본거지인 작센 지방 깊숙한 곳으로 쫓겨 들어간 상태였으나 그래도 멀쩡했고 아직 서른네 살이었다. 교황도 이 라이벌을 놔둔 채 오리엔트로 가라고 요구할 수는 없었다.

이 시기 교황 호노리우스는 교황청 주도의 십자군 파견에 자신이 있었다. 지난번 제4차 십자군 때 프랑스의 봉건 제후를 총동원해 파견했음에도 베네치아공화국에 이용당해, 그리스정교라고는 해도 같은 그리스도교도가 사는 비잔틴제국을 점령해버렸으니, 로마 교황은 만족할 수 없었다. 이번에야말로 로마 교황이 주도해 편성한 십자군을 오리엔트로 보내 이슬람 세력을 물리치겠다고 굳게 결심한 것이다.

그러므로 프리드리히에게는 아직 시간 여유가 있었는데 성직자 주도의 군사 행동이 변변치 못한 결과로 끝난 것은 《십자군 이야기》 제3권 제3장 '로마 교황청과 제5차 십자군'에 자세히 설명한 그대로다. 이런 까닭에 교황의 프리드리히에 대한 십자군 원정 요청이 '압력'으로 바뀐 것은 '변변치 못한 결과로 끝난' 것이 명백해진 뒤이다. 그 무렵에는 오토도 실의 속에서 자연사해 역사의 무대에서 완전히 퇴장했으므로 프리드리히는 교황의 압력을 피할 이유 하나를 잃게 된다.

1218년도 거의 끝나갈 무렵, 이때는 이집트 다미에타에서 시작된 제5차 십자군의 고전이 명백해진 시기인데 프랑크푸르트에 있던 프리드리히에게 로마 교황의 편지가 도착했다. 그것을 요약하면 정식으로 신성로마제국의 황제가 되고 싶다면 십자군을 이끌고 이집트로 가란 것이었다.

이에 대해 프리드리히도 답장을 보냈는데 그것도 요약하면 다음과 같다.

다음 해 1219년 3월에는 모든 준비를 끝내고 6월에는 원정에 나갈 참이었는데 사정이 허락지 않는다고 적고, 그 사정이란 아직 로마에서 황제 대관식을 치르지 않은 자신에게는 군사를 이끌 힘이 없고 수하의 제후들도 참가하지 않을 것이라고 늘어놓는다. 한마디로 말해 용의주도하게 피해 나간 것이다. 오히려 자기도 모르게 덫에 다가간 사람은 프리드리히보다 예순 살 이상 나이가 많은 호노리우스였다.

침묵을 지키는 늙은 교황에게 이번에는 프리드리히가 편지를 쓴다. 거기에는 준비가 되면 원정에 나서겠다고 말한 1219년 6월을, 9월 말까지 연장하겠다고 적혀 있다. 제후들 설득에 시간이 걸린다는 게 이유라니 교황도 인정하지 않을 수 없었다.

사실 이 시기 프리드리히는 제후들을 설득하고 있긴 했으나 십자군 원정을 위한 설득이 아니라 아직 어린 장남 하인리히를 독일 왕으로 올리려는 설득이었다.

다만 이때 프리드리히가 교황에게 보낸 편지에서 사용한 '설득'이란 단어는 사실을 말하자면 미리 '공들여 끌어들이는 일'이라는 뜻의 '회유'라는 단어가 더 적절할 것이다.

프리드리히는 독일에 들어가자마자 독일 사회가 시칠리아 왕국과는 다른 구조임을 배웠다. 여기서 독일은 당시 정황으로 치면 알프스 이북의 제국 영토 전체를 가리키는데, 그 독일이 주체인 사회는 '봉건 제후'도 실태는 두 종류로 나뉘어 있음을 안 것이다.

첫 번째 종류는 봉건 제후라는 이름 그대로 선조 가운데 누군가가 실력으로 획득한 영토를 물려받아 통치하는 사람들로, 역사에서는 '세속 군주'라고 부른다.

두 번째 종류는 역사에서는 '성직자 군주'라고 불리는 사람인데, 이 사람들은 원래 대주교로 임명되어 그 교구를 통치했다가 그대로 눌러앉아 이제는 세속 군주와 다름없는 영주가 된 사람들이다.

그렇다고 해도 이 대주교들은 상사인 로마 교황이 보기에는, 지금 그들이 영주인 양 행동하며 통치하는 영지도 어디까지나 '교구'이고 그곳을 통치하는 사람은 '성직자'이다. 그러므로 '세속 군주'에 비해 이들 '성직자 군주'의 지위는 법적인 의미에서 안전하다고 말하기 어려웠다.

프리드리히는 할아버지 '붉은 수염' 황제 시대부터 '황제파'였던 '세속 군주'들의 지지 강화에는 별다른 책략 없이 쉽게 성공했다. 하지만 성직자라는 입장 때문에 '교황파'인 게 당연한 '성직자 군주'들의 지지를 얻지 못하면 독일 사회에서 그의 권력을 확립할 수 없었다.

그래서 프리드리히는 '성직자 군주'들의 불안을 제거하는 법률을 제정한 것이다.

라틴어 원제는 'privilegium in favorem principum ecclesiasticorum'인데 이 노골적일 정도로 정직한 원제를 번역하면 '성직자 군주 우대'법이다. 즉 프리드리히는 '성직자 군주'에게도 기득권을 인정하는 방식으로 '세속 군주'와 같은 권리를 보증한 것이다.

이 법의 제정은 프리드리히의 필요에서 시작된 것이다. 하지만 이로써 독일은 연방제의 첫걸음을 떼게 된다. 프리드리히는 알프스 북측은 남부 이탈리아와 달리 느슨한 통치 체제인 지방분권 제도가 적합하다고 생각했을지 모른다. 현대 독일 역시 연방제 국가다.

1220년 4월, 프리드리히의 소집으로 프랑크푸르트에 모인 사람들은 이제 '봉건 제후'라는 단어로 통칭해도 좋을 '세속 군주'와 '성직자 군주'들이었다. 이들은 입을 모아 프리드리히의 요구대로 장남 하인리히를 독일 왕으로 선출한다. 로마 교황에 사전 통보 없이 시작되고 끝난 일이다.

이 사실을 안 교황 호노리우스는 바로 힐책하는 편지를 보낸다. 그에 대해 프리드리히는 십자군 원정에 나서면 살아 돌아올 보증이 없는 이상 남겨질 영토의 통치를 누구에게 맡길지 미리 정해두는 것은 통치자의 책무라는 편지를 보낸다. 교황은 여기에도 침묵할 수밖에 없었다.

스물다섯밖에 안 되는 사람에게 이런 영악한 지혜가 있다니 감탄할 수밖에 없는 노릇인데, 어쨌든 1220년 4월 프랑크푸르트 결의는 프리드리히의 계획에서 중대한 지점이었다.

첫째, 아직 아홉 살이 채 안 된 장남을 신성로마제국 황제로 만들기 위한 '대기실 입장', 요즘 말로 하면 '벤치 멤버'로 앉히는 데 성공한 것이다.

둘째, 아들 하인리히를 후계자로 삼는 형태를 취하면서 신성로마제국과 시칠리아 왕국이 모두 한 군주의 통치하에 있음을 로마 교황이 인정하게 한 것이다.

하지만 이로써 전 교황 인노켄티우스 3세와 나눈 서약, 알프스 북쪽과 남쪽 모두를 한 군주의 영토로 삼지 않는다는 서약은 완전히 깨진 셈이다.

물론 교황 호노리우스가 완전히 이해하고 인정한 건 아니다. 하지만 교황의 머리는 프리드리히를 십자군 원정에 끌어낼 생각으로 꽉 차 있었다. 침묵했다는 것은 어쩔 수 없이 받아들였다는 뜻이다. 게다가 교황이 프리드리히를 십자군에 끌어내려면 로마에서 대관식을 해줄 수밖에 없다고 생각하게까지 하다니, 스물다섯 살의 영악함도 경지에 올라 있었다.

아들의 즉위식을 마치고도 프랑크푸르트에 머물러 있던 프리드리히에게 교황의 특사가 찾아왔다. 특사는 교황 호노리우스 3세가 프리드리히에게 보낸 대관식 초대장을 지참하고 있었다.

3장

-

황제로서

관례에 따라 로마에서 치러지는 교황에 의한 대관식이 왜 이토록 중요할까. 이보다 더 중세라는 시대를 상징하는 의식이 없기 때문이다.

앞서 설명했듯 서유럽 그리스도교 세계에서 종교계의 최고 권위자인 로마 교황과 세속의 최고 실력자인 신성로마제국 황제만이 세습도, 전임자의 지명도 아닌 선거로 뽑혀야 비로소 취임할 수 있다.

로마 교황을 뽑는 것은 '추기경'으로 임명된 고위 성직자들이다. 한편 황제를 선출하는 것은 '선제후'라고 불린, 봉건 제후 가운데 유력한 제후들이었다. 차이점은 그것만이 아니다.

추기경들은 그리스도 교회의 교리에 따르면, 즉 그들은 이론상 자기 생각에 따라 표를 던지는 게 아니라 성령의 계시에 따라 표를 던진다. 신과 그 아들 예수, 성령은 삼위일체라고 할 정도로 성령은 중요한 것이므로 성령이 잘못된 사람을 고를 리 없다고 여겨졌다. 그 말은 성령으로 뽑힌 교황은 선택된 시점에서 이미 '적격자'라는 것이다.

한편 황제는 선제후가 선출하는데 이 사람들도 인간이라는 점에서는 추기경과 다름없다. 다만 속세에 사는 사람인 만큼 그들에게는 성령이 찾아오지 않는다.

그러므로 선제후가 뽑은 신성로마제국 황제가 적합한 인물인지 누군가 판정해야 했고 그 역할을 로마 교황이 담당하게 된다. 어쨌든 로마 교황은 잘못된 인선을 하지 않는다는 보증이 붙은 성령이 선택한 사람이니까 판정을 담당하기에 최적이다. 실제로 전 교황 인노켄티우스 3세는 황제를 선출하는 것은 독일의 제후지만 그 인물이 적합한지 아닌지를 결정하는 것은 로마 교황이라고 말한 바 있다.

사실 웃지 않고는 못 배길 해괴한 논리지만 기득권을 지키려는 측은 항상 이런 해괴한 제도를 생각해내는 법이다.

그렇다고는 해도 사정이 이러하니 역대 신성로마제국 황제들에게 로마를 찾아가 교황에게 황제관을 받는 일은 극히 중요한 의식일 수밖에 없었다. 이 의식을 치러야 속세의 최고 통치자로 적합한 사람임을 인정받고 통치권의 정당성을 얻을 수 있기 때문이다.

그런데 일단 '적격자'임을 인정받으면 계속 효력이 유지되느냐 하면, 그리스도교 세계에서는 꼭 그렇지만도 않았다.

'적격자'라는 자격을 줄 수 있는 사람, 즉 로마 교황은 그 자격을 거둘 권리도 지니고 있기 때문이다. 이야말로 중세를 뒤흔든 교황과 황제가 벌이는 항쟁의 진정한 원인이자 교황파와 황제파 갈등의 진정한 원인이다.

물론 이런 종류의 위험은 있었으나 그리스도교가 지배한 시대였던 중세를 살았던 황제들에게는 로마에서 대관식을 올리는 게 중요했다. 무엇보다 교황이 왕관을 머리에 씌워줘야만 민중들도 그 사실을 알게 되기 때문이다. 또 대관식은 황제가 바란다고 이루어지지 않는다. 교황이 초청해야 비로소 실현된다. 그런데 그 초대장이 드디어 도착한 것이다. 프리드리히는 시간을 낭비하지 않았다. 교황의 마음이 바뀌기 전에 기정사실로 만들 필요가 있었다.

1220년 4월, 프랑크푸르트에서 열린 '디에타'에서 장남의 독일 왕 취임을 실현.

5월, 로마 교황의 초대장 도착.

프리드리히는 곧장 제후들에게 대관식을 위한 로마행을 수행할 기사와 병사 제공을 명했다. 황제로서 대관식을 치르기 위해 로마로 가는 것이다. 그에 상응하는 병력을 끌고 갈 필요가 있었는데 병력 제공을 제후에게 명한 것 자체가 프리드리히가 봉건 제후들의 지지 획득에 성공했음을 보여주고 있다.

6월, 로마행 준비가 순조롭게 진행된다.

로마에는 황후로 대관하는 아내 콘스탄체도 동행하는데 얼마 전 독일 왕이 된 하인리히는 독일에 남는다. 프리드리히는 장남이자 후계자인 아홉 살 아들의 교육을 쾰른 대주교에게 맡겼다.

7월, 집결지로 결정된 아우크스부르크에는 독일 각지에서 온 병사들이 모이기 시작했다. 수하의 장병을 직접 이끌고 온 봉건 제후도 적지 않았다.

8월, 도착한 프리드리히를 선두로 일행은 아우크스부르크를 떠난다. 인스브루크를 거쳐 브렌네로고개를 넘으면 바로 이탈리아였다.

9월, 곧장 이탈리아로 들어온 프리드리히는 거기서 로마 교황에 튜턴 기

사단단장 헤르만을 파견했다. 대관식 거행의 여러 실무를 협의하기 위해서
라는 것이 명분인데 헤르만에게 맡긴 것은 그보다 더 중요한 협의였다.

로마에서의 대관식

/

/

아우크스부르크에서 인스브루크를 거쳐 브렌네로고개를 넘어 베로나로 내려오는 길은 고대 로마부터 이용된 알프스를 넘는 간선로다. 프리드리히는 그 길을 당당하게 행군해 남하했는데 8년 전 독일로 올 때는 그러지 못했다. 그를 납치하려고 밀라노가 보낸 병사들의 추격을 피해 말과 함께 강에 뛰어들어 도망치기도 했고, 적이 브렌네로고개에 매복 중임을 알고 숲속의 좁은 길로 우회하는 등 온갖 고생 끝에 독일에 들어왔다. 인스브루크나 아우크스부르크를 멀리서 보는 것조차 불가능했을 정도로 먼 길을 돌고 돌았던 독일행이었다.

프리드리히의 처지는 8년 전과 확연히 달라져 있었다. 과거의 '풀리아의 소년'은 지금은 밀라노가 손댈 엄두도 내지 못하는 황제로 이탈리아에 돌아온 것이다. 열일곱이었던 '소년(푸에르)'도 스물다섯이 되어 있었다.

10월, 프리드리히와 그 일행은 중부 이탈리아까지 남하해 볼로냐에 들렀다. 볼로냐에는 들렀다기보다는 일주일이나 체류했다. 이 볼로냐를 중부 이탈리아의 도시 이상으로 유명하게 만든 볼로냐대학을 시찰하기 위해서다. 시찰이라 해도 유럽 최고(最古)의 이 대학을 견학하며 그냥 돌아다닌 것만은 아니다. 당시 이 대학에서 교편을 잡고 있던 법학자 로프레도 에피파니오와 만나 이야기를 듣기 위해서였다.

로마에서의 대관식은 1220년 11월 20일에 거행되었다. 로마에 도착한 뒤에도 성벽 바깥에 있는 몬테 마리오 언덕에 천막을 치고 그날을 기다리고 있던 프리드리히가 영원의 도시에 들어가는 것은 이로써 두 번째다. 8년 전, 그가 황제가 될지를 놓고 내기가 벌어졌다면 압도적인 수가 '안 된다'에 걸었을 열일곱 살 소년이 대관식을 위해 로마로 돌아온 것이다. 어떤 심정이었을지, 하지만 그는 어떤 말도 남기지 않았다.

로마를 반 바퀴 돌아 교황이 있는 바티칸으로 향한 프리드리히는 금실과 붉은색 실 자수가 가득한 화려한 옷에 백마를 탄 모습으로 연도에 모인 군중의 커다란 환호성 속을 나아갔다. 로마 사람들은 이런 구경거리에 열광했다. 성베드로대성당의 정문 앞에서 기다리던 교황 호노리우스 3세도 금색과 백색의 자수로 가득한 예복을 입은 모습이었다. 금색과 붉은색이 황제의 색이라면, 금색과 백색은 교황의 색이었다.

대성당으로 들어간 프리드리히는 그런 그를 따르는 아내와 함께 교황이 주최하는 미사에 참석한다. 미사 후 제단 앞으로 나온 황제는 그곳에 선 교황 앞에 무릎을 꿇고 교황에게 황제관을 받았다. 그와 동시에 황제만이 소유할 권리가 있는 검과 홀도 받는다.

그렇다고 제관과 검, 홀을 바티칸이 가지고 있다가 주는 것은 아니다. 이미 황제가 소유하고 있는 물건을 바티칸에 넘겼다가 교황이 다시 주는 것이다. 이로써 속세의 제일인자로서 적격이라는 인정을 종교계의 제일 인자에게 받은 것이다.

관을 쓰고 오른손에 검을, 왼손에 홀을 든 프리드리히는 장엄한 목소리로 맹세한다. 그리스도 교회의 수호자가 되겠다, 십자군 원정에 나가겠다, 이단자를 박멸하겠다고 맹세한 것이다. 남편 뒤에서 무릎을 꿇은 콘스탄체의 머리에도 황후의 관이 씌워졌다. 의식이 무사히 끝난 것이다.

3일 후, 프리드리히는 이미 로마에서 2백 킬로미터 이상 떨어진 카푸아에 있었다.

로마에는 오래 있지 않았다. 아니, 오래 머물지 않는 게 좋았다. 프리드리히는 대관식에서 그토록 장엄하게 맹세해놓고 교황 호노리우스에게 십자군 원정 시기를 다시 연기하겠다고 말하고 허락까지 받아내는 데 성공했기 때문이다. 이탈리아로 들어오자마자 튜턴 기사단단장 헤르만을 교황에게 파견한 표면적 이유는 대관식과 관련된 제반 사항의 조정이었다. 그러나 진짜 조정은 이것이었다. 교황 호노리우스는 대관식의 거행, 즉 황제로서 적격이라는 공식 인정을 해줬음에도 불구하고 프리드리히에게 받은 것은 십자군 원정의 연기였다.

하지만 교황도 프리드리히가 내세운 이유, 8년이나 비워둔 시칠리아 왕국의 내정을 확실히 해두지 않으면 먼 오리엔트 행은 불가능하다는 이유를 받아들일 수밖에 없었다. 게다가 이 '연기'라는 게 언제까지라고 확실히 정해진 것도 아니었다. 그러므로 프리드리히는 앞으로도 교황의 계속되는 압력을 피하며 시간을 벌어야 하는 어려운 일을 계속해나갈 수밖에 없다.

교황 호노리우스로서는 제정신일 수 없는 상황이었다. 고전의 연속으로 프리드리히의 참전만이 유일한 희망이었던 제5차 십자군, 결국은 로마 교황청 주도로 보낸 제5차 십자군도 소용없는 일로 밝혀지고 있었고 성지 예루살렘은 여전히 이슬람의 지배 아래 있었다.

프리드리히는 대관식만 치르면 로마에 오래 머물 필요는 없다는 듯 재빨리 로마를 떠났는데 그것은 자신의 영토인 남부 이탈리아로 들어서면 나오는 카푸아에 한 인물을 기다리게 했기 때문이다. 그 사람은 볼로냐에 들렀다가 만난 로프레도 에피파니오로, 이제 막 스물여섯 살이 된 프리드리히의 머릿속에 있는 것을 실현하기 위해서는, 성직자가 아닌 탓에 발상도 유연한 이 법학자의 협력이 필요했다.

법치국가로의 첫걸음

/

/

로마 교황으로부터 십자군 원정 연기 약속을 받아낸 프리드리히가 이 시기 목표로 삼은 것은 남부 이탈리아와 시칠리아섬을 합친 '시칠리아 왕국'의 재편성이었다. 로마 교황에 내세웠던 이유가 거짓말은 아니었다. 하지만 젊은 황제는 그것을 독일과는 다른 형태로 실현할 생각이었다.

한마디로 연방제가 아니라 중앙집권제다. 더 말하자면 봉건 사회의 지속이 아니라 봉건제를 무너뜨려야 성립하는 근대 군주국으로의 이행이었다.

봉건 사회는 제후라는 강자들이 지배하는 사회인데 그 강자들로부터 기득권을 빼앗아 군주에게 집중시키고 군주가 정한 법에 근거해 운영하는 국가를 실현하면 완력만이 모든 것을 이야기하는 사회에서 벗어날 수 있기 때문이다.

프리드리히의 영토는 알프스 북쪽과 남쪽으로 나뉘어 있다. 현대 국가로 치면 독일과 이탈리아다. 프리드리히는 그 독일과 이탈리아를 다른 방식으로 통치하고자 한 것이다. 그리고 이것은 양쪽 사정을 다 알기에 나온, 현실적인 선택이기도 했다.

독일 땅에서 프리드리히가 가진 권리는 봉건 제후들이 선출해준 덕분에 누릴 수 있는, 말하자면 '위탁받은 권리'다.

한편 시칠리아의 통치권은 어머니로부터 상속받은 세습권이므로 '원래부터 소유한 권리'에 해당한다.

또 독일에서는 봉건 제후라고 통칭해 부르고는 있으나 내실은 이미 설명한 대로 '세속 군주'와 '성직자 군주'가 뒤섞여 있다. 대주교도 광대한 영지의 영주라는, 실로 중세적인 현상은 당시 독일에서는 흔한 예였다.

반대로 '시칠리아 왕국'에서는 왕국 안의 유력한 성직자인 팔레르모와 카푸아의 대주교라도 광대한 영지를 소유하지는 못했다. 그 이유는 시칠리아가 2백 년 동안 이슬람교도인 아랍인의 지배 아래 있다가 북부 프랑스에서 이주해온 노르만족이 정복하면서 그리스도교로 돌아왔기 때문이며 그 그리스도교 복귀도 로마 교황의 관여 없이 실현되었다는 사정이 있다. 관여하지 않았으므로 대주교는 임명해도 그 대주교에게 넓은 영토를 주라고 요구할 수 없는 것이다. 이것이 남부 이탈리아와 시칠리아섬에는 독일에서 일반적인 '성직자 군주'라는 이름의 봉건 제후가 '흔한 현상'이 되지 못한 이유였다.

다만 남부 이탈리아와 시칠리아섬으로 이루어진 '시칠리아 왕국'에는 노르만인에 의한 정복이라는 군사적 형태로 성립되었다는 사정도 있어서 '세속 군주'에 속하는 봉건 제후들이 지나치다 싶을 정도로 득세하고 있었다. 이들의 기득권을 빼앗는 데 성공하지 못하면 봉건 사회에서 군주제 국가로의 이행은 불가능하다. 프리드리히는 이들 제후에 대한 심리 작전으로 대관식까지 이용했다. 교황에게 직접 제관을 받는 로마에서의 황제 대관식에는 독일의 제후를 훨씬 능가하는 수의 '시칠리아 왕국'의 봉건 제후들이 프리드리히의 초대로 참석한 것이다. 말할 것도 없이 남부 이탈리아에서 로마까지 온 제후들에게 너희들의 주인은 이제 '왕'이 아니라 신성로마제국의 '황제'라는 사실을 강력하게 어필하기 위해서였다.

그리고 독일과 시칠리아 왕국의 마지막 차이점은 얼마나 많이 우수한 관리를 동원할 수 있는가에 있다. 봉건제 아래에서의 영주는 자국 영토 안의 일은 거의 자치로 해결하니까 봉건 영주라 부르는 것이다. 하지만 그런 그들로부터 기득권을 빼앗아 군주제 국가로 이행하려면 관료제도의 수립이 반드시 필요하다. 게다가 고위 관료부터 서기 같은 하급 관료까지 다 갖추려면 엄청난 수가 된다.

13세기 초였던 이 시기에 문장을 쓰고 법률에도 정통한 사람들을 공급할 수 있는 곳은 이탈리아 중부와 남부에 집중되어 있었다. 왜냐하면 일종의 전제군주국가인 로마 교황청이라는 수요가 항상 있었기 때문이다. 중부 이탈리아의 볼로냐에 최초의 대학이 창설된 것도, 단순히 신학을 연구하기 위해서만은 아니었다. 로마 교황청이 강력한 조직이기에 필요한 '교황청 관료'의 공급처이기도 했다.

독일에는 교황청이 존재하지 않는다. 그러므로 이 시기 독일에 전제군주국가를 세우고 싶어도 군주가 생각하는 정책을 실행에 옮길 관료 확보까지는 기대할 수 없었다.

카푸아 헌장

/

/

1220년 11월도 말로 접어들어 카푸아에서 만난 황제와 헌법학자는 이 시기, '시칠리아 왕국'을 통치하는 데 꼭 필요하다고 의견 일치를 봤던 법 제도의 골격을 만드는 것부터 시작한다. 그것은 통치는 힘이 아니라 법에 근거해 이루어진다는 기본 방침에 입각한 것인데, 이 골격에 살을 붙여 완성하기까지는 10년이 걸린다. 10년이나 걸린 것은 그동안 프리드리히가 처리해야 했던 일이 수없이 일어났기 때문인데, 이유는 그것만이 아니다. 법률이라는 것에 대한 사고방식이 둘 다 비슷했기 때문이 아닐까. '살을 붙이는 작업'은 진행 상황을 보면서 하자는 것이다.

법률에는 두 종류가 있다. 하나는 신이 만들어 인간에게 주는 법으로, 모세의 십계명이나 코란이 그에 해당한다. 신이나 신과 아주 근접한 예언자가 만들었으므로 인간이 바꿀 수 없는 법이다.

다른 하나는 인간이 인간의 필요로 만든 법이다. 대표적인 것이 로마법인데 인간이 만든 법이니 적합하지 않으면 바꿔도 된다. 아니, 바꿔야 한다고 여겨졌다.

황제 프리드리히와 법학자 로프레도가 생각한 법은 후자에 속했다. 다만 신의 뜻을 전달하는 것을 대전제로 하는 교회법이 지배적이었던 중세 사회에서는 기존의 교회법과 부딪히지 않는 게 중요하다. 교회법의 메카였던 볼로냐대학에서 법률을 가르쳤던 전문가의 협력이 프리드리히에게 그 무엇보다 중요한 이유도 여기에 있다.

'카푸아 헌장Sanctiones Capuanae'이라는 이름으로 발표된 법안의 '골격'만이라도 정리하면 다음과 같다.

1. 왕국의 통치는 힘의 논리를 폐하고 법에 근거해 이루어진다.

제후라 해도 권리를 함부로 행사하는 일은 금지되고 왕이 설립한 재판소에 알리고 그 판단에 따른다. 이에 반하는 사람은 자산을 몰수할 뿐만 아니라 사형까지 각오해야 한다.

2. 왕국 안의 제후들이 거느린 영지도 1189년까지 거슬러 올라가 조사하고, 그 시기에 이미 왕의 인정을 받은 땅의 영유는 앞으로도 계속 인정한다. 다만 1189년부터 오늘까지의 30년 동안 불법적인 수단으로 취득해 자신의 영지로 삼은 땅은 모두, 일단 왕, 즉 프리드리히에게 반환한 후 왕이 정당한 배려를 거쳐 분배한다.

프리드리히의 생각에 따르면, 1189년은 그의 외가인 노르만 왕조의 마지막 왕이 죽은 해다. 노르만 왕조의 최고 전성기를 누린 왕이 루제로 2세라는 점에는 모든 이의 의견이 일치한다. 이 왕의 사후 그 뒤를 이어 시칠리아 왕국의 왕이 된 것이 루제로의 아들 굴리엘모 1세고 그 뒤에는 손자인 굴리엘모 2세가 뒤를 이었는데 1189년이란 굴리엘모 2세가 죽은 해다. 이 굴리엘모의 숙모에 해당하는 여성에게서 태어난 프리드리히는 '시칠리아 왕국'을, 그것이 왕국으로 기능하던 30년 전으로 되돌리는 일을 그가 생각하는 왕국 재편성의 대의명분으로 삼은 것이다. 쉽게 이야기하자면 반대하려 해도 반대할 수 없는 이유를 댄 것이다.

카푸아 체류 중에 형태를 만든 '골격'의 세 번째는 군사적으로 제후의 힘을 약화시키고 왕에게 군사력을 집중하려는 목적을 달성할 수 있는 조항이다. 다만 이 시점에서는 아직 제후가 거느린 병력을 빼앗겠다는 것은 아니다. 지위가 공작이든 백작이든 기사든 프리드리히의 왕국 안에서는 병력을 유지할 수 있으나 함부로 행사하는 것을 엄금한다는 뜻이다. 자산 몰수와 사형에 처하기로 함으로써.

중세는 '기도하는 사람(성직자)'과 '싸우는 사람(기사)'과 '일하는 사람(서민)'으로 나뉜 시대이다. 그런데 프리드리히는 이 셋을 자신의 지배 아래 두지 않는 한, 법으로 통치되는 국가는 창설할 수 없다고 생각한 것이다.

그러나 그런 그의 생각은 기득권층에 속한 봉건 제후에게 정면 대결을 신청하는 것이었다. 영지뿐만 아니라 싸울 권리까지 제한당하면 그들 '싸우는 사람'이 생존 이유로 삼아온 것을 다 잃고 말기 때문이다. 시칠리아 왕국 안의 제후들이 결속해 프리드리히에 반기를 드는 것은 당연했다.

하지만 그런 일은 일어나지 않았다. 왜일까.

독으로 독을 다스린다

/

/

스물여섯 살의 황제는 왕국의 각 지방을 담당할 지사와 사법과 경찰 등의 장관을 임명했는데 임명된 사람이 바로 봉건 제후들이었기 때문이다. 마피아 박멸을 목표로 내걸고 만든 부서 책임자에 마피아 두목을 앉힌 셈이니 매우 우스운 상황인데 그렇다고 프리드리히가 영지를 지닌 사람이면 아무나 이 요직에 앉힌 건 아니다. 유서 깊은 마피아라는 단어는 없을지 모르겠으나 유서 깊은 제후는 있다. 오랜 봉건 제후 가문 가운데는 유능하고 교양도 있는 남자들이 꽤 많았고 그들은 불법적인 행동과도 비교적 인연이 없었다. 그러므로 그런 유력 제후가 자연스럽게 등용의 기준이 된 것이다.

이렇게 등용된 사람 중 가장 좋은 예가 엔리코 디 모라일 것이다. 나폴리의 배후지에 넓은 영지를 거느린 전형적인 봉건 영주였던 이 인물을, 프리드리히는 갑자기 사법 장관에 해당하는 요직에 임명한 것이다. 30년 전으로 거슬러 올라가, 그 당시 법에 근거해 봉건 영주로부터 빼앗은 땅을 왕의 영토로 돌리는 역할을, 봉건 영주 가운데 하나에게 맡긴 것이다.

아마도 프리드리히보다 열 살 정도 연상이었을 엔리코는 그가 죽을 때까지 21년 동안, 이 직무를 수행한다. 이 사법 장관 외에도 발탁해 등용한 사람이 많은데 발탁하기도 하지만 혹사도 시키는 프리드리히의 활용법에 따라 이 남자도 온갖 분야에서 '혹사'당한다. 이는 그가 팔레르모 대주교 베라르도나 튜턴 기사단단장 헤르만 같은 최측근과 마찬가지로 프리드리히의 중신이 되었음을 드러내는 일이다. 엔리코 디 모라와 비슷한 예는 그 외에도 네다섯 명을 꼽을 수 있다.

즉 왕국의 재편성을 시작한 초기에 프리드리히가 채택한 전술, 마피아 우두머리를 마피아 대책 최전선에 세운다는 표현은 문제가 있으니 독으로 독을 다스린다는 표현으로 바꾸겠는데 어쨌든 그 전술은 성공한다. 당연히 일어나야 했던 봉건 제후들의 반란은 끝내 일어나지 않았으니까.

그래도 단발적이나마 몇 건은 일어났다. 그 반란은 바로 제압했는데 반기를 들면 군사 행동에 나선다. 카푸아에서 정한 법에 따르면 사형에 처하고 재산을 몰수당해도 할 말은 없었다.

일단 법으로 정해지면 엄정하게 집행해야지 정의의 행사라 생각하는 사람이 있다면 그 사람이야말로 법에 무지한 사람이다. 프리드리히는 법적인 해결을 고집하기보다 정치적인 해결을 선택한다. 그 남자를 죽이지 않고 튜턴 기사단단장 헤르만에게 신병을 넘긴 것이다. 성지를 찾는 순례자들을 수호하는 임무가 이 반역자의 두 번째 인생이 된다. 국외 추방이라니, 확실히 신의 한 수였다.

카푸아에서는 '카푸아 헌장'을 완성했을 뿐 한 달밖에 체류하지 않았다.

1221년으로 해가 바뀌고 바로인 1월, 나폴리로 이동한다. 그리고 한 달 동안을 꼬박 나폴리에서 살레르노까지 남부 이탈리아 시찰에 썼다. 법학자 로프레도도 동행한 사람 중 하나임은 분명하다. 이 시기 나폴리에 창설되는 대학도, 살레르노에 있던 의학부를 더욱 충실하게 하는 것도 이때 이미 구상된 것이 아닐까 한다. 법학 대학으로 유명한 나폴리대학은 3년 후에 개교하는데 그 초대 학장이 바로 로프레도이기 때문이다. 대학 개설의 목적이 우수한 관료의 양성에 있음은 말할 필요도 없다.

나폴리에서 내륙으로 들어간 곳에 있는 베네벤토 태생의 로프레도 에피파니오라는 이름의 법학자가 이탈리아의 법제 역사상 빼놓을 수 없는 인물이 된 이유는 프리드리히의 법률 고문을 맡았기 때문이 아니다. 현재 국립대학으로 건재한, 프리드리히를 이탈리아어로 발음한 '페데리코2세대학'이 정식 명칭인 나폴리대학의, 초대 학장으로 부임했기 때문도 아니다. 이 사람의 대표작이 되는《교회법과 시민법에 관한 고찰Libelli de iure canonico et civili》이 이보다 250년 이상 지난 16세기에 들어서 잇따라 각국에서 재간행되기 때문이다.

로마, 1500년. 아비뇽, 1500년. 스트라스부르, 1502년과 1516년. 파리, 1519년. 베네치아, 1537년. 리옹, 1538년과 1561년. 쾰른, 1591년.

그리스도교의 사고방식이 일상생활의 구석구석까지 미치는 사회에 살면서 세속법의 공정한 시행을 실현하려면 어떻게 해야 할까, 라는 문제의식이 르네상스도 전성기에 들어간 16세기 유럽인에게 강력하게 작용한 증거가 아닐까. 로프레도가 프리드리히와 공동 작업한 시대에는 이런 문제의식은 그와 황제 사이에만 존재했겠지만.

참고로 법학자 로프레도의 전공이었던, 당시는 'civili(시민법)'라고 불리던 법률은 고대에 살아 숨 쉬던 '로마법'이다. 그리스도교계가 '로마법'이라는 말을 싫어해서 '시민법'이라고 바꿔 불렀을 뿐이다.

그러나 아무리 고상한 법률적 문제의식이 있더라도 눈앞에 놓인 과제를 해결하지 못하면 통치자로 존재할 수 없다. 문제의식만 있으면 되는 학자와 그렇지 않은 정치가의 차이점이 바로 여기 있다.

1221년(스물여섯), 1222년(스물일곱)에는 연도와 함께 기어이 나이까지 같이 기록하고 싶어지는 것은 이 2년이 특히 프리드리히가 한시도 한 군데에 머물지 못할 정도로 남부 이탈리아와 시칠리아섬을 순행하며 돌아다녔던 시기이기 때문이다. 저기서는 이틀, 그다음 향한 마을에서는 하룻밤이라는 식으로 프리드리히의 일정표만으로 책을 한 권 엮어낸 연구자가 독일에 있는데 그 책을 보면 아무리 젊어도 그렇지, 이래서는 따라다니는 사람이 정말 힘들었겠다 싶어, 젊은 황제에게는 동정하지 않더라도 수행원을 동정하게 만든다.

하지만 이 시기, 프리드리히에게는 자신의 영토를 쉴 새 없이 돌아다니는 일이 꼭 필요했다. 30년 동안이나 무정부 상태였던 상황에서 멋대로 영지를 늘린 제후들로부터 그 땅을 빼앗아 왕령으로 돌려놓기 위한 순행인데 영지에는 반드시 거기서 거둬지는 세금도 따라온다. 왕의 직접 통치령을 늘린다는 것은 왕의 금고로 들어오는 세금도 늘어난다는 소리다. 일종의 지방분권인 봉건제도를 폐지하고 중앙집권국가를 만들려면 세금도 중앙집권이 되어야만 한다. 아무리 고매한 목표를 내세운 정치개혁이라도 재원 확보 없이는 학자의 논리 영역에 머물 뿐이다.

게다가 이 시기 프리드리히는 한시도 가만있지 못하고 각지를 돌아다니는 동안에도 집요할 정도로 추궁하는 교황의 십자군 원정 요구를 달래고 연기까지 인정받아야 했다. 프리드리히를 십자군 원정에 보내는 일은 실패로 끝난 제5차 십자군 결과에 절망한 교황 호노리우스에게 그야말로 노인의 집념이 되어 있었다.

십자군 원정 연기를 둘러싼 교황과 프리드리히의 대립적인 관점은 사실 이 두 사람의 사고방식 차이에서 비롯된 것이다.

로마 교황이 보기에 신성로마제국 황제의 최우선 임무는 오리엔트로 원정해 이교도 이슬람으로부터 예루살렘을 탈환하는 것이다.

한편 황제 프리드리히가 생각하는 최우선 임무는 자기 영토의 통치권 확립이다. 그 뒤라면 갈 수 있다는 것인데 교황은 그때는 너무 늦는다고 주장하며 양보하지 않았다. 대립은 거기서 발생했는데 사실 십자군 원정을 맹세하고 로마에서의 대관식을 얻어낸 장본인이 바로 프리드리히였다. 그런 탓에 이때도 프리드리히는 이리저리 빠져나가는 전략을 취한다. 다만 로마 교황의 노여움을 사는 모험만은 감행하지 않으면서.

남쪽 나라 풀리아

/

/

이 시기 프리드리히의 행동을 꼼꼼히 추적한 연구자에 따르면 프리드리히가 처음으로 풀리아 땅을 밟은 것은 1221년 2월 15일이 된다. 그 말은 카푸아에서 법치국가의 '골격' 작성을 끝낸 후 나폴리로 옮겨 그곳에 세울 대학을 구상하고 살레르노를 방문해서는 의학교 강화안을 마련한 다음 바로 풀리아로 갔다는 이야기다. 독일에 있을 때 그는 독일인들에게 '풀리아의 소년'으로 불렸다. 하지만 프리드리히는 그때까지 풀리아를 본 적이 없다. 유소년기를 보낸 시칠리아에서 곧장 독일로 출발했기 때문이다.

이 시기의 유럽에서 풀리아는 남부 이탈리아의 한 지역을 가리키는 현대적 의미의 풀리아가 아니라 남부 이탈리아 전체를 뜻했다. 남부 이탈리아, 장화 장딴지부터 발꿈치에 이르는 풀리아 지방 자체가 당시의 북유럽 사람들에게조차 익숙한 지방이었다.

그들, 팔레스티나로 순례를 떠나는 사람이든, 그곳에서 싸우기로 작정한 기사든, 알프스를 넘어 이탈리아로 들어온 사람들은 일반적으로 풀리아 지방 남단에 있는 브린디시까지 가서 배를 탔다. 고대 로마 시대부터 브린디시는 오리엔트로 향하는 해로의 출항지이자 입항지라는 오랜 역사를 지니고 있다. 지금도 이 지역의 노인은 우람하게 자란 올리브 숲을 지나면서 이 나무는 그 밑을 지나가는 십자군 기사들을 보며 자랐다는 이야기를 늘어놓기도 한다.

그런 까닭에 풀리아는 현대보다는 중세 때 더 지명도가 높았을 것이다. 이런 풀리아에 처음 발을 들여놓은 프리드리히는 3개월에 걸쳐 순찰하다가 매료되어버린다.

이유를 상상하는 건 어렵지 않다. 독일과 이탈리아를 떠올리며 비교하는 것만으로도 반쯤 수긍할 것이다.

프리드리히는 8년에 걸친 독일 체류 후 처음으로 직접 남부 이탈리아를 보게 된 것이다. 그 시대의 독일은 남부라 해도 숲과 호수, 그리고 적은 일조량의 나라였다. 반대로 풀리아는 넓은 평야와 완만한 언덕과 강렬한 태양의 나라였다.

하지만 차이가 이것뿐이었다면 지금도 남쪽 나라에 대한 동경을 품고 휴가 때만 되면 남쪽을 향해 밀려드는 독일인 관광객과 다를 바 없다. 프리드리히에게는 이 사람들과 다른 무언가가 있지 않았을까.

풀리아는 숲과 호수가 시야를 가릴 만큼 깊거나 넓지 않았고, 언덕도 평야의 기복 정도로 보일 만큼 높지 않았으며 그사이의 평야에는 보리밭이 펼쳐져 있었다.

즉 강렬한 태양이라면 같은 조건인 남부 이탈리아 중에서도 특히 풀리아 지방은 시야를 가리는 게 거의 없을 정도로 넓은 평야가 있었다.

이 풀리아 지방에 프리드리히가 건설한 성을 둘러보는 일은 미소 없이는 불가능한 여행이다. 멀리서 보기만 해도 그가 세우게 하고 보강하게 한 성임을 알 수 있다. 주위를 휘감은 듯 난 길을 따라 성에 접근해야 하는 덕분에 성을 사방에서 요모조모 살펴볼 수 있다. 이렇게 성을 바라보다 보면 프리드리히라는 남자는 차단된 시야를 끔찍이 싫어했던 게 아닐까 하는 생각이 든다. 이 생각은 성 내부로 들어가 그곳에서 주위를 한바탕 둘러보면 확신으로 바뀐다.

프리드리히가 생애를 걸쳐 불태웠던 열정은 매사냥이다. 스스로 책까지 썼다.

그 책을 읽으면 그에 대해 많은 것을 알게 되는데 매사냥 지침서이니만큼 당연히 매사냥의 달인이 되려면 어떻게 해야 하는지 적혀 있다.

책을 보면 매를 이용한 최고의 사냥꾼이 되기 위해서는, 우수한 매부리가 되는 것만으로는 충분치 않음을 알게 된다.

뛰어난 매부리는 자신이 놓아준 매가 날아가는 모습의 아름다움을 감상할 수 있다. 하지만 그것만으로 충분치 않은 것이다. 하늘 높이 날아오르는 매에게 자신을 이입하는 게 중요하다. 그것이 가능해야 비로소 최고의 사냥꾼이 된다.

매로 변해 아래 세상을 내려다봤을 때 매는 무엇을 좋아할까. 시야를 가리지 않는 넓은 세계에서 크게 날갯짓하며 바람을 타고 유유히 나는 것을 좋아하지 않았을까.

프리드리히가 이 풀리아에 매료된 것은 당연했다. 그가 외가 노르만왕조에게 물려받은 '시칠리아 왕국'은 그 이름이 알려주듯 시칠리아섬이 주체인 왕국이다. 수도도 팔레르모였다. 풀리아라는 이름으로 대표되는 남부 이탈리아는 이 '시칠리아 왕국'의 부속은 아니더라도 도시에 대한 지방 같은 존재였다.

이런 사정이 프리드리히 대에 완전히 바뀐다. 시칠리아의 중요도가 떨어졌다는 이야기가 아니다. '시칠리아 왕국'의 수도는 여전히 팔레르모이고 이 왕국 안의 종교 수장은 팔레르모 대주교 베라르도임에는 변함이 없다. 그러므로 프리드리히가 한 일은 '시칠리아 왕국' 안에서 남부 이탈리아의 지위를 높인 것이라고 해야 할 것이다. 나폴리에 대학을 창설하고 살레르노 의학교를 강화하고 브린디시를 비롯한 풀리아 지방의 항구도시를 정비하고, 포자에 왕궁을 건설함으로써.

8백 년이 지난 지금도 풀리아 지방 사람들이 '풀리아의 소년Puer Apriae'이라는 이름의 포도주를 양조하는 것은 이 풀리아를 사랑하고 그 장점을 유럽인들에게 알려준 것이 프리드리히이기 때문이다. 반면 시칠리아의 교양인들이 지금도 얼마쯤 프리드리히에 대한 불만을 이야기하는 것은 이 황제가 남부 이탈리아 최초의 고등교육기관인 대학을 팔레르모가 아니라 나폴리에 세웠기 때문이다. 민심이란 역사학자들의 연구 범위를 넘어서 잊히지 않고 이어지는 법이다.

포자에 왕궁을 세운 것은 1223년. 나폴리대학이 개교한 것은 1224년이다. 그가 스물여덟 살과 스물아홉 살 때였다.

이렇게 온갖 일에 관여하려면 앉은 자리가 따뜻해질 틈 없이 각지를 이동하며 돌아다녀야 하는 게 당연했겠다. 그런데 이 시기, 황후 콘스탄체를 말라리아로 잃는다. 1222년 6월 23일 일로, 프리드리히는 풀리아에 있느라 아내의 임종을 지키지 못했다.

하지만 급보를 받고 아내의 죽음을 안 스물일곱 살의 남편은 바로 순행을 중단하고 장례가 치러지는 팔레르모로 달려온다. 그가 마련한 석관은 아무리 봐도 고대 로마 시대에 전사를 매장했을 법한, 그리스도교도 여인의 시신을 담기에는 어울리지 않은 부조가 새겨져 있는 최상급 대리석이었다.

그 석관 안에 프리드리히의 지시에 따라 황제의 색인 새빨간 브로케이드 의상을 입은 시신이 안장된다. 시신에는 보석이 박힌 황후의 관이 놓였고 그녀가 지녔던 패물도 함께 넣어졌다. 사후 여행에도 황후로서 떠나라는 배려였다.

서른아홉 살의 나이로 세상을 떠난 첫 부인 콘스탄체는 프리드리히에게는 최고의 반려자가 아니었을까 생각한다. 길들일 수 없는 남편을 거스르지 않고 열 살은 어린 남편의 생각을 항상 그대로 수용한 온화한 성격의 여인이었다. 독일로 오라면 갔고 대관식에 부부가 대동해야 한다면 로마로 왔다. 아직 어린 외아들을 황제 후계자라는 이유로 독일에 두어야 한다는 말에도 반대하지 않았다. 게다가 남편이 독일 체류 중에 애인을 두고 그 애인으로부터 아들보다 다섯 살 어린 아들을 얻었다는 소식을 듣고도 다른 왕비들처럼 로마 교황에 탄원서를 보내지도 않았다.

대주교 베라르도의 집전으로 장엄하게 치러진 장례식은 맨 앞자리에서 프리드리히가 지켜보는 가운데 끝났다. 시신이 안장된 대리석 관에는 프리드리히의 명에 따라 다음과 같은 문구가 새겨졌다.

황후이자 시칠리아 왕국의 왕비였던 콘스탄체, 여기에 잠들다. 당신의 프리드리히가 쓰다.

그때까지 팔레르모대성당에 묻힌 사람은 노르만 왕조의 전성기를 이끌었던 루제로 2세와 그의 딸이자 프리드리히의 어머니인 콘스탄체, 그녀의 남편이자 프리드리히의 아버지인 하인리히 6세였으니 프리드리히의 아내 콘스탄체는 네 번째가 되는 셈이다. 그리고 언젠가 프리드리히도 그 일원이 될 것이다.

참고로 프리드리히는 이후 세 번 결혼하는데 그의 정식 부인 가운데 팔레르모대성당에 묻힌 사람은 첫 아내였던 그녀뿐이다. 그녀만이 로마에서 교황에게 제관을 함께 받은 황제 프리드리히 2세의 유일한 황비였기 때문이다.

아내를 묻은 후 프리드리히는 잠시 시칠리아에 머물렀다. 머문 이유는 어떤 문제를 긴급히 해결해야만 했기 때문이다. 그 문제란 처음에는 작은 화재였으나 점차 불길이 거세져 단호하게 조치하지 않으면 섬 전체로 번질 우려가 있던 '사라센 문제'였다.

사라센 문제

/

/

시칠리아는 지중해에서 가장 큰 섬이다. 가장 큰 것만이 아니라 지중해 중앙에 튀어나와 있다는 지리적 이유로 중세에 들어서도 각 시대의 세력가들로부터 항상 노려지는 운명에 있었다.

고대 말기부터 중세 초기에는 비잔틴제국의 그리스인.

그 후 시칠리아를 2백 년간 지배한 것은 아랍인.

그 아랍인을 몰아내고 시칠리아 왕국을 건설한 것은 북부 프랑스에서 온 노르만인.

이처럼 5세기부터 10세기까지 5백 년 동안 그리스정교의 그리스도교도, 이슬람교도, 가톨릭의 그리스도교도로 지배 세력이 바뀐 것이 시칠리아의 역사인데 승자가 바뀌어도 패자를 일소하지 않고 공존하는 길을 택해온 것이 시칠리아의 특이한 현상이었다.

공존이라 해도 대등한 입장을 인정한 공존은 아니다.

비잔틴제국에 지배당하던 시절, 고대 로마의 후예였던 라틴계 주민은 피지배자 신세를 견딜 수밖에 없었다.

그 후 시칠리아를 지배한 아랍인은 이슬람교도인 그들에게는 이교도임에도 불구하고 그리스인과 라틴계 주민의 영주를 인정했다. 다만 이들 피지배자에게는 '지즈야jizya'라는 인두세를 부과했다. 명목상은 이슬람 사회에 사는 그리스도교도의 보호를 위한 것이라는데 사실은 이교도임에도 거주를 인정하는 대신 내는 세금이다. 이게 이슬람교도가 자화자찬하는 '이슬람의 관용'의 실태이지만, 이 정도 관용조차도 거부한 것이 같은 시대의 그리스도교 세계였다.

하지만 이 '참아주는 값'을 치른 덕분에 이슬람 지배 아래 있던 시대에도 시칠리아에는 그리스도교도가 계속 살 수 있었다. 멀리 북프랑스에서 왔으니 대단한 군사력이 있었던 것도 아닌 노르만인이 지중해 최대 섬인 시칠리아를 정복할 수 있었던 것은 이 섬에 살아온 그리스도교도의 후원이 있었기 때문이다.

시칠리아를 지배하게 된 노르만인들은 아랍인보다 더 인간적인 통치 방식을 채택한다. 패자이자 피지배자가 된 아랍인에 인두세 없이 거주를 인정한 것이다. 오히려 건축이나 수로 공사에 숙달되고 행정을 잘 아는 아랍인을 적극적으로 등용했다. 무엇보다 노르만 왕들의 궁전으로 바뀐 뒤로 '노르만인의 궁전'이라 불린, 지금은 주 청사로 쓰이는 팔레르모 최고의 건물 역시 외관만 봐도 아랍인이 지었다는 것을 알 수 있다. 정복자인 노르만인의 수가 너무 적으므로 패자라도 수가 많은 아랍인을 활용하는 편이 통치라는 시점에서는 현실적이었기 때문이다.

그리스도교와 이슬람이라는 일신교가 서로 적대하던 중세, 이 시칠리아가 기적이라고 이야기되는 것은 팔레르모와 그 주위에 흩어져 있는 교회만 봐도 수긍이 간다. 가톨릭 그리스도교도의 왕이 의뢰하고, 그리스정교도인 그리스인이 모자이크로 성자를 만들면 아랍인이 만든 다채로운 돌로 벽면이나 바닥을 장식한 교회. 이것이 노르만 왕조가 지배했던 시대의 시칠리아였다. 프리드리히가 유소년기를 보내고 어머니에게 상속받은 곳이 이런 시칠리아였다.

그러나 시대가 흐름에 따라 이상적으로 보이던 상황에도 결함이 생긴다. 원인은 이 시칠리아 사회에서 소외되었다고 느낀 사람들의 불만이었다.

행정이나 기술, 학문 분야에서 드러났던 세 민족의 공생은 북유럽에서 성지로 향하는 순례자들의 눈에는 추문으로 비춰질 만큼 비그리스도교적이었다. 팔레르모 왕궁에는 터번과 긴 옷을 입은 아랍인이 자유롭게 드나들었고 프리드리히의 측근 가운데는 이름만 들어도 아랍인임이 분명한 사람이 적지 않았다. 모스크에서 기도 시간임을 알리는 아잔 소리가 울려 퍼진다. 노르만 왕조의 공생노선을 계승한 프리드리히가 지배하는 시칠리아에서는 학식과 기술이 뛰어난 이슬람교도가, 그리스도교도 왕이자 황제의 지배 아래 사는 데 불편할 일은 전혀 없었다.

그러나 농촌 사정은 달랐다. 농촌에서는 학식이나 기술과 관계없이 수확량이 문제가 된다. 아무래도 아랍인이 경작하는 토지의 수확량이 그리스도교도의 농지보다 낮았던 듯한데 통치하는 그리스도교도의 왕이 같은 종교 사람들을 우대했기 때문이라고 생각되었다. 이렇게 되면 종교의 차이가 표면에 드러난다. 인종 차별이나 이교도 박해 감정은 항상 능력의 차이를 대우의 차이로 오해한 하층민 사이에서 일어나는 일이다. 1221년 겨울, 시칠리아의 농촌 지대에 사는 이슬람교도들이 일제히 봉기했다.

봉기는 주모자 처벌로 진정되는 듯 보였으나 표면적인 진정에 불과했다. 시칠리아 내륙 지역에서 일어난 불만의 불꽃은 섬의 남부로 확산해 북아프리카에 사는 아랍인들과의 공동 투쟁으로까지 커졌다. 시칠리아와 북아프리카의 튀니지아나 리비아 사이는 바다가 있긴 했지만 가깝다. 당시는 해적이 쳐들어올 수 있을 정도의 거리였고 지금은 난민이 뗏목을 타고 건널 수 있을 정도로 가깝다.

일이 이렇게 커진 이상 프리드리히도 앉아서 지켜볼 수만은 없었다. 시칠리아의 아랍인과 북아프리카의 아랍인이 손을 잡으면 시칠리아 왕국 전체가 위험에 직면한다.

1223년 5월, 프리드리히는 강경책에 나섰다. 시칠리아에 사는 아랍인 중 봉기에 가담한 전원과 그 가족을 시칠리아에서 풀리아로 강제 이주시킨 것이다. 2만 명이나 되는 아랍인을 북아프리카에서 멀리 떨어진 남부 이탈리아 대륙으로 옮긴 것이다.

이슬람교도가 유럽의 그리스도교도라면 어느 나라에서 태어났던지 '프랑크인'이라고 부른 데 대해 유럽의 그리스도교도는 아랍인이든 북아프리카인 가운데 많은 베르베르인이든, 아시아에서 발생한 터키인이든 이슬람교도라면 통틀어 '사라센인'이라고 부르던 게 중세이다. 시칠리아에 사는 이슬람교도 대다수는 아랍인이었으나 그들도 '사라센인'인 것이었다.

사라센인 가운데 불만을 품은 자들의 이주지로 결정된 곳이 프리드리히의 영토인 남부 이탈리아였는데 그렇다고 그들을 궁벽한 산간벽지로 내몬 것은 아니다. 왕궁을 건설 중인 포자에서 불과 18킬로미터 밖에 안 떨어진 루체라로 이주시킨 것이다. 이곳은 북아프리카에서 멀리 떨어져 있고, 심지어는 바다에서도 떨어진 내륙이다. 왕궁을 짓기로 한 뒤로 팔레르모의 뒤를 이어 중요한 도시가 된 포자에서 감시하기 쉽다고 생각했을지 모른다.

프리드리히는 사라센인을 집단 이주시킨 마을에 '사라센인의 루체라'

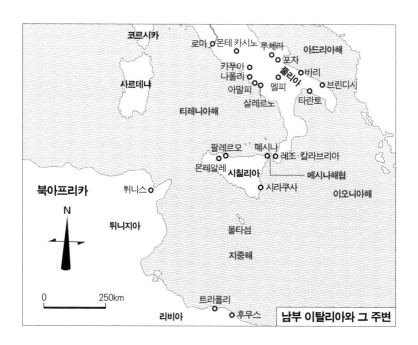

라는 뜻의 라틴어 이름까지 붙여주었다.

　만약 이 시점에서 프리드리히가 이슬람교도들을 강제 이주시키지 않고, 또 루체라를 사라센인의 마을로 정하는 데서 그치지 않고 이교도에게 그리스도교로의 개종을 강요했더라면 교황을 비롯한 가톨릭교회의 칭찬을 받았을 게 틀림없다. 무엇보다 이 시대는 이교도 박멸을 내건 십자군의 시대였으니까.

　그러나 스물여덟 살이 된 황제는 루체라로 이주시킨 이들 사라센인에게 완벽한 신앙의 자유를 인정한다. 루체라에는 수많은 모스크가 세워졌고 그 모스크의 첨탑에서 하루에 다섯 번, 기도 시간을 알리는 아잔이 울려 퍼졌다. 그리스도교 세계의 속세 최고위자의 왕궁이 있는 마을에서 불과 18킬로미터 밖에 떨어지지 않은 곳에서, 교황령 안의 최대 수도원인 몬테 카시노 수도원에서는 백 킬로미터밖에 떨어지지 않은 곳에서.

　프리드리히는 루체라로 이주시킨 사라센인에게 생활 수단까지 제공한다. 젊은 남자에게는 그가 이끄는 군대에 들어와 보병으로 근무할 수 있도록 인정해주었고 장년기 이후의 남자들에게는 경작과 목축용 토지를 대여했다. 여자들에게는 왕국의 가신과 관리의 옷에 사용하는 옷감 짜는 일을 준다. 굳이 오리엔트까지 외주할 필요가 없어진 것이다.

　불가사의하다고 해야 할까, 아니면 당연하다고 해야 하나, 이로써 프리드리히가 십자군 원정 연기로 댔던 '사라센 문제'도 해결한 것이다. 루체라로 이주한 아랍인뿐만 아니라 시칠리아에 사는 아랍인들에 의한 반란은 두 번 다시 일어나지 않았다.

해군 부흥

/

/

게다가 같은 시기에 프리드리히는 다른 일에 착수했다. 그것은 루제로 2세의 죽음 후 쇠퇴해온 시칠리아 왕국의 해군력 부흥이었다.

아무리 넓어도 시칠리아가 섬인 이상 해상의 안전 보장만큼 중요한 일은 없다. 하지만 프리드리히가 상속했을 당시의 시칠리아 왕국의 해상 방위는 제노바와 피사에 의존하는 수밖에 없는 상태였다. 이 두 해상 도시국가는 해외와의 교역을 주 수입원으로 하는 통상 국가다. 북아프리카에서 쳐들어오는 해적 방위를 도맡는 것도 공짜로 해주지 않는 사람들이다. 그들이 요구한 '하청 요금'은 시칠리아 동남부의, 고대로부터 훌륭한 항구로 알려진 시라쿠사에 각각 독립 거류지를 소유하는 것이었다.

이리하여 항구도시 시라쿠사에서도 바다와 인접한 가장 좋은 땅은 제노바와 피사의 거류지가 차지하고 있었다. 거류지는 이 두 해양 도시국가의 성격으로 보건대 해군 기지임과 동시에 통상 기지이기도 하다. 그리고 시라쿠사의 거류지는 당시 지중해 세계의 다른 거류지와 마찬가지로 치외법권을 누렸다.

프리드리히는 모든 분야에서 시칠리아 왕국의 중앙집권화를 추진하던 중이었다. 시칠리아에서 팔레르모 다음으로 중요한 시라쿠사가 치외법권이라니 인정할 수 없는 노릇이다. 또 통상 면에서도 외국 세력이 자유롭게 행동하도록 인정하면 그에 따른 수익은 제노바나 피사의 것이 되어 시칠리아 국고로 들어오는 게 없다. 그렇다고 해상 방위를 일임한 이상 거류지에서 나가라고 할 수는 없었다.

프리드리히의 시칠리아 해군력 부흥은 왕국의 경제면에서 불리한 현 상황을 개선하겠다는 의도에서 시작한 것이다. 언제든 내가 유리할 때 거류지에서 나가라고 말할 수 있도록 우선은 해상 방위의 독립을 이루어야 했다. 할아버지 루제로 2세 시절에는 했던 일이므로 그 반세기 뒤에 하지 못할 것도 없다. 또 시칠리아 내륙에는 조선에 쓸 수 있는 목재가 풍부했다.

이렇게 실현된 시칠리아 왕국의 해군은 프리드리히가 이끄는 제6차 십자군에서 중요한 역할을 담당하게 되는데 그것은 5년 뒤의 일이다. 부흥에 착수한 초기 의도는 어디까지나 해상 방위의 독립에 있었다. 무엇보다 이것만 실현하면 시칠리아에 사는 사라센인과 북아프리카에 사는 사라센인이라는 양쪽 이슬람 세력의 합류도 막을 수 있었기 때문이다.

프리드리히는 왕국의 해군 재건 사업을 원래는 제노바인이나 태어난 곳은 몰타섬이라는 것만 알려진 엔리코라는 이름의 인물에게 맡긴다. 이 남자의 전력은 해적으로, 해적 퇴치를 해적에게 일임한 것이니 유쾌한 일이기도 한데 이 몰타섬 출신의 엔리코는 얼마 후 프리드리히의 해군 사령관 자리에 앉는다. 5년 뒤에 시작되는 제6차 십자군에서 육군은 유서 깊은 독일의 귀족 가문이자 튜턴 기사단단장인 헤르만이 이끌게 되는데 해군은 유서 깊다고는 도저히 말할 수 없는 엔리코 디 몰타가 맡는다. 그리고 헤르만이 죽을 때까지 프리드리히에게 충성을 다했듯 전직 해적도 자기보다 조금 어린 황제에게 생애를 바친다.

포자 왕궁

/

/

현대의 포자를 방문해 8백 년 전 존재했던 왕국을 상상하는 일은 절망적이다. 왕궁 입구의 윗부분 반과 거기에 새겨진 비문 외에는 아무것도 남지 않았다. 프리드리히의 사후 20년이 지나 마침내 그에 대한 보복을 시작한 로마 교황청이 새로 이 땅을 영지로 삼은 프랑스인 왕에게 철저한 파괴를 명했기 때문이다.

파괴되더라도 폐허로 남을 수 있다. 하지만 그것은 사람이 살지 않을 때다. 파괴된 곳이 도시 안이라면 근처에 사는 사람들의 기막힌 건자재 수집장으로 변한다. 이미 파괴되었으니까 떼어내 가져가는 것도 쉬웠을 대리석과 돌은 그대로 건자재로 사용될 수 있으므로 그것들이 반출된 다음에는 폐허조차 남지 않은 탓에 후세에 유적으로 남겨지지도 못한다.

그런데 왜 포자 왕궁만이 철저히 파괴되었는가.

프리드리히는 1223년 무렵의 이 시기부터 풀리아 전역에 그야말로 수많은 성채를 건설하는데 그 대다수는 8백 년이 지난 지금도 거의 원형 그대로 남아 있다. 그것은 그의 왕조 이후 이 땅의 지배자가 된 프랑스계 앙주 가문 왕들에게도, 그 뒤를 이은 스페인계 아라곤 가문의 왕들에게도, 견고하고 효율적인 성채는 유용했기 때문이다. 바리의 성채는 지금도 이탈리아 해군이 사용하고 있고, 카스텔 델 몬테 성은 세계 유산으로 지정되어 관광객이 끊이지 않는다. 그러므로 프리드리히가 건설한 건조물이라고 모두 철저히 파괴된 건 아니다.

포자 왕궁이 이들과 다른 운명을 지니게 된 것은 이 건물만이 그리스도교적이 아니라 이슬람 색채가 짙었기 때문이 아닐까.

동시대인이 남긴 기록에 따르면 포자 왕궁은 북유럽에서 볼 수 있는 장엄한 분위기의 차갑고 금욕적인 성이 아니었다. 넓고 개방적이며 여기저기 물이 풍부하게 흐르고 나무들이 우거지고 꽃들이 만발하며 새가 지저귄다. 당시 유럽인들에게는 낯선 온갖 동물들이 돌아다니며 사육되는, 자연이 풍부한 정원을 거느린 왕궁이었다.

그게 사실이라면 팔레르모 외곽에 지금도 사적으로 남아 있는 '치사Zisa'가 절로 떠오른다. 팔레르모 시내에 있는 왕궁이 성채 스타일로 지어진 데 비해 같은 아랍식 건물이라도 '치사'는 여름용 별궁이라 넓은 정원을 거느린 저택으로 지어졌다. 프리드리히가 유년기를 지낸 장소이기도 하다.

이슬람교도에게 천상의 낙원은 지상에서는 부족했던 것들이 모두 갖춰진 곳이다. 물이 풍부하게 흐르고 나무들이 우거져 있고 다양한 색깔의 꽃과 그 사이를 날아다니는 다양한 새들.

이슬람 세계에서는 유력자라면 지상에서도 이런 낙원을 즐길 권리가 있다고 생각했다. 그러므로 그리스도교도 왕의 의뢰로 여름 별궁을 짓게 된 시칠리아의 아랍인 건축가도 아주 자연스럽게 이슬람식 별궁을 지었고 시칠리아의 왕인 노르만 왕조의 왕들도 위화감 없이 여름철을 이곳에서 보냈을 것이다.

프리드리히는 포자에 치사를 확장한 왕궁을 짓게 한 게 아닐까. 유년기의 친숙했던 환경을 풀리아에서 맛보고 싶었을지 모른다. 실제로 포자 왕궁에 매년 체류해 오래 머물렀다. 그러나 그는 포자 왕궁을 자신의 쾌락만을 위해 만든 것은 아니었다. 현대적으로 말하자면 영빈관으로도 활용한 것이다.

성지 순례는 이 시대 그리스도교도에게는 꿈이라기보다 강력한 바람이었다. 성지 팔레스티나까지 찾아가 성스러운 도시 예루살렘의 성묘교회에서 기도하면 그것만으로 가톨릭교회는 그 순례자에 완전한 면죄를 주었다. 완전 면죄를 받으면 천국에 가는 게 확실하므로 당시 신앙심 깊은 사람들에게 얼마나 큰 안도가 되었을지 쉽게 상상할 수 있다.

이것이 중세를 사는 사람들의 진정한 소원인 이상 서민도 왕후도 성지 순례 열기가 높았던 것은 당연하다. 이 시기 팔레스티나에는 리처드 사자심왕과 살라딘이 체결한 강화가 아직 기능하고 있어서 이슬람 세력과 그리스도교 세력 사이는 현상 유지가 이어지고 있었다. 요컨대 대대적인 전투 상황은 아니라는 것이다. 예루살렘으로 가서 성묘교회에서 기도하는 것도, 그 성지를 지배하고 있던 이슬람교도에 참배 요금만 내면 가능했다.

이런 상황이라면 천국행을 확실하게 해두고 싶은 사람들이 마치 끊임없이 흐르는 강물처럼 팔레스티나로 떠난다. 그 가운데는 왕이나 유력 제후의 자제들도 적지 않다. 지배층에 속한 이 사람들은 천국의 자리를 예약하는 것에 더해 지배자가 되었을 때 유리한 패를 손에 넣는 것이기도 했다.

무엇보다 일국의 왕과 광대한 영지를 지닌 제후라면 쉽게 영지를 비울 수 없다. 그러므로 천국의 자리와 높은 평판을 얻기 위해 성지로 향하는 것은 왕자나 제후의 아들들이다.

이 사람들도 서민 순례자들과 마찬가지로 성지 순례의 간선로를 이용한다. 북유럽에서 출발해 이탈리아반도를 남하해 브린디시에서 팔레스티나 지방의 항구도시 아코까지 바닷길을 이용하고 아코에 상륙한 뒤로는 육로를 통해 예루살렘으로 향한다. 귀로는 이 반대다. 풀리아의 지명도가 당시 유럽인들 사이에 높았던 것도 성지 순례의 간선로에 속해 있었기 때문이다. 브린디시에서 그리 멀지 않은 포자는 그 길에 있었다.

긴 여행 도중 받는 프리드리히의 따뜻한 환대는 이들 차세대 지배자들의 몸과 마음에 큰 기쁨이 되었을 것이다. 20년 뒤부터 프리드리히와 로마 교황의 대립은 격돌이라 해도 좋을 만한 상태가 되는데 그때 국가나 지방의 지배자가 된 그들 대부분은 명백히 교황 측에 서지 않음으로써 결과적으로 프리드리히의 측에 서게 된다.

그러나 교황청이 보기에는 프리드리히의 포자 왕궁은 가만히 두고 볼수 없는 존재였음이 분명하다. 병든 자에게만 입욕이 인정되던 시대에 왕궁에는 본격적인 목욕장이 완비되어 있었다. 입욕은 그 자체로 '쾌락'이었으므로 중세 그리스도교는 입욕을 이교도 로마인이 좋아한 악습으로 단죄했다. 중세 그리스도교는 위생보다 신앙을 중요시한 것이다.

반대로 이슬람교는 입욕을 죄악시하지 않았다. 그런 탓에 13세기 중반이라는 이 시대의 눈으로 보면, 완비된 입욕 시설은 고대 로마적이라기보다 같은 시대의 이슬람적인 것이 된다.

또 프리드리히의 왕궁에는 입욕을 마친 다음 안내된 식사 자리에서 아랍 무희들이 춤을 췄다고 한다. 알프스 북쪽 나라들에서는 음유시인이 류트를 치며 노래하는 게 전부였는데.

그런데다 손님들은 출발할 때 왕궁의 부속 시설인 직물 공장에서 짠, 당시에는 오리엔트에서만 생산되던 화려한 비단을 선물로 받았다니까 이래서는 교황이 화를 내는 것도 당연하다.

시칠리아에 있는 별궁이라면 내버려둬도 괜찮았을 것이다. 하지만 포자는 로마와 같은 이탈리아반도에 있다. 게다가 로마 교황의 영지 바로 남쪽이다.

이에 따른 공포와 증오가 프리드리히가 죽고 그의 대도 끊기자 교황의 승인 아래 단행된, 철저한 파괴의 이유가 아니었을까 생각된다.

이 포자에서 18킬로미터밖에 떨어지지 않은 루체라에도, 이 마을이 오랫동안 이슬람교도의 마을이었음을 알려주는 흔적은 현재로서는 하나도 남아 있지 않다. 포자에서는 성만 파괴되었다면, 루체라에서는 마을 전체가 파괴되었다. 주민은 전원 노예로 팔려 갔다. 가톨릭교회는 같은 종교의 신도를 노예로 삼는 것을 금지했으나 이교도의 노예화는 금지하지 않았다.

이 결정은 이슬람 세계도 마찬가지이므로 피차일반이다. 참고로 어떤 종교를 믿든 노예화를 금지하는 법안이 각국에서 비준된 것은 이로부터 5백 년 후인 19세기 이후다.

　이야기를 13세기로 돌리자. 포자 왕궁도 건재하고 루체라에 사는 사라센인도 평화롭게 살던 13세기 초의 사반세기가 지나가고 있던 1224년, 스물아홉 살이 된 프리드리히는 또 로마 교황의 심기를 건드리는 일을 실행에 옮긴다. 교황 호노리우스에게 십자군 원정의 세 번째 연기를 요청한 지 불과 2개월 뒤에 나폴리대학의 창설을 공표한 것이다.

유럽 최초의 국립대학

/

/

중세도 후반에 들어가는 11세기 말부터 13세기까지 2백 년간, 유럽 그리스도교 세계는 그때까지의 침체에서 변동의 시대로 들어섰다. 즉 로마제국 멸망으로 시작된 중세 암흑기에서 드디어 벗어나려 하고 있었다.

우선 농업 생산성이 향상됨에 따라 인구가 늘었다.

'신이 그것을 바라신다'라는 구호 아래 팔레스티나로 몰려들면서 시작된 십자군 원정도, 1097년부터 1291년까지 2백 년간 온전히 이어졌다. 이것도 인구가 늘어났기에 가능했다고 할 수 있다.

그리고 십자군으로 유럽 그리스도교도들의 신앙심이 하늘을 찌를 듯 올라갔는지, 십자군 운동의 주력이었던 프랑스에서는 특히 교회 건축이 최고 전성기를 맞는다. 루앙대성당은 1201년에 착공해 1250년에 완공된다. 아미앵대성당은 1220년에 착공해 1269년에 완성된다. 이 밖에도 이 시기에 이루어진 건립이 많았는데 13세기는 고딕 양식이 개화한 시대이기도 하다.

사람들의 관심이 이렇게 다방면으로 향하게 되면 그 일부는 지적인 방향으로 흐르기 마련이다. 지금도 건재한 유럽 유명 대학도 11세기 말부터 13세기 전반에 집중적으로 설립되었다.

유럽에서 가장 오래된 대학으로 알려진 볼로냐대학의 설립은 1088년이다. 배움을 얻고 싶은 젊은이들이 모여 조합을 만들고 교수들을 초빙하고 그 교수에게 학생조합이 수업료를 내는 형태로 시작되었다. 즉 대학이 있고 학생조합이 생긴 게 아니라 학생조합이 먼저 생긴 다음 대학이 된 것이다. 그렇다고 해도 이 대학에서 가르친 것은 신학과 교회법뿐이었는데 후원자가 로마 교황청이었으니 당연하다.

볼로냐대학의 뒤를 이은 것이 파리대학이다. 다만 1170년 전후에 설립된 것은 성직자가 성직에 나갈 예정인 젊은이를 가르치는 '기숙사'라고 하는 편이 적절하다. 그것이 대학이라 불릴 만한 조직이 되는 것은 프랑스왕을 보좌한 소르본이 1253년에 소르본대학을 설립한 뒤다. 이 대학이 가톨릭교회와 가까운 것은 당시 군주로서는 누구보다 신앙심이 깊었던 루이 9세의 참회를 듣는 게 전직이었던 사람이 설립했기 때문이 아닐까.

수도사들이 옥스퍼드대학을 설립한 시기도 1170년 무렵이라고 한다. 다만 설립 후에도 오랫동안 우여곡절의 역사를 거쳐 대학으로 공인된 것은 1571년이다. 우여곡절 가운데 하나는 1209년, 옥스퍼드의 교육 내용에 불만을 품은 학생들이 설립한 케임브리지대학이다. 옥스퍼드와 케임브리지의 대항 의식은 8백 년 전부터라는 것을 생각하면 웃음이 나오고 만다.

이런 현상은 당시 성직자나 학생조합이 대학을 운영한 탓으로, 이탈리아에서도 비슷한 일은 일어났다. 1222년, 볼로냐대학의 교육 내용에 불만을 품은 학생과 그에 동조한 교수들이 볼로냐를 떠나 이탈리아 북동부 마을 파도바에 대학을 신설한다. 교황청이 후원하는 볼로냐대학에 대해 한동안 베네치아공화국이 후원자로 나선 파도바대학의 교육 내용은 이를 계기로 변해 나중에는 갈릴레오 갈릴레이가 가르치게 된다. 이 파도바대학보다 2년 늦게 프리드리히가 나폴리대학을 설립한 것이다.

나폴리대학은 같은 시대에 설립되었어도 다른 대학과는 여러모로 달랐다.

첫째는 성직자나 학생들이 모은 돈으로 대학이 운영된 게 아니라 신성로마제국 황제이자 시칠리아 왕국의 왕이기도 한 프리드리히가 제공하는 자금, 즉 국비로 운영되었다는 점이다. 덕분에 수업료는 무료. 교수들에게 주는 보수도 국고에서 지불되었다. 프리드리히는 유럽 최초의 국립대학을 창설한 것이다. 그것은 다른 대학에서는 볼 수 없었던 명확한 형태의 학장 임명에서도 나타난다.

둘째는 교육 과목이나 교수진 선정도 프리드리히의 생각에 따라 결정되었다는 것이다. 학생조합의 결성은 인정되었으나 대학 운영 기관이 아니라 학생 생활의 편리로 한정되었다.

셋째는 나폴리대학은 처음부터 세속인을 위한 대학을 목표로 했다는 점이다. 신학이나 교회법이 주요 과목을 차지했던 다른 대학과 달리 물론 그런 과목도 있지만, 나폴리대학에서는 로마법이 주요 과목이다. 또 철학, 윤리학, 수사학도 가르쳤다. 그중에서 특히 아랍인이 연구하고 프리드리히가 독학한 아리스토텔레스 철학을 중시했다. 고대에 교양 전반이라는 의미에서 중요시한 아르테스 리베라레스(리버럴 아츠)를 모두 가르치는 것이 프리드리히가 나폴리대학을 설립한 목적이었다.

요컨대 굳이 직접 대학까지 세운 프리드리히의 의도는 교수진을 속세의 학자로 채우는 방식으로 그리스도교의 필터를 배제하고 모든 과목을 가르치는 데 있다. 그리고 그것을 어떻게 활용할지는 배우는 측의 자유다. 실제로 나폴리대학에서 배우고 졸업한 후 한동안 나폴리에서 가르친 토마소 다퀴노, 라틴어로 하면 토마스 아퀴나스는 '중세 신학의 시조'가 되었다.

같은 시대의 다른 대학과 나폴리대학의 차이점은 각 대학의 교훈에도 드러난다. 모든 대학이 그 신조를 라틴어로 표기하는 것은, 중세 지식인의 언어가 라틴어였기 때문이다.

볼로냐대학의 교훈은 'Petrus ubique pater legum Bononia mater'이다. 직역하면 '베드로는 위대한 아버지고 볼로냐는 법률의 어머니다'라는 뜻이다.

예수 그리스도의 최고 제자는 성 베드로이고 예수는 그 제자를 초대 로마 교황으로 지명한 것에서 알 수 있듯이 볼로냐대학은 법률의 어머니라고 해도 법률의 아버지는 어디까지나 그리스도 교회라는 것이다.

옥스퍼드대학의 교훈은 'Dominus illuminatio Mea'이다. '신이야말로 우리의 빛이다'라는 뜻이다. 여기서 신, 즉 종교는 지식 탐구와 밀접한 관계에 있다.

한편 나폴리대학의 교훈은 프리드리히 본인이 생각한 것으로 보이는데

'Ad Scientiarum Haustum et Seminarium Doctrinarum'다. 번역하면 '지식과 교육의 원천으로 돌아가라'라고 해야 할까.

여기서는 신도 예수도 베드로도 언급되지 않는다. 지식의 탐구는 그것을 원하는 사람의 의지에만 달려 있다. 그렇게 말하고 싶은 듯하다. 나폴리대학이 유럽 최초의 '세속(라이코)' 대학이 되는 근거는 여기에 있다. 그리고 이것은 르네상스 운동이 개화하기 250년이나 앞서 이루어진 '르네상스 선언'이기도 하다.

프리드리히는 이 나폴리대학의 교수진에 성직자를 거의 채용하지 않았다. 같은 시대 대학에서는 성직자가 가르치는 경우가 많았는데, 여기에는 당시 지식인에 성직자가 많았다는 사정이 있다. 교사 곧 성직자가 일반적이었던 이 시기, 세속인 교수를 고수하는 방침은 처음에는 힘들었을 것이다. 그러나 이는 곧 성직자가 되고 싶지는 않지만, 학문은 탐구하고 싶은 사람들에게 용기를 주는 일로 변한다.

게다가 그것은 스스로 통치하는 왕국의 중앙집권화에 필요한 우수한 관료가 대거 필요했던 프리드리히에게 급한 수요를 충당하는 일이기도 했다. 수도사가 되고 싶지 않은 젊은이도 졸업하면 관료가 되는 길이 있다면 좋았을 테니까.

아무리 획기적인 계획을 세웠더라도 신설 대학이 직면한 어려움은 동서고금을 막론하고 다르지 않다. 나폴리대학이 누구보다 더 의식한 것은 볼로냐대학인데, 볼로냐대학은 말하자면 명품이다. 명품에 대항하려면 우수한 교수를 모으면서 향학열에 불타는 학생을 모으는 게 중요하다. 프리드리히는 이 중요 과제의 해결에, 스물아홉 살이라는 당시 나이 탓인지, 운영자라기보다는 그와 또래인 학생의 처지에서 대책을 세우지 않았을까 싶다. 왜냐하면 웃음이 터질 정도로 학생들을 고려한 서비스를 연발했고 나아가 홍보에도 힘썼기 때문이다.

프리드리히의 영토인 남부 이탈리아뿐만 아니라 볼로냐대학이 있는 중부나 북부 이탈리아에 배포한 팸플릿에 적힌 내용은 다음과 같다.

우선 배우고자 하는 사람의 최대 관심사는 교수진일 텐데 학장에 임명한 베네벤토 태생의 로프레도를 비롯해 이탈리아반도 전역에서 모은 듯한 저명한 이름이 즐비했다. 학장 외에 또 볼로냐대학에서 데려온 사람이 있는데 교수들 이름 뒤에는 그들이 가르칠 과목이 적혀 있었다.

수업료는 무료라도 학생 생활비까지 공짜는 아니다. 그에 필요한 경제 면에서의 장점도 열거하고 있다. 그 첫 번째가 장학금 제도의 확립이다. 이런 종류의 제도가 존재하지 않았던 시대였던 만큼 획기적인데 프리드리히는 국비로 충당되는 장학금 급여 자격을 이렇게 정했다.

대학에서 배울 자금력은 없으나 배우고자 하는 젊은이. 그리고 장학금이 계속 지급되는 기준은 학업 성적에 따른다고.

재능이나 의욕이 있더라도 그것이 교수 채점에 그대로 반영되는 것은 아니다. 독학 체질이었던 프리드리히는 그런 점에도 민감했는지 장학금 혜택을 받지 못하는 학생도 배려한다. 그들을 위해 저금리 학자금 대출 제도를 만든 것이다. 이것으로 생긴 빚은 졸업 후 관료라도 되어 갚으라는 것일지도 모른다.

세 번째는 학생회관 같은 게 존재하지 않던 시대, 부모 곁을 떠나 대학이 있는 나폴리로 온 학생들에 대한 배려였다. 학생들은 나폴리 시내에 집을 빌려야 한다. 하지만 그에 따라 늘어나는 수요를 내버려두면 임대료가 오를 테고 이를 꺼린 학생들은 나폴리에 오지 않을 우려가 있다.

이런 사정을 걱정한 프리드리히는 임대료 상한을 정하고 그게 지켜지는지 감시하기 위해 나폴리 시민 둘과 학생 하나로 구성된 위원회를 구성해 그 권한을 일임한다.

학생 모집 팸플릿에 적힌 나폴리대학의 네 번째 장점은 대학 자치를 인정한 항목이다. 당시는 볼로냐에서도 파리에서도 옥스퍼드에서도 학생이 관여한 불법 행위를 누가 제재할지가 문제였다. 프리드리히는 학생들에게 사정 청취한 다음 교수진이 결정하도록 명기한 것이다.

이 모집 팸플릿의 마지막은 나폴리에서 배우는 즐거움을 어필하는 문장으로 맺고 있어 웃음이 나온다. 겨울이 되면 끼는 안개로 1미터 앞도 보이지 않는 볼로냐보다 한겨울에도 푸른 하늘이 펼쳐지는 따뜻한 남쪽 나라 나폴리로 오세요, 라고 되어 있으니까.

농담처럼 말했으나 자국의 학생뿐만 아니라 남부 이탈리아 출신 가운데 이미 볼로냐나 파도바에서 공부하고 있는 젊은이들에게도 돌아오라고 권유하려면, 천하의 프리드리히도 설립자이자 운영 책임자를 겸할 뿐만 아니라 홍보까지 배려해야 했다.

프리드리히가 설립한 나폴리대학은 볼로냐나 옥스퍼드나 케임브리지나 파도바의 각 대학이 지금도 존속하듯 남부 이탈리아 최고의 국립대학으로 건재하다. 프리드리히가 설립한 당시의 명칭은 'Studium Neapoli Tanum(나폴리 학문소)'로 아주 간단했는데, 후대에 프리드리히를 이탈리아어로 부르는 '페데리코2세대학Università degli Studi di Napoli Federico Ⅱ'이 정식 명칭이 된다. 그리고 이 이름 그대로 21세기까지 이어지고 있다. 여기서 가르친 교수들의 직책은 나폴리대학의 교수만이 아니라 페데리코2세대학의 교수가 된다. 여기의 졸업생도 나폴리대학 졸업생만이 아니라 페데리코2세대학의 졸업생이다.

프리드리히가 설립한 '나폴리 학문소'는 볼로냐대학을 비롯한 비슷한 대학보다 뒤늦게 시작되었으나 다른 모든 면에서는 유럽에서 '최초'인 대학이었다.

대학이라 하면 학생이나 성직자가 모여 만드는 것이라고 여겨지던 시대, 일국의 통치자가 스스로 지휘해 설립한 국립대학이라는 점.

성직자가 가르치는 게 당연하게 여겨지던 시대, 교회 관계자의 관여를 피하고 세속의 학자로만 교수진을 꾸린 점.

신학이나 교회법을 가르치는 것이 고등교육기관의 사명으로 여겨지던 시대, 로마법을 주요 과목으로 둔 점. 당시 교회법과 상반된 고대 로마법은 로마법이라고 불리지 않고 '시민법'으로 불렸다. 초대 학장에 취임한 로프레도는 시민법 전문가였다.

또 프리드리히가 원한 것이 종합대학인 이상 나폴리 학문소에서 가르치는 과목은 법률만이 아니다. 철학, 윤리학, 생각을 적절히 표현하는 기술을 배우는 수사학 등등이다. 다른 대학보다 먼저 리버럴 아츠(일반교양)를 가르친 것이 나폴리대학 설립의 주목적이었다.

게다가 의학부도 있었다. 의학부를 따로 신설한 게 아니라 전부터 있던 살레르노 의학교를 강화한 것이다. 이 의학교는 나폴리 만에서 배를 타고 떠나서 카푸아를 오른쪽에 두고 나아가면 도착하는 분교 같은 느낌이다. 학교에서는 그리스어, 라틴어, 아랍어, 히브리어까지 썼다. 중세 암흑기에 기적이라고 부를 만한 방침을 고수한 의학부에는 물론 병원도 있었다. 또 프리드리히의 강화 정책 후로는 5년 과정을 끝내고 졸업한 다음 부과된 1년의 인턴까지 제도화했다.

그리고 이토록 강화에 힘쓴 이상 권위를 부여하는 것도 잊지 않았다. 프리드리히는 자신이 가는 곳마다 수행하는 주치의를 살레르노 의학교 출신 의사로만 정하고 이 방침을 평생 고수했다. 신성로마제국의 왕실 의사는 의사로서는 최고의 지위니까.

장학금을 제도화한 것도, 임대료 상한을 정함으로써 학생들의 편의를 도모한 것도 다 유럽 '최초'이다. 덧붙여 3년에서 5년인 학업 기간을 끝내고 졸업하면 프리드리히가 통치하는 국가의 관료가 되는 취직자리까지 준비했다.

이전까지 이탈리아와 프랑스, 영국의 '대학'은 자금력이 있는 가문에서 태어났거나, 성직에 들어가 출세하려는 젊은이들에게만 열려 있었다. 프리드리히는 그것을 중산층으로까지 문호를 넓힌 것이다. 유력자의 자제가 아니더라도, 후원해주는 유력자가 없어도, 재능과 의욕이 충분한 젊은 이들에게 대학 문을 개방한 것이다.

'유럽 최초의 예'로만 이루어진 이 대학을, 프리드리히가 언제쯤 구상했는지는 알 길이 없다. 다만 설립된 1224년보다 4년 전인 1220년에는 거의 구상을 마쳤으리라 본다.

1220년, 스물다섯 살이었던 프리드리히는 8년에 걸친 독일 체류 후 드디어 로마 교황에 의한 로마에서의 대관식을 위해 알프스를 넘어 이탈리아로 들어왔다. 그리고 로마로 남하하는 과정에서 볼로냐를 들러 그 유명한 대학을 시찰했다. 그때 알게 된 법학자 로프레도 에피파니오는 4년 뒤 설립되는 나폴리대학의 초대 학장에 취임하는 사람이다.

그때였는지 아니면 그 뒤였는지 분명치는 않지만, 마침 이 시기에 볼로냐대학을 졸업한 젊은이와도 알게 된 듯하다.

그 젊은이의 이름은 피에르 델라 비냐이다. 프리드리히보다 다섯 살 연상이고 남부 이탈리아의 마을 카푸아 태생이다. 유력 가문 출신은 아니지만, 빈민 출신도 아니었다. 즉 중산계급 출신이다. 소년 시절부터 총명한 아이라는 평판을 얻어 카푸아 시의 장학금을 받고 볼로냐대학에서 학업 중이었다. 졸업 후에는 볼로냐에 남아 연구 생활에 들어갈 계획이었던 듯한데 젊은 황제의 유일무이한 측근이 이 젊은이를 프리드리히에게 데려왔다는 의견이 중론이다. 팔레르모의 대주교 베라르도였다. 자기보다 열 살 젊은, 나이로 따지면 프리드리히와 더 가까운 볼로냐대학 수재의 문장력을 눈여겨봤기 때문일 것이다. 그리하여 대학교수라는 길을 버린 피에르 델라 비냐는 젊은 황제를 곁에서 보좌하는 유능한 고급 관료의 모범이 된다.

이 사람의 문장력이 프리드리히에게 매우 중요한 것은 프리드리히 본인에게 문장 표현력이 전혀 없었기 때문은 아니다.

프리드리히의 문장은 저작《매사냥에 관한 고찰》에서도 알 수 있듯이 분석적이고 간결하다. 명석하기는 하나 수사라는 게 전혀 없는 셈이다. 한편 볼로냐대학 출신의 영재는 같은 내용이라도 짜임새 있는 문장으로 표현한다. 바꿔 말하면 프리드리히가 단도직입적이라면 피에르 델라 비냐는 비유적인 표현을 좋아한다. 당시 이런 표현은 로마 교황청 관계자가 많이 사용했다. 기득권 계급이란 곧잘, 이해시키기보다 이해시키지 않으려고 이런 술책을 부렸다. 하지만 프리드리히는 농담이라도 교황청의 노여움을 사는 일은 없어야 했다.

무엇보다 얼른 십자군 원정에 나서라는 교황의 집요한 요구를 피하면서 실현한 것이 성직자를 배제한 세속 대학임을 내세운 나폴리대학이다. 이를 안 로마 교황의 심기가 나빠질 것은 당연한 일이고 이런 교황의 노여움을 조금이라도 가라앉히기 위해 프리드리히는 편지로 설명할 필요가 있었다.

그 설명문이란 게 정리하면 다음과 같다. 자신의 영토 안에 사는 젊은이들이 학문을 배우려고 멀리까지 나가야 하는 상황은 군주로서 견디기 힘든 일이라, 그들이 부모 곁을 떠나지 않고도 학문할 수 있도록 나폴리대학을 설립했다는 것이다. 하지만 이래서는 누가 읽든 반쯤은 거짓말임을 알 수 있다.

그래서 프리드리히는 같은 내용이라도 미사여구로 가득한 편지를 피에르 델라 비냐에 쓰게 해 교황에게 보낸 것이다.

이런 경우 그야말로 피에르 델라 비냐의 재능이 완벽하게 발휘되었을 것이다. 고위 성직자를 대할 때는 이런 종류의 사람에 적합한 대화 방식이나 글쓰기 방식이 있는 법이다. 대학에서 배운 경험이 없는 프리드리히는 그런 일은 잘하지 못했다.

다만 볼로냐대학 출신의 수재가 재능을 다해 완성한 편지를 읽어주면 프리드리히는 웃으며 들었을 것만 같다. 왜냐하면 적과 상대할 때는 적과 같은 무기를 이용하는 것이 예의이자 유용한 방법인데 그게 온갖 고안 끝에 미사여구로 가득 장식된 문장이라면 누구라도 웃지 않을까.

이 시기 이후, 남부 이탈리아의 중산계급 출신인 피에르 델라 비냐도 황제 프리드리히에게 평생 충성하는 파트너의 하나로 가세한다. 하지만 그만은 다른 파트너와 달리 비극적인 최후를 맞게 되지만.

1224년 9월 29일, 밝게 갠 남쪽 나라의 푸른 하늘 아래에서 이루어진 장엄한 의식을 통해, 프리드리히의 작품인 '나폴리 학문소'가 정식으로 문을 열었다.

지금도 볼 수 있는 정문 위 릴리프는 19세기에 제작된 것인데 중앙에 선 프리드리히의 왼쪽에 초대 학장인 로프레도 에피파니오가 있고 황제의 오른쪽에는 피에르 델라 비냐가 서서 대학 설립 취지문을 읽는 구도다.

그해 12월 25일, 오랜만에 돌아온 팔레르모 왕궁에서 성탄절을 기념한다. 그다음 날은 그의 생일. 프리드리히도 서른 살을 맞았다.

▶ 페데리코2세대학의 학교 건물

4장

무혈 십자군

프리드리히가 십자군 원정에 가고 싶지 않았던 것은 아니다. 다만 이전 십자군과 같은 형태로는 가고 싶지 않았을 뿐이다.

호엔슈타우펜 가문에서 처음으로 독일 제후의 정점에 섰던 인물인 콘라트는 프랑스 왕 루이 7세와 제2차 십자군 원정에 나섰다. 그 인물의 조카이자 붉은 수염이라는 별명으로 더 유명한 황제 프리드리히 1세는 소아시아의 강에서 익사해 성지에 도착하지 못했지만, 영국 왕 리처드 사자심왕, 프랑스 왕 필리프 존엄왕과 함께 제3차 십자군 원정에 참여했던 군주였다. 붉은 수염 황제의 아들인 하인리히 6세는 황제 즉위 후 십자군 원정을 선언했으나 3년 뒤 죽는 바람에 과업을 이루지 못했다. 그리고 프리드리히는 '붉은 수염'의 직계 손자이자 하인리히의 유일한 아들이다. 이런 그에게 십자군 원정은 가업과 같은 것이었다.

게다가 11세기 말부터 시작된 '신이 그것을 바라신다'라는 구호 아래, 유럽이 대거 중근동으로 밀려든 십자군 운동도 1백 년을 넘겼다. 이제는 '성지'라는 이름만으로 통하는 팔레스티나로 원정하는 것은 황제와 왕뿐만 아니라 봉건 제후 가문들의 '가업'이 되어 있었다. 그리스도교에 대한 신앙심을 채우기 위한 것만이 아니다. 성지 원정이라는 경력은 통치하는 국가나 지방 주민에게 무시할 수 없는 효력을 발휘하기 때문이다. 중세는 좋든 싫든 신과 인간 사이의 거리가 아주 짧았던 시대이기도 하다.

프리드리히도 스무 살의 나이에 아헨의 초대 신성로마제국 샤를마뉴의 무덤 앞에서 십자군 원정을 맹세했다.

스물다섯 살이었던 해, 로마 교황에 의한 대관식 직후에도 십자군 원정을 선서했다.

그 후 5년간, 원정을 촉구하는 로마 교황으로부터 세 번의 연기를 받아내기는 했으나 신에 맹세한 것을 파기할 마음은 없었다.

어쨌든 십자군 원정은 그에게는 가업이다. 또 그 자신, 스스로 차지한 신성로마제국 황제라는 지위를, 즉 그리스도교 세계의 속세 최고위자라는 자리를 강하게 의식하던 남자였다. 그러므로 더욱더 전과 같은 십자군을 되풀이하고 싶지 않았다.

제1차 십자군으로 이교도 손에서 해방된 성도 예루살렘은 백 년도 안 되어 살라딘에게 탈환되었고 이로 인해 다시 이슬람 지배 아래에 들어간 지 30년도 넘었다. 그동안 유럽은 독일 황제와 프랑스 왕, 영국 왕까지 총동원한 제3차 십자군을 보냈으나 성도가 이슬람교도 수중에 있는 상황에는 변함이 없었다. 리처드 사자심왕은 전장에서 살라딘에 이겼으나 예루살렘을 되찾아오지는 못했다. 하물며 이어진 제4차, 제5차 십자군은 성도 근처에도 가지 못하고 해산해버린다. 그동안 유럽의 신앙심 깊은 사람들

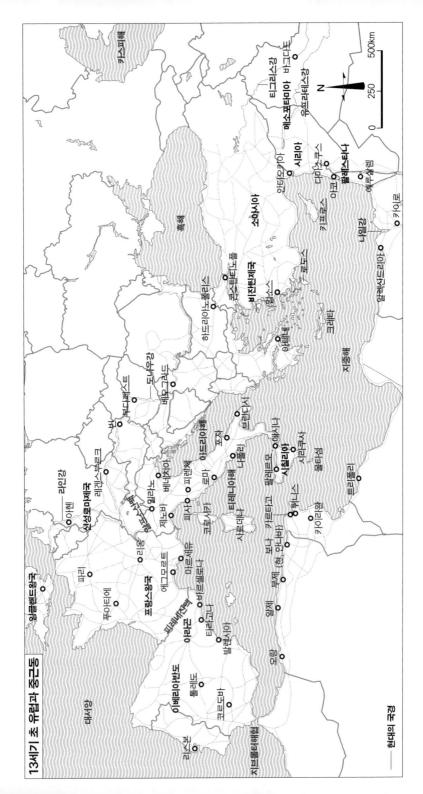

13세기 초 유럽과 중근동

500km

250

0

N

잉글랜드왕국

신성로마제국

라인강

아헨

레겐스부르크

파리

푸아티에

프랑스왕국

아우크스부르크

빈

부다페스트

도나우강

도라바강

페트로강

헝가리

라인강

코르도바

리스본

톨레도

아베리아반도

포르투갈왕국

에스트레마두라

톨레도

발렌시아

트라코니아

바르셀로나

피레네산맥

아라곤

마르세유

에그모르트

리옹

제노바

밀라노

베네치아

피사

피렌체

아드리아해

볼로냐

로마

코르시카

트레비에아해

사르데나

티레니아해

포저

자라

나폴리

팔레르모

살레르노

시칠리아

튀니스

카이르완

지브롤터해협

우랑

부지 (현 안나바)

보나

카르타고

시라쿠사

몰타섬

트리폴리

지중해

흑해

키스피해

아헤네

콘스탄티노폴리스

비잔틴제국

테살로니카

아테네

에페소

소아시아

크레타

시리아

다마스쿠스

이코

안티오키아

키프로스

팔레스티나

알렉산드리아

나일강

카이로

알다무이아타

이집트

티그리스강

메소포타미아

유프라테스강

바그다드

모술

대서양

현대의 국경

은 '소년 십자군'의 비극에서 보았듯 이교도의 억압 아래에서 고통받는 성도 예루살렘을 상상하며 한탄해왔다.

프리드리히가 짊어진 책무는 이런 현상의 타개였다. 다만 성도 재탈환이라는 목표는 같더라도 전략은 리처드와 달랐다.

영국 왕 리처드 사자심왕은 우선 이교도를 상대로 전투에서 승리해 성도를 되찾으려 했다.

하지만 신성로마제국 황제 프리드리히 2세는 군사력을 사용하지 않고 외교만으로 성도를 다시 찾을 방법을 모색한 것이다. 다만 필요시에는 군사력을 사용하는 방식으로.

두 사람의 전략이 달랐던 첫째 요인은 둘이 자란 환경에 있다.

리처드는 인간에 대한 편견이 없었던 인물이나, 중근동 지방을 밟을 때까지는 이슬람 세계를 전혀 접해보지 못한 사람이다. 한편 프리드리히는 이슬람교도와의 공생이 상식인 시칠리아에서 유년기를 보냈다.

둘째 요인은 리처드가 활약한 제3차 십자군과 프리드리히가 실행하려는 제6차 십자군 당시의 시대적 환경 차이에 있다.

사자심왕의 적은 당시로는 태양도 떨어뜨릴 기세의 술탄 살라딘이었다. 이슬람 세계에서 소수파인 쿠르드족 출신이라는 처지를 반대로 활용해 이슬람 세계에서 항상 긴장 관계를 유지해온 시아파와 수니파의 대동단결을 이루어냄으로써 그리스도교도에게 빼앗겼던 예루살렘을 다시 이슬람으로 되찾아오는 데 성공한 남자다. 정치뿐만 아니라 군사적인 면에서도 천재적이어서 그리스도교 측과 대결한 하틴 전투에서 완벽한 승리를 거두어 팔레스티나 지도를 바꾸어버린 남자다. 이 살라딘을 몰아내려고 유럽이 보낸 제3차 십자군의 군자금 조달에 각국이 부과한 특별세가 '살라딘세'로 불렸을 정도다.

리처드는 이 살라딘을 적으로 둔 이상 전장에서의 승부에 모든 걸 걸 수밖에 없었다. 군사적으로 이 남자를 이기지 못하는 한 성도 예루살렘에 다가갈 수 없으니까.

이 시기의 국제 정치

/

/

리처드 시대에서 30년이나 지난 시기에 십자군을 이끌게 된 프리드리히의 적은 더는 살라딘이 아니다. 살라딘 사후 이슬람 세계를 이끈 것은 친동생 알 아딜인데, 이 사람의 장남이자 이집트 술탄 자리에 있는 알 카밀이 프리드리히의 적이었다.

살라딘 – 알 아딜 – 알 카밀로 이어진 아이유브 왕조의 술탄에게는 광신적인 경향이 전혀 없어서, 팔레스티나에 사는 그리스도교도들의 공생을 인정하는 지도자들이었다. 유럽 역사가들은 그들을 이슬람 온건파라 부른다. 알 카밀로 말하자면 열두 살의 나이에 리처드와의 강화 회담에 나서는 아버지를 따라 그리스도교 진영에 왔던 경험이 있는데 그때 리처드 사자심왕의 마음을 사로잡아 사자심왕의 기사 작위를 받은 바 있다. 이런 사정을 자세히 알고 싶은 사람은 《십자군 이야기》 제3권의 '사자심왕 리처드와 제3차 십자군'을 읽어보길 바란다.

술탄이 된 후 알 카밀이 이 어린 시절 추억 때문에 온건파가 된 것은 아니다. 숙부 살라딘과 아버지 알 아딜로 이어져온 중근동에 사는 그리스도교도의 존재를 용인하는 노선을 현실적인 시점에서 계승했을 뿐이다.

하지만 늘, 이유는 알 수 없으나 온건파는 과격파보다 불리하다. 논리적으로 호소하기보다 신념에 호소하는 편이 더 많은 사람에게 영향을 줄 수 있기 때문일까.

예루살렘을 되찾아왔다는, 군사적으로 명확한 그리스도교도에 대한 승리를 등에 업을 수 있었던 살라딘이나 알 아딜과 달리, 그런 승리를 거둔 바 없는 알 카밀의 지위는 늘 미묘했다. 그런 상황은 프리드리히가 원정을 떠날 수밖에 없었던 이 시기에 표면화되고 있었다.

동생이 술탄으로 다스리던 다마스쿠스가 알 카밀이 술탄으로 있는 카이로에 반기를 든 것이다. 이는 사실, 중근동 이슬람 세력의 중심을 카이로에 둘 것인지, 아니면 전처럼 다마스쿠스에 둘 것인지를 놓고 벌어진 주도권 다툼에 불과했으나 다마스쿠스의 배후에는 아이유브 왕조 시절에 무시당했다고 생각하는 칼리프가 사는 바그다드가 있었다. 권력 항쟁에서 불리해지면 종교를 꺼내는 것은 일신교의 시대, 즉 중세에서 자주 볼 수 있는 현상으로, 유럽 그리스도교 세계도 마찬가지였다.

프리드리히는 바로 이 점을 눈여겨본 게 아닐까 한다. 미묘한 상태에 놓인 알 카밀이라면 십자군 원정을 실행하더라도 검이 아니라 대화로 목적을 달성할 수 있지 않을까 하고.

또 제4차 십자군 당시 그리스도교 세력은 팔레스티나가 아니라 이집트를 침공했는데 그로 인해 한때 고전을 면치 못했던 알 카밀은 십자군 측에 이집트에서의 철수를 조건으로 예루살렘을 반환하겠다고 신청한 바 있다. 그리스도교 측의 우매함으로 실현되지 못했으나 프리드리히가 이를 놓쳤을 리 없다.

그가 가장 먼저 한 일은 정확하고 객관적이며 대대적인 정보 수집이었다.

나폴리대학도 순조롭게 문을 열고 팔레르모 왕궁으로 돌아와 성탄절을 축하한 프리드리히에게 성지 팔레스티나에서 활동 중인 종교 기사단 중 하나인 성 요한 기사단단장이 찾아왔다.

유럽에 왔다는 소식을 들은 프리드리히가 군이 사신까지 보내 방문하기를 간곡히 청한 것이다. 무슨 말이 오갔는지는 기록에 없다. 하지만 통칭 '병원 기사단'이라 불린 이 기사단은 십자군 운동이 시작되기 훨씬 전부터 성지를 찾는 그리스도교도들의 의료 봉사에 종사해온 역사가 있다. 예루살렘을 탈환한 살라딘도 이 병원의 존속만은 인정했을 정도다. 이런 조직의 수장이라면 예루살렘뿐만 아니라 팔레스티나 전역의 사정에 정통할 것이다. 이 사람이라면 프리드리히에게 정확한 정보를 주었을 게 틀림없다.

해가 바뀌어 1225년 3월도 말이 다 되었을 때, 프리드리히를 찾아온 것은 병원 기사단과 템플 기사단의 뒤를 잇는 존재인 튜턴 기사단단장 헤르만이었다. 방금 팔레스티나에서 돌아온 이 사람은 알다시피 프리드리히와 아주 가까운 사이다. 더 구체적이고 상세하면서도, 거리낌 없는 대화가 오갔을 것이다.

기사단장 둘에게 받은 정보를 통해 프리드리히가 안 사실 하나는 원정에 어느 정도의 군대가 필요한지였다.

너무 많은 군대가 가면 상대는 전쟁이라고 오해할 위험이 있다. 그렇다고 너무 적으면 적이 얕봐 외교마저 불리한 위치에서 시작하게 될 것이다. 따라서 데려갈 군대의 규모와 내용은 매우 미묘한 문제였다.

제5차 십자군에 동행한 아시시의 수도사 프란체스코가 적 진영에 가 술탄에게 평화를 설득한 적이 있는데 알 카밀은 화도 내지 않고 경호까지 붙여 돌려보냈다는 에피소드가 있다. 하지만 프리드리히는 종교인이 아니다. 평화적으로 해결하고 싶었으나 그렇다고 굽신거리면서까지 실현할 생각은 없었다. 외교라도, 여차할 때 쓸 수 있는 군사력이 있을 때만 목적을 달성할 수 있다고 생각한 것이다. 바꾸어 말하면 검을 겨누지 않고 끝내려고 검을 찬 것이다. 이 점이 다른 십자군과 프리드리히의 십자군의 차이였다.

출발까지

/

/

4월과 5월, 시칠리아에서 남부 이탈리아로 이동한 프리드리히는 각지에서 '디에타'를 소집하며 봉건제에서 중앙집권화로의 과정을 착실히 진행하는 작업을 재개했다.

5년 전 카푸아에서 작성한 헌장을 무조건 밀어붙인 것은 아니다. 법률이란 일단 정해도 고치는 게 낫다면 개정하자는 게 그의 방식이고, '디에타'에 소집된 봉건 제후도 잠자코 듣고만 있지 않았다. 그들에게도 현장의 요구라는 형태로 발언이 인정되었기 때문이다.

봉건제에서 중앙집권으로의 이행은 하루아침에 이루어지지 않았다. 봉건 영주가 소유한 성채를 빼앗아 그것들을 국가 방위 전략에 따라 재편성하는 문제 하나만도 쉬운 일이 아니다. 무엇보다 영주란 영지가 줄어드는 것보다 성채를 빼앗기는 쪽에 더 민감하게 반응하는 인종이다. 따라서 이 일이야말로 명령 하나로 실현할 수 없었는데, 서른 살이 된 프리드리히는 이 어려운 일에 나서며 성심성의껏 설득하기보다 봉건 제후들에 더 강력한 영향력을 발휘하는 고위 성직자들의 권위를 이용했다.

무릇 프리드리히가 가는 곳에는 항상 이 사람이 있다는 소리를 들을 정도인 팔레르모 대주교 베라르도이다. 그는 이런 자리에서도 가운데 왕좌에 앉은 프리드리히 바로 왼쪽에 자리를 차지하고 있었다. 아무리 광대한 영지를 거느리고 견고한 성채를 소유한 유력 제후라도 그리스도교도로는 한 마리 양에 불과하다. 그런 그들에게 양치기의 매서운 눈초리를 던질 수 있는 대주교는 이 시기 둘로 늘어나 있었다. 카푸아의 대주교도 동석하게 한 것이다.

시칠리아 왕국의 첫 번째와 두 번째 고위 성직자가 지켜보는 가운데 시칠리아 왕 프리드리히는 참석한 제후들에게 카푸아 헌장에서 정한 각 법률의 실시 과정에 문제가 있으면 발언하라고 했으니 참 얄궂다. 문제를 지적하고 싶어도 신중해졌을 게 뻔하다. 이런 전술까지 사용한 덕에 시칠리아 왕국의 중앙집권화는 착실히 진행되었다. 봉건 제후들도 자신들이 물러난 뒤의 성채에 왕국 방위라는 이름 아래 새롭게 편성된 예전 자신들의 수하 부대가 들어가는 것을 허용했으므로.

이렇게 프리드리히가 자국의 탈봉건화를 진행하는 동안 튜턴 기사단단장 헤르만은 독일에서 십자군에 데려갈 장병을 모집하는 데 전념했다. 그리고 어느 정도 마무리된 5월, 이탈리아로 돌아온다는 소식을 보냈다.

헤르만이 이탈리아로 돌아온 것은 독일에서부터 데려갈 병력을 프리드리히에게 보고하기 위해서만은 아니다. 종교 기사단의 단장이라는 지위 덕분에 이 독일인 기사는 교황청 내부 사정에 밝았다. 로마 교황이 프리드리히에게 이번에야말로 십자군 원정을 실행하라고 강경하게 촉구하리라는 정보를 얻은 듯하다.

실제로 프리드리히가 체류하고 있던 포자에 헤르만이 도착하고 얼마 지나지 않은 6월, 로마 교황은 프리드리히에게 십자군에 관해 정식으로 협의하고 싶다고 알려왔다.

회담은 7월 들어 실현된다. 교황청 영지와 프리드리히의 영지의 경계인 카시나에서 열린 회담은 로마 교황 측에서는 추기경 비키에리가, 프리드리히 측에서는 헤르만이 출석했다.

황제 프리드리히에 대한 로마 교황의 십자군 원정 요청은 비공식적으로는 그동안 수없이 있었으나 공식적으로는 이번이 세 번째였다. 프리드리히도 결단을 내릴 때가 된 것이다.

프랑스는 44년이나 왕위에 있던 필리프 2세 사후, 아들인 루이 8세가 왕위에 오른 지 2년밖에 되지 않았다. 로마제국 초대 황제 아우구스투스를 프랑스어로 읽은 '오귀스트'라는 존칭으로 불린 왕의 뒤를 이었으니 누구라도 힘들었을 텐데 그 탓인지 이 왕은 1년 뒤에 바로 세상을 떠났고 그 뒤를 이은 루이 9세는 아직 열두 살 소년이었다.

영국은 리처드 사자심왕 덕분에 십자군에서 존재감을 드러냈으나 그의 사후 영국 왕위에 오른 친동생 존은 실지왕이라는 별명이 붙을 정도로 프랑스 내 영토 대부분을 잃었다. 이에 대한 불만을 폭발시킨 수하 제후들이 왕에게 인정하게 한 '마그나 카르타'가 보여주듯 이후 영국의 왕권은 계속 추락해 십자군을 이끌 상태가 아니었다.

스페인에서는 왕과 제후들이 한창 이베리아반도에서 이슬람 세력을 축출하는 전쟁을 수행 중이었다. 자국 안에서 십자군을 수행하는 그들은 멀리 팔레스티나까지 원정할 여유가 없었다. 실제로 십자군 역사에 스페인인이 등장하는 일은 거의 없다고 해도 좋다.

이것이 13세기 일사분기 당시의 유럽 상황이었다. 새로 십자군을 이끌 만한 군주는 서른 살이 된 프리드리히뿐인 게 현실이었다.

1225년 7월 22일, 쌍방이 대리를 내세워 가진 회담에서의 결정 사항이 공표되었다.

하나, 제6차가 되는 십자군은 2년 후인 1227년 성모승천 축일(8월 15일)에 남부 이탈리아의 브린디시에서 출발한다.

둘, 원정은 2년을 계획하며 그를 위해 황제는 2년간 1천 명의 기사를 거느릴 의무가 있다.

셋, 1천 명의 기사 외에도 황제는 보병과 기타 용도를 위한 인원으로 2천 명을 모은다.

넷, 성지로의 군대 운송용으로, 황제는 선단의 강화를 약속한다.

다섯, 이에 드는 모든 비용으로, 황제는 10만 온스의 자금을 준비한다.

자신의 영지를 팔아 치우거나 팔지는 않더라도 담보로 잡아 빚을 내 십자군에 출발했던 제1차 때와는 십자군의 양상도 크게 달라져 있었다. 개인적으로 성지로 향하는 경우야 그렇다 쳐도 군대를 모아 가는 원정이라면 제반 경비는 모두 통솔하는 제후가 담당하는 시대였다.

그래도 제6차가 될 십자군이 원정을 떠나는 날은 정해졌다. 하지만 연구자에 따르면 이때의 문서는 매우 미묘해서 '한다'라기보다 '하겠다'라고 해석해야 한다는 것이다. 아마도 그것은 독일인이면서 이탈리아어를 완벽하게 구사하는 데다 교황청의 내부 사정에 정통한 튜턴 기사단단장 헤르만의 고심이 담긴 대책이 아니었을까. 성직자들에게 꼬투리를 잡히지 않으려면 성직자들의 장기인 에둘러 표현하는 화법과 단어를 사용하는 게 가장 효과적이니까. 하지만 그러면 교황을 정점으로 하는 로마 교황청의 성직자 집단은 황제 프리드리히의 '약속'만으로는 안심할 수 없게 된다. 전에도 '한다, 한다' 하고 두 번이나 연기했으니까 그들의 불안을 이해하지 못하는 바는 아니나, 신에게 일생을 바치는 사람에게는 세 번째는 진짜라는 믿음은 없었을 것이다. 이때 이들의 '불안'을 '안심'으로 바꿀 최고의 진언을 하는 사람이 나타난 것이다.

예루살렘의 왕

/

/

프랑스의 일개 기사에 불과했던 브리엔이 예루살렘 왕국의 왕이 된 것은 유럽 제후 모두 뒷걸음쳤던 예루살렘 왕국의 왕녀와 결혼했기 때문이다. 그 아내와의 사이에 딸이 태어났는데 아내가 죽자 예루살렘 왕국의 정통 후계자가 된 딸 욜란데는 열네 살이 되었다. 브리엔은 칠순이 다가오는 자신의 나이를 고려해 딸과 결혼해 예루살렘 왕국을 지켜줄 사람을 찾고 있었다.

프리드리히는 첫 결혼 상대였던 스페인 왕가 출신의 콘스탄체를 3년 전에 잃었다. 이 여인의 생전과 사후 통틀어 프리드리히는 아이를 낳은 여인만 따져도 네 명의 애인을 차례로 만들어 콘스탄체까지 포함해 다섯 명의 여인으로부터 이미 총 다섯 명의 아이를 두고 있었다. 그래도 서른 살 당시의 프리드리히가 이 시점에서 독신인 것은 사실이었다.

이리하여 신성로마제국 황제 프리드리히와 예루살렘 왕국의 왕녀인 욜란데를 결혼시키자는 이야기가 급부상한 것이다. 노령인 데다 십자군밖에 머리에 없는 교황 호노리우스로서는 이렇게 되면 프리드리히도 십자군 원정에 떠날 수밖에 없다고 생각해 비로소 안심하고 죽을 수 있다고 생각했을지 모른다.

프리드리히도 반대할 이유는 없었다. 왕비, 즉 정식 부인은 정략결혼으로, 나머지는 애인이라고 생각하던 그였다. 욜란데와 재혼해 예루살렘의 왕이 되면 거기서 얻는 이점도 있었다.

예루살렘 왕국이라 칭해도 수도여야 하는 예루살렘은 살라딘 이후 이슬람 지배 아래 있어, 그리스도교 쪽에 남은 항구도시 아코에 살 수밖에 없었던 왕은 왕국이 없는 왕인 게 현실이다. 하지만 '예루살렘 왕국의 왕'이라는 명칭 자체는 당시 유럽에서는 서민도 다 아는 '유명인Big Name'이었다. 무엇보다 예수 그리스도의 묘소를 지키고 그곳에 참배하는 유럽의 순례자를 보호하는 책임자의 대명사였으니까.

프리드리히는 이 결혼을 승낙한다. 신성로마제국 황제, 시칠리아 왕국의 왕, 그리고 예루살렘 왕국의 왕, 이런 유명한 칭호를 한 몸에 지니게 되면 유럽의 다른 제후들에 더 강한 임팩트를 줄 수 있다. 허영심에 마음이 흐트러지기는커녕 프리드리히는 지나칠 만큼 냉철했다.

그해 11월, 화려한 신부 행렬을 이끌고 팔레스티나에서 바다를 건너 남부 이탈리아에 상륙한 신부를, 프리드리히는 황제의 정식 부인으로 맞는다. 그리고 9일, 고대부터 오리엔트로 가는 현관으로 알려진 브린디시대성당에서 장엄한 결혼식을 거행했다.

하지만 열네 살 신부에게 특별 대우는 없었다. 신부 욜란데가 아버지 브리엔에게 하소연하며 보낸 편지에 따르면 신랑은 첫날밤이 지나자마자 신부를 따라온 시녀를 유혹했다고 한다.

그 같은 지위에 있는 사람의 정식 결혼은 적자 아들을 낳는 일이다. 프리드리히는 그 정도의 에너지는 새 아내에게 쏟았던 듯한데 임신 징후가 나타나자 출산은 왕궁에서 이루어져야 한다며 욜란데를 팔레르모로 보내버렸다.

프리드리히는 욜란데의 아버지인 브리엔에게는 더 명백하게 대한다. 로마 교황과 프랑스 왕으로부터 결혼 자금을 받아 예루살렘의 왕녀와 결혼할 때까지는 일개 지방 기사에 불과했던 노인을, 프리드리히는 자신과

▶ 프리드리히와 욜란데의 결혼

동격으로 대우하지 않았다. 예루살렘의 왕위에 있는 사람을 아내로 둔 자신이 있는 이상 후견인은 필요하지 않다는 게 그 이유다. 황제를 사위로 삼고 그와 함께 팔레스티나로 돌아올 생각이었던 브리엔이 할 수 있는 일은 로마 교황을 붙잡고 우는 것뿐이었다.

하지만 프리드리히도 예루살렘의 왕이 된 후에는 십자군 원정을 더는 미룰 수 없다고 느꼈다. 아마도 이 시기부터라 생각되는데 프리드리히의 왕궁이 있는 포자와 알 카밀이 사는 카이로와의 사이에, 로마 교황이 의심할 법한 형태의 접촉이 시작되지 않았을까.

접촉이라 해도 그리스도교 세계에서 세속 최고위자인 신성로마제국 황제와 이슬람 세계에서 세속 최고위자인 카이로의 술탄 사이에서 이루어지는 접촉이다. 둘 다 절대 비밀리에 추진할 필요가 있었다. 게다가 이 시기에는 아직, 둘 사이에 신뢰 관계가 구축되어 있다고 할 수 없었다.

이런 경우의 접촉은 직접적인 상대만이 아니라 그 이외의 누구도 의구심을 품을 수 없는 악의 없는 지점에서 시작하는 게 철칙이다.

전부터 프리드리히는 스페인에 사는 이슬람교도 유력자와 모로코, 튀니지아의 술탄 간에 학자와 문인을 파견해달라는 요청을 담은 편지를 주고받고 있었다. 시간적으로나 심리적으로나 정말 그럴 여유를 내다니 감탄할 정도로, 이 사람의 향학열은 모든 의미에서 벽이 없었다. 그리고 의뢰에 응해 시칠리아를 찾은 이슬람교도 교양인들은 팔레르모 왕국에서 환대를 받았고 그중에는 계속 머무는 사람도 있었다. 이런 전례가 있었으므로 의뢰 편지를 보내는 상대가 카이로의 술탄이라도 경계심을 일으킬 위험은 없었을 것이다. 외교상의 접촉도 건물과 마찬가지로 기초부터 신중하게 쌓지 않으면 무너지고 마는 것이다.

프리드리히가 이끄는 십자군의 적은 카이로에 있는 술탄 알 카밀이다. 그리고 알 카밀도 이 사실을 알고 있었다. 사심 없는 문화 교류에서 시작된 이 접촉이 외교적 접촉으로 이행하리란 점도 냉정하게 이해했을 것이다. 이 둘의 사이라면 접촉도 순조롭게 이루어졌을 것이다. 그런데 이를 기다렸다는 듯 프리드리히 측에 불상사가 일어났다.

눈앞에 드러난 난제

/

/

1225년 7월에 나눈 로마 교황과의 약속으로, 십자군 원정을 떠나는 날이 2년 뒤 성모승천 축일로 정해지고 몇 달 지나지 않은 가을, 프리드리히는 다음 해 부활절에 북부 이탈리아의 크레모나에서 '디에타'를 연다고 공표했다. 신성로마제국 황제가 소집하는 '회의'다. 황제의 모든 영지부터 중부 이탈리아 토스카나 지방의 각 코무네(자치도시) 대표들에게까지 소집장이 보내졌다.

이 '디에타', 즉 회의를 소집한 이유는 다음 해 여름에 실시되는 십자군 원정에 관한 전반적인 토의였다. 요컨대 프리드리히는 자신이 이끌고 갈 십자군에 자기 영토 안의 모든 사람을 끌어들일 셈이었는데 그 계획을 북부 이탈리아의 코무네가 받아들이지 않은 것이다.

이들 자치도시가 프리드리히의 소집에 의심스러운 눈초리를 던지는 것 또한 이유가 없는 것도 아니다. 남프랑스에서 여전히 계속되고 있는 알비 십자군에 의해 이단으로 몰려 탄압당한 사람들이 북부 이탈리아로 도망쳐

와 밀라노를 비롯한 북부 이탈리아 도시의 인구가 급증하고 있었기 때문이다. 다른 종교를 믿는 이교도와 달리 같은 그리스도교도나 신앙 방식이 다른 사람들을 이단이라고 부르는데, 로마 교황과 가톨릭교회가 보기에 이 사람들은 반체제 무리인 탓에 탄압의 대상이었다. 이 시대 남프랑스에서 북부 이탈리아에 걸쳐 무시할 수 없는 세력을 유지한 카타리파라 불린 이 사람들은 말하자면 루터에 의해 시작되는 프로테스탄트 운동이 일어나기 2백 년도 전에 존재했던 프로테스탄트들이니까 정통 가톨릭교회가 반체제로 단정할 수밖에 없다. 그리고 정통 가톨릭교회의 수장인 로마 교황의 손으로 제관을 받을 때 프리드리히도 이단 박멸을 맹세한 바 있다.

그런 상황에서 프리드리히가 북부 이탈리아의 크레모나에 '디에타'를 소집한 것이다. 그에 응해 각 지역의 유력 제후들이 굽신대며 오진 않을 터였다. 봉건 제후도 대주교도 호위 부대를 거느리고 온다. 그 군대를 손에 넣은 프리드리히가 이단 박멸의 깃발을 들고 북부 이탈리아 제압에 나서지 않을까 코무네는 두려워한 것이다.

북부 이탈리아 사람들의 의심과 두려움이 완벽한 오해만은 아니었다. 프리드리히는 열일곱 살 때 독일로 향하던 여정에서 그를 납치하려고 밀라노가 보낸 군사의 추격을 받아 말을 탄 채 강물로 뛰어들어 난을 피했던 뼈아픈 경험이 있다. 완고할 정도로 반 호엔슈타우펜 방침을 유지해온 북부 이탈리아에 대해 서른 살이 된 프리드리히가 크레모나에 집결한 군대를 이용해 위압을 가할 생각이 없다고 단언할 수는 없었다.

그런 사정으로 1225년 겨울부터 다음 해 26년 봄까지 북부 이탈리아의 각 자치도시(코무네) 사이에서는 활발한 물밑 접촉이 이루어졌다.

1226년으로 해가 바뀌고 3월 2일, 즉 프리드리히가 크레모나에 소집한 '디에타'가 열리기 5일 전, 만토바 교외의 산 체노 교회에서 '롬바르디아 동맹'은 부흥을 선언한다. 동맹에는 밀라노를 필두로 토리노, 브레시아, 베르가모, 만토바, 비첸차, 파도바, 트레비소, 볼로냐까지 북부와 중부 이탈리아의 '코무네(자치도시)'가 대거 참여했다. 여기에 동맹 부흥을 소식을 접하자마자 피아첸차, 베로나, 로디, 알레산드리아의 각 자치도시도 참가를 표명한다.

한편 북부와 중부 이탈리아의 코무네임에도 이 동맹에 참여하지 않고 오히려 황제파를 표명한 것이 크레모나, 파비아, 모데나, 파르마, 레조, 제노바 같은 자치도시였다.

이 양쪽 모두에 없는 중요 도시가 피렌체와 베네치아인데 피렌체는 내부적으로 황제파와 반황제파로 분열되어 태도를 하나로 정할 수 없었고, 베네치아공화국은 이제는 국가의 전통이 된 현실 노선에 따라 드러내놓고 어느 편에 끼는 것을 피했다.

부흥이라고 한 것은 '롬바르디아 동맹'이 원래 프리드리히의 할아버지 '붉은 수염' 황제에 대항할 목적으로 결성된 동맹이기 때문이다. '붉은 수염'이라는 별명 자체가 이탈리아어로 이 사람의 적이 된 밀라노인이 '바바로사'라고 부른 데서 시작된 것이다.

이 '롬바르디아 동맹'은 붉은 수염과 승리와 패배를 주고받다가 결국에

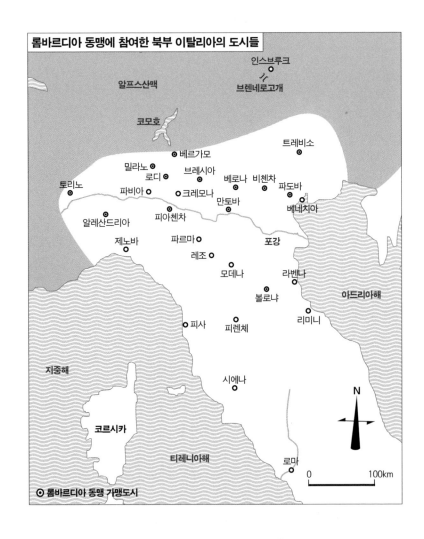

롬바르디아 동맹에 참여한 북부 이탈리아의 도시들

인스브루크
알프스산맥
브렌네로고개
코모호
트레비소
베르가모
밀라노
브레시아
로디
베로나 비첸차
토리노
파도바
파비아
크레모나
베네치아
만토바
알레산드리아
피아첸차
제노바
파르마
포강
레조
모데나
라벤나
볼로냐
아드리아해
피사
리미니
피렌체
지중해
시에나
N
코르시카
로마
티레니아해
0   100km
⊙ 롬바르디아 동맹 가맹도시

는 굴복했고, 프리드리히의 아버지와 어머니가 밀라노대성당에서 결혼식
을 올리는, 반황제파로서는 굴욕적인 상태로 해산당했다. 그것을 잊지 않
은 밀라노인이 발기인이 되어 '붉은 수염'의 손자인 프리드리히의 대항책
으로 동맹을 부흥한 것이다. 심지어 단순히 부흥이라 선언한 데 그치지 않

고 바로 행동에 나섰다.

알프스산맥을 넘어 독일에서 이탈리아로 내려오는 간선로는 고대 로마 시대부터 세 가지였다.

첫째는 알프스를 넘은 뒤 밀라노로 내려오는 길.

둘째는 브렌네로고개를 넘어 베로나로 내려오는 길.

셋째는 지금은 오스트리아 땅이 된 지방에서 이탈리아반도 북동부로 들어오는 길.

황제의 소집에 응해 '디에타'에 참석차 모여드는 독일 각지의 유력 제후들은 이들 중 하나를 통과하지 않고는 개최지인 크레모나로 올 수 없었다.

이를 잘 알고 있는 롬바르디아 동맹 측은 이 세 가지 길에 모두 군대를 보내 차단하는 방법에 나선다. 첫 번째 길에 바리케이드를 쌓은 것은 밀라노와 베르가모. 두 번째 길을 담당한 것은 베로나와 만토바. 세 번째 길을 막기 위해 병사를 보낸 것은 파도바와 트레비소였다.

부활절은 해마다 날짜가 바뀌는데 그해의 부활절은 4월 19일이었다. 이탈리아에서는 봄이 한창이지만 독일에서는 초봄이다. 하물며 알프스 산중은 아직 겨울에서 벗어나지 못한 상태일 것이다. 황제 수하의 독일 제후들은 알프스를 넘자마자 쌓인 바리케이드에 발이 묶이고 만다.

그래도 적지 않은 수의 제후는 멀리 돌아서라도 세 번째 길을 통해 크레모나에 모여들었다. 이 길을 막고 있어야 할 바리케이드가 이 지방에 영향력을 지닌 베네치아가 중립을 지키는 바람에 사실상 무력해졌기 때문이다.

독일에서 황제 프리드리히의 권위와 권력의 체현자는 그의 장남이자 독일 왕인 하인리히이다. 이해 열다섯 살이 된 하인리히는 황태자이기도 한 만큼 크레모나에서 열리는 '디에타'에 절대 빠져선 안 되는 얼굴이었다. 그런데 이 열다섯 살의 왕은 독일에서 출발한다는 소식도 보내지 않았다. 바리케이드의 존재를 알고 공포에 휩싸인 측근의 이야기를 들은 걸까, 아니면 1년 전에 결혼한 독일 유력 제후의 딸이자 여덟 살 연상인 마르그리트와 사이가 좋지 않아 자신감을 잃은 걸까, 감감무소식이었다. 어쨌든 '황태자'는 끝내 모습을 드러내지 않았다.

'디에타'의 개최 첫날이었던 4월 19일, 프리드리히는 크레모나에조차 오지 못하고 라벤나에서 부활절을 보냈다. 크레모나 회의의 소집 실패는 서른한 살이 된 그에게 아마도 처음 맛보는 씁쓸한 경험이었을 것이다.

자신의 영토인 독일과 이탈리아가 중간에 절단된 것이나 마찬가지이기 때문이다. 어쩌면 이 시기 프리드리히의 마음속에는 코앞에 놓인 십자군 원정을 더 연기하고 싶은 마음이 들끓었을지 모른다. 일국의 통치자라면 영토가 중간에 잘린 상태를 놓아두고 멀리 오리엔트로 가는 일은 고민 없이 결정할 수 없다. 하지만 이제 연기는 허락되지 않는 상황이었다.

그렇다고 이대로 꼬리를 내리고 남부 이탈리아로 돌아올 수는 없었다. 무엇보다 자신의 자존심이 허락지 않았다. 그보다 롬바르디아 동맹에 참여한 각 자치도시가 개가를 부르는 상태로 남겨두는 것은 이후 상황 타개에 크게 불리해질 게 분명했다.

5월, 부활절을 보낸 라벤나를 떠난 프리드리히는 남부 이탈리아로 돌아오지 않고 거느린 군대를 데리고 북부 이탈리아의 여러 도시를 방문하는 여행에 나선다.

봄을 만끽하기 위한 여행이 아니다. 당연히 롬바르디아 동맹에 참여한 여러 도시에 대한 위압을 겸한 과시 행동이었다. 그런 까닭에 동쪽 라벤나에서 서쪽 피에몬테 지역에 이르는 북부 이탈리아를 횡단하는 여행이 되었다.

그동안에도 로마 교황에 편지를 보내 십자군 원정을 협의하려고 소집한 '디에타'의 개최를 방해한 롬바르디아 동맹의 각 코무네를 비판하며 교황도 대책을 세워야 한다고 썼다.

교황 호노리우스는 당황했다. 이를 이유로 프리드리히가 또 원정 출발을 연기할까 봐 걱정해 롬바르디아 동맹의 각 코무네에 파문하겠다고 협박했다. 이 교황이 웬일로 강경책을 쓴 것이다.

처음에는 절망적이었던 상황이 조금이나마 절망적이지 않은 상태로까지 개선되는 데는 세 가지 요소가 공헌했다.

첫째, 군대를 거느리고 나선 과시 행동이 효과를 봤다. 프리드리히의 행군을 방해하고 나선 도시는 하나도 없었다. 밀라노조차 성벽 안쪽에서 조용히 숨을 죽였을 뿐이다.

둘째, 프리드리히는 그 밀라노의 바로 코앞에서 사보이아 백작과 동맹을 체결했다. 북서부 이탈리아에 광대한 영지를 거느린 사보이아 가문이 프리드리히 측에 서게 됨으로써 롬바르디아 동맹의 리더인 밀라노도 전처럼 행동할 수 없게 된 것이다. 앞으로는 서쪽에 인접한 사보이아의 움직임을 항상 걱정해야 했기 때문이다.

셋째, 로마 교황의 파문을 연상시킨 협박이다. 아무리 밀라노라도 이단이 되어 반이단을 내세운 십자군과 대적하는 일만은 피하고 싶었을 것이다.

이리하여 롬바르디아 동맹 부흥을 선언한 초기에는 동맹 측에 참가한 코무네가 수적으로 황제파에 비해 압도적 우위에 있었지만, 3개월이 지난 7월이 되자 형세는 뒤집혔다. 다만 '롬바르디아 동맹' 자체가 해산된 것은 아니다. 반황제의 리더인 밀라노가 조용해졌을 뿐이다.

프리드리히는 이걸로 '롬바르디아 동맹' 문제는 일단 매듭짓기로 한다. 피사를 거쳐 남부 이탈리아로 돌아온 것이다. 십자군 원정을 떠나야만 하는 날도 1년 뒤로 다가와 있었다.

아라비아 수학

/

/

피사에 들른 것은 두 가지 이유에서였다. 첫째는 베네치아나 제노바와 어깨를 나란히 하는 이탈리아 해양 도시국가 중 하나인 피사를 자기 측에 포섭하기 위해. 둘째는 피사에서 배를 타고 남부 이탈리아로 가기 위해서였다. 두 가지 목적 다 만족스러운 결과를 얻었다. 피사의 유력자들은 황제가 탈 배와 그를 호위할 선단까지 기꺼이 제공해주었다. 그런데 그 피사에서, 프리드리히는 흥미로운 인물을 알게 된다. 그 사람은 상인이자 수학자인 레오나르도 피보나치였다.

서른한 살의 황제 앞에 나타난 사람은 이미 쉰여섯 살이었던, 피사에서는 평범하게 보이는 남자였으나 이 쉰여섯의 남자가 눈을 번뜩이며 설명하는 아라비아 수학의 세계가 서른한 살 황제의 흥미를 강하게 자극한 것이다.

레오나르도 피보나치는 전형적인 이탈리아 해양 도시국가 태생의 남성으로, 젊은 시절 지중해 주변을 돌아다니며 이슬람 세계와 교역한 남자다. 그렇게 만난 아라비아 수학의 유용성을 알아채고 유럽에 도입하는 데 열정을 쏟고 있었다. 이미 스물여덟 살의 나이에 《Liber abbaci(산술론)》를 출판했는데 그리스도교의 지배를 받는 유럽 사회에 아라비아 수학을 도입하는 일인 만큼 교회 측의 반대가 강해 이 서적은 절판되었다.

아라비아숫자	0	1	2	4	5	10	99	100	400	500	1000	1194	2014
로마숫자	–	I	II	IV	V	X	XCIX	C	CD	D	M	MCXCIV	MMXIV

고대 이후 유럽에서 사용된 로마숫자와 비교해, 아라비아숫자의 이점은 표시할 때 오류가 적은 데다 영(0)의 개념을 갖고 있다는 점이다.

영의 개념은 원래 인도에서 생겼는데 인도에서는 '허무'를 의미하는 'Śūnya'라고 불렀다. 그것을 아랍인이 도입해 'sifr'가 되었고 라틴어로 'Zephirus'가 되었으며 그것을 알게 된 베네치아인이 그들 방언으로 'zevero'라고 부르기 시작한 것이 이탈리아어로 바뀌면서 'zero'가 된 것이다. 이 영의 개념이 더해짐으로써 비로소 수학의 본격적인 발전이 시작되는 것이다.

이 피사 상인의 이야기는 프리드리히에게 강한 인상을 준 듯하다. 황제는 피보나치에게 평생 연금을 주기로 한다. 쉰여섯 살의 피보나치가 교역일을 그만두고 수학에 전념할 수 있도록 한 배려였다. 덕분에 《산술론》이 2년 뒤에 복간된다. 현재 전해지는 것은 1228년에 출판된 두 번째 판이다. 그 뒤로도 프리드리히와의 교류는 이어져 《Liber quadratorum》은 프리드리히에 헌정된다. 그의 수학은 베네치아공화국에 영향을 주어 이 현실주의적 국가가 아라비아 수학을 가르치는 학교를 개설하게 했고, 이를 통해 유럽 사회로도 퍼져나가게 되었다.

황제 프리드리히 2세가 평생 학문과 예술의 장려에 힘썼다는 사실만은 프리드리히를 강경하게 비판하는 현대 학자들도 인정하는 바인데 그는 이것을 정무를 벗어나야만 성립되는, 독립된 분야로 봤던 것은 아니다. 로마 교황도 북부 이탈리아의 코무네도 남부 이탈리아의 백성도 이슬람 세계의 사람들도 평생 그를 가만두지 않았다. 학문과 예술에 관한 관심을 만족시킨 것은 고도의 긴장이 요구되는 대내외적인 정무 틈틈이, 잠시나마 한숨 돌릴 수 있는 여유를 주는 것이었다. 프리드리히는 그가 직접 쓴 《De Arte Venandi cum Avibus(매사냥에 관한 고찰)》 속에 이렇게 적고 있다. 매사냥의 효용은 정무로 인한 중압감으로부터 일시적으로나마 해방되어, 잠시의 여유와 즐거움을 느낄 수 있다는 데 있다고.

매를 이용하는 사냥도, 아라비아 수학의 효용을 논하는 것도, 프리드리히에게 있어서 유쾌한 오락거리였다. 그러므로 정무가 중단되는 일이 없었던 것과 마찬가지로 이런 종류의 사람들과 한때를 보내는 유쾌한 오락거리도 평생 주위에 두었다. 지금으로 치면 스트레스 해소인 셈인데 프리드리히의 '스트레스 해소'는 해소만으로 끝나지 않고 학예의 진흥과 연결되었으니, 이는 그 자리에서 그냥 끝내버리는 것을 싫어했던 그의 성격과 잘 어울리는 일이었다.

참고로 피사의 상인 피보나치는 프리드리히에게 자기보다 다섯 살 어린 친구를 소개한다. 스코틀랜드에서 태어나 아직 이슬람 통치 아래 있던 스페인에서 공부한 이 남자와 프리드리히가 교류한 분야는 아리스토텔레스 철학이다. 프리드리히의 궁정을 드나드는 단골손님이 되는 마이클 스콧이란 남자는 아리스토텔레스를 유럽에 소개한 최초의 인물이기도 하다.

이렇게 보면 프리드리히의 지인이나 친구 가운데는 별종이 많았던 듯하다. 프리드리히 자신이 후반기로 들어선 중세의 '별종'이었기 때문일까.

피사에서 배로 향한 시칠리아의 항구도시 시라쿠사에는 몰타의 매, 몰타섬 출신의 해군 장교 엔리코가 기다리고 있었다. 프리드리히는 십자군 원정에 데려갈 군대 가운데 육군 편성은 튜턴 기사단단장 헤르만에게 맡기고, 해군은 몰타에서 태어났으나 선원으로는 최고라는 제노바인의 피를 이은 엔리코에게 일임했다. 이 전직 해적도 지금은 황제 해군의 제독이 되어 있었다.

황제가 제독에 내린 명령은 나일강에서도 항해할 수 있는 배의 건조였다. 그에 응한 제독은 바닥이 낮고 평평한 배를 만들어 보인다. 여기에 오케이가 떨어져 평저선만으로 구성된 선단 건조가 시작되었다.

그다음 남부 이탈리아를 돌아 포자 왕궁에서 겨울을 보내려던 프리드리히는 다시 중요한 정무에 직면하게 된다. 카이로의 술탄이 파견한 사절단이 포자에 도착한 것이다.

술탄 알 카밀

/

/

사절단의 수석은 파라딘이라는 젊은 태수(아미르)였는데 아미르란 그리스 도교 세계로 따지면 봉건 영주에 해당한다. 게다가 태수 파라딘은 카이로의 술탄 알 카밀의 두터운 신뢰를 얻고 있는 측근이었다.

이리하여 십자군 사상 최초로 이슬람 세계 속세의 제일인자와 그리스도교 세계 속세의 제일인자 사이의 직접 접촉, 즉 외교 교섭이 시작된 것이다.

이후 태수 파라딘은 프리드리히와 은밀한 관계를 유지하게 되는데 이 사람의 생년월일이 불명이라 정확한 나이는 알 수 없다. 그래도 이후 이 사람의 오랜 외교관 생활과 분명히 밝혀져 있는 사망 연도로 추측해보면 서른두 살이 된 프리드리히와 동갑이거나 조금 연하였을 것이다.

파라딘은 무엇보다 동행한 통역 없이 프리드리히와 대화할 수 있다는 데 놀란다.

십자군으로 원정을 와서 그대로 중근동 땅에 자리 잡고 사는 그리스도교도는 제1차 십자군으로부터 1백 년 이상 흐른 이 시기가 되면 제2·제3세대가 되어 있었다. 이런 사람 가운데는 이슬람 세계의 제일 언어인 아랍어를 하는 사람도 적지 않았다.

하지만 파라딘의 눈앞에 있는 사람은 태어나서 지금까지 중근동 땅에는 한 번도 발을 들여놓은 적 없는 프리드리히다. 게다가 신성로마제국 황제라는, 로마 교황과는 또 다른 의미에서 모든 그리스도교도를 이끄는 인물이다. 그런데 이 황제는 파라딘이 지참한 알 카밀의 친서를 아무 도움 없이 읽고 이해하고 그에 대한 자기 생각을 아랍어로 말한 것이다.

이러면 황제에 대한 파라딘의 마음이 호감으로 시작되는 게 당연하다. 프리드리히 쪽도 젊은 태수에 호감을 품은 듯하다. 프리드리히라는 남자는 싫은 사람을 곁에 두는 법이 없었다. 그리고 프리드리히의 호감은 알 카밀의 친서로 결정적인 것이 된다.

친서에는 예루살렘을 반환할 용의가 있다고 적혀 있었기 때문이다. 물론 거기에는 조건이 있었다. 프리드리히와 알 카밀은 알 카밀의 친동생이자 현재는 그와 적대 관계에 있는 시리아의 술탄 알 무아잠에 대항해 동맹을 맺을 것, 그리고 십자군을 끌고 와도 이집트를 침공하지 말라는 조건이었다.

예루살렘을 그리스도교로부터 탈환해 이슬람 세계에서는 영웅시되고 있는 살라딘의 뒤를 이은 사람은 이 형의 최고 협력자였던 동생 알 아딜이다. 그리고 형과 마찬가지로 광신적인 부분이 전혀 없었던 동생 알 아딜의 뒤를 이은 것이 아들이었던 알 카밀이고, 이 사람 역시 소년 시절에 리처드 사자심왕으로부터 유럽식 기사 작위를 받은 바 있어서가 아니라도, 그리스도교도에 대해 나쁜 감정은 없는 사람이었다.

알 카밀과 동생인 알 무아잠의 관계는 이슬람 세계의 다른 가계와 비교하면 이례적이라고 할 정도로 양호했다. 두 살밖에 차이 나지 않은 형제는 서로 라이벌이었으나 둘만은 아버지의 유지를 충실히 이어받아, 형은 이집트, 동생은 시리아를 성공적으로 분할 통치했다. 또 개인적으로도 형제의 사이는 나쁘지 않았다.

그러나 앞에서도 말했듯이 이 시기 중근동 이슬람 세계는 이집트파와 시리아파로 나뉘어, 그 양쪽 모두에 저마다 기득권 계급이 존재했다. 한쪽은 카이로에서, 다른 한쪽은 다마스쿠스에서, 둘 다 이슬람 세계의 주도권을 손에 넣으려고 경쟁했다. 그런 이유로 사이가 나빠진 형과 동생인데 특히 이집트의 대두에 신경질적이 된 시리아파가 동생을 내세운 결과, 다마스쿠스의 술탄인 동생이 형의 본거지인 카이로 타도의 선봉에 서게 된 것이다.

이는 장남이므로 아버지가 남긴 이슬람 세계 전체의 책임자이기도 한 알 카밀에게는 그냥 지나칠 수 없는 문제였다. 이집트와 시리아가 정면으로 격돌하면 그에 따른 영향은 이슬람 전역에 미칠 수밖에 없다. 이를 회피할 길을 모색하던 알 카밀이 이 시기 유럽에서 십자군이 오지 않길 바라는 것은 너무나 당연했다.

특히 이집트에는 절대 오지 않길 바라는 마음이었을 것이다. 결국은 몰아내는 데 성공하기는 했으나 이집트에 상륙했던 제5차 십자군을 물리친 것은 알 카밀이 이끄는 이집트군이었다. 그 고생을 경험한 게 불과 6년 전이었다. 프리드리히에 보낸 친서에 적힌 이집트는 공격하지 말라는 조건은 이 시기 알 카밀에게는 무엇보다 절실했다.

또 친서에 기록되어 있었던 '동맹' 말인데, 동맹이라 해도 그것은 군사상의 공동 투쟁을 의미하는 것은 아니다. 내 적을 같이 공격하자는 것까지 요구하는 게 아니다. 적에 이득이 될 일은 하지 말아 달라고 체결하는 동맹이다. 즉 '내게는 손대지 말라'는 것만을 요구한 동맹이다.

이슬람교도인 형이 같은 이슬람교도인 동생을 무너뜨리기 위해 그리스도교도와 손을 잡는 데 따른 위험부담은 술탄이라는 이슬람 세계의 통치자인 알 카밀에게는 아주 컸다. 다마스쿠스의 배후에 있는 바그다드의 칼리프로부터 이슬람 세계의 배신자라는 비난을 받을 게 뻔했다. 중세라는 일신교 시대, 같은 종교를 믿는 사람을 배신했다는 비난은 술탄의 지위조차 위험에 빠뜨리는 일이었기 때문이다.

바꾸어 말하면 6년 전, 제5차 십자군 당시의 뼈아픈 경험을 잊지 못한 알 카밀의 최대 관심사는 이집트가 침공당하지 않는 것이었다. 그것을 오케이해주면 예루살렘은 가져가도 좋다는 말이다.

제5차 십자군 때도 알 카밀은 이집트에서 물러나면 예루살렘을 반환하겠다고 말한 '전과'가 있다. 당시 십자군 측에는 예루살렘은 그리스도교도가 피 흘려 되찾아야 하는 곳이지 이교도와 협의로 되찾는 게 아니라고 생각하는 광신도가 많아, 어렵사리 내놓은 알 카밀의 제안도 현실이 되지 못하고 끝났다. 하지만 제6차가 되는 십자군을 이끄는 사람은 피를 흘리지 않고 성도를 되찾을 수 있다면 그보다 좋은 건 없다고 생각하는 프리드리히였다. 서른두 살의 황제는 술탄이 던진 공을 고스란히 받아 다시 그대로 던지기로 한 것이다.

태수 파라딘을 배웅한다는 이유로 프리드리히가 파견한 사절단이 이집트를 향해 출발했다. 사절단에는 봉건 제후이기도 한 중신이 둘 가세했는데 수석은 어디까지나 팔레르모 대주교 베라르도였다. 베라르도가 짊어진 임무는 첫째, 술탄의 제안을 확인하는 것. 둘째는 알 카밀과 직접 만나 이 술탄의 됨됨이를 조사하는 것이다. 지금은 프리드리히에 친밀감을 지니게 된 파라딘이 대주교와 술탄의 직접 회담을 실현하는 데 힘을 써주었다.

그건 그렇다 치고, 알 카밀이라는 남자도 참 지독하다는 생각이 든다.

자신의 본거지인 이집트에 쳐들어오지 말라는 그의 생각은 잘 알겠다. 하지만 쳐들어오지 않는다면 가져가도 된다는 게 바로 예루살렘이다. 그리스도교도가 동경하는 땅인 이 성도를 현재 지배하고 있는 것은 시리아의 술탄인 동생이지 이집트의 술탄인 그가 아니다.

즉 알 카밀은 자신의 관리 아래 있는 것도 아닌 예루살렘의 반환을 약속했다는 소리다.

프리드리히는 그 점을 알아차렸을까. 아니, 틀림없이 알아차렸을 것이다. 알아차렸기에 그에 관해 단 한마디도 하지 않고 약속은 약속이라는 식으로 몰고 갔을 것이다.

외교란 자신의 카드를 정직하게 보여준다고 해서 반드시 좋은 결과로 이어지는 것은 아니다. 또 유리한 카드를 가지고 있다 해서 반드시 이긴다고도 할 수 없다. 유리한 카드든 불리한 카드든 가지고 있는 카드를 어떻게 활용할지에 달려 있다.

황제의 사절단에 어울리는 중신으로 꾸렸다고 해서 그걸로 사절단의 책무가 성공하는 것은 아니다. 서른두 살이 된 프리드리히는 이 미묘하기 그지없는 외교를 다른 누구보다 서로를 잘 아는 팔레르모 대주교 베라르도에게 맡긴다. 프리드리히가 열여섯 살일 때부터 음으로 양으로 그를 보좌해온 베라르도는 이번에도 같은 생각을 해온 청년 군주의 기대에 완벽히 부응한다.

대주교인 이상 베라르도도 그리스도교의 성직자다. 제5차 십자군을 이끌었던 교황 대리 펠라요도 그리스도교 성직자였다.

알 카밀이 제안한 예루살렘의 반환에 추기경 펠라요는 성도는 그리스도교도가 피를 흘려 되찾아야 하지 이교도와의 교섭으로 찾아서는 안 된다고 검토조차 거부했다. 같은 제안에 대해 대주교 베라르도는 이교도와의 교섭을 위해 카이로까지의 먼 길에 오른 것이다. 그런 베라르도가 카이로의 술탄과 회담을 마치고 이탈리아로 돌아온 것은 해를 넘긴 다음 봄이었다.

그런데 바로 그 봄, 로마에서는 등장인물이 바뀐다.

교황 그레고리우스 9세

/

/

1227년 3월 18일, 백 세를 앞두고 있던 교황 호노리우스 3세가 숨을 거두었다. 그다음 날 열린 추기경 회의에서 새 교황이 선출되어 그레고리우스 9세라는 이름으로 교황에 즉위한다. 인노켄티우스 3세의 조카에 해당하는 이 남자는 '교황은 태양이고 황제는 달'이라는 숙부의 유명한 말을 믿어 의심치 않는 사람이기도 했다.

쉰일곱 살이라는 늦은 나이의 즉위였으나, 마르고 몸집이 작았던 전 교황 호노리우스와는 반대로 당당한 체격의 소유자로 짙은 수염으로 얼굴이 반쯤 묻혀 있었다. 말이나 행동이 늘 위압적이고 분노를 폭발시키는 일이 잦은 데다 오랜 시간에 걸쳐 밑바닥부터 올라왔다고 생각하는 사람들에게 종종 보이는 어두운 원념이 가득한 인물이었다.

숙부 덕분에 로마 근처 대주교 자리를 얻었으니 밑바닥부터 올라온 사람은 절대 아니다. 하지만 이런 종류의 원념에 객관적 기준은 통하지 않는 법이다. 참고로 7년 전인 1220년, 대관식을 위해 로마를 방문한 스물다섯 살의 프리드리히를 맞아들이고, 교황 호노리우스의 청에 따라 그를 보좌해 대관식 당일, 교황이 기다리는 성베드로대성당까지 인도하는 역할을 맡은 사람이 당시 쉰 살의 그레고리우스였다.

이 교황 그레고리우스 9세가 역사에 이름을 남기게 된 것은 이후 시작되는 황제 프리드리히 2세와의 처절한 항쟁 때문이다. 하지만 그것만이 아니다. 5년 뒤인 1232년에 설치되는 '이단 재판소'의 창설자로도 유럽 역사에 이름을 남긴다. 질투와 선망 때문이었을 때가 많았던 마녀재판이나 잔혹하기 이를 데 없는 고문으로 이후 오랫동안 유럽 사회를 떨게 하는 '이단 재판소'는, 가톨릭교회의 수장인 로마 교황은 황제만이 아니라 신자 전원을 비추는 태양이어야 한다고 믿었던 이 교황에 의해 창설되었다.

교황 그레고리우스는 즉위로부터 보름도 지나지 않은 4월 초, 황제에 편지를 보냈다. 전 교황 호노리우스에게 약속한 십자군 원정 출발일을 엄수하라는 내용이었다.

프리드리히는 교황이 재촉하지 않아도 이제는 원정을 결행하는 수밖에 없다고 생각하고 있었다. 다만 알 카밀과의 예루살렘 반환 확약이 아직 이루어지지 않고 있다. 프리드리히는 다시 팔레르모 대주교 베라르도를 카이로로 보냈다.

베라르도가 다시 찾아오자 알 카밀도 명료하지 않은 언사를 내뱉는 게 싫었는지, 아니면 멀리 온 손님에게 실례라고 생각했는지는 모르겠으나 이번에는 솔직하게 답변했다. 예루살렘은 동생 알 무아잠의 영역이니 그에게 판단을 청하라고. 그러면서 다마스쿠스의 동생에게 보내는 소개장을 써주었다. 아무리 동생이라도 적대하고 있는 사람에게 소개장을 준 것이므로 알 카밀도 참 이상한 남자다.

젊은 군주의 생각을 너무나 잘 아는 대주교 베라르도는 그 소개장을 들고 다마스쿠스까지 가서 술탄 알 무아잠에게 회담을 청했다. 실제로 만났는지는 모른다. 술탄은 이 시기, 병으로 몸져누워 있었으니까.

베라르도의 수고는 알겠으나, 이제 프리드리히에게는 대주교의 귀국을 기다릴 시간적 여유가 없었다.

남겨둘 시칠리아 왕국의 통치를 중신 하나에게 맡긴 다음 임신 중인 아내 욜란데를 안드리아에 남기고 약속한 날인 8월 15일에 출항지 브린디시로 들어갔다.

프리드리히는 그 브린디시에서 넘칠 듯 항구를 가득 메운 방대한 수의 군중을 보게 된다. 그 대부분은 오랜만에 떠나는 십자군 원정 소식을 듣고 유럽 각지에서 몰려든 순례자들이었다. 군사상 원정이라도 순례자들을 동행시키는 것이 이제까지의 원정에서도 상식이었으나 이해의 순례자는 그 예를 찾아볼 수 없을 정도로 많았다. 황제나 왕이 참여하지 않았음에도 교황의 제창에 따라 거의 자연발생적으로 일어난, 제1차 십자군 시대의 열광이 되살아난 듯했다. 그만큼 유럽의 그리스도교도는 성도 수복을 목표로 하는 십자군 원정을 기다리고 있었다는 말이다.

그러나 한곳에 집결한 군중은 역병 발생으로 이어지기 쉽다. 숙박 시설이 충분치 않은 곳에 수많은 사람이 끼여 자는 상태에다가 계절은 한여름이다.

십자군은 성모승천 축일인 8월 15일에 출발하지 못했다. 순례자 사이에서 발생한 역병이 병사들에게 퍼졌고 특히 원정군을 실어주려고 모인 선원들까지 잇따라 쓰러지는 상태가 되었다.

그래도 프리드리히는 8월 21일에 출항을 시도한다. 하지만 이날은 전군의 준비가 이루어지지 않아 출항을 연기할 수밖에 없었다.

9월 8일, 황제는 기함인 대형 갤리선에 승선한다. 이 기함을 선두로 선단 전체가 브린디시 항구를 떠난 것이다.

하지만 10해리도 안 가서 절망적인 상황임이 분명해졌다. 배의 속도가 느린 것은 물론 갑판 위에는 힘없이 주저앉은 병사들로 발 디딜 틈이 없었다. 병원선처럼 변한 기함에서는 프리드리히와 또래 친구이기도 했던 튀링겐 백작이 빈사 상태로 누워 있었다. 이 사람에게 육상 군대 지휘권을 일임할 계획이었던 프리드리히는 죽어가는 튀링겐 백작 루드비히의 머리맡을 지키는 것 외에 할 일이 없었다.

프리드리히는 방향 전환을 명했다. 브린디시보다 가까운 오트란토항으로 가라고 명령한 것이다.

오트란토에 입항하자마자 프리드리히는 튜턴 기사단단장 헤르만에게 건강한 선원을 골라 20척으로 구성된 갤리 선단을 편성하고 역시 건강한 기사 8백 명을 태워 먼저 가라고 명령한다. 또 교황 그레고리우스에 사정을 설명하는 편지를 써서 해군 수장 엔리코에게 주어 교황에게 가도록 하는 것도 잊지 않았다. 이 모든 일을 처리한 다음 자신도 몸이 좋지 않았는지 나폴리 근처 포추올리 온천에서 요양에 들어갔다.

첫 번째 파문

/

/

교황 그레고리우스는 해군 수장 엔리코의 접견을 거부했을 뿐만 아니라 프리드리히가 보낸 편지조차 받길 거부했다. 교황은 프리드리히가 직접 교황을 찾아와 사정을 설명해야 했는데 자신은 온천에 몸이나 담그고 있으면서 편지만 달랑 보냈다고 생각한 것이다.

머리끝까지 분노가 치민 교황은 약속한 기일에 원정을 실행하지 않았다는 이유로 황제를 '파문'에 처하기로 했다.

그리스도교도에게 이보다 더한 엄벌일 수 없는 파문이라는 처벌을 내린 이유가 물론 그것만은 아니었다. 그 이유를 기록한 부분을 요약하면 다음과 같다.

어려서 고아가 된 프리드리히가 시칠리아 왕에 이어 독일 왕, 그리고 마침내 황제가 될 수 있었던 것은 누구 덕분인가, 그것은 다 로마 교황이 원조를 아끼지 않았기 때문이다.

이 교서의 전문이 로마의 성베드로대성당 정문에 붙은 날은 같은 해

11월 18일. 프리드리히에 대한 파문이 정식 발포된 것이다. 게다가 교황 그레고리우스는 이 교서를 대량 필사해 유럽 전역의 대주교와 주교, 수도원장뿐만 아니라 왕이나 유력 제후 전원에게 보냈다.

역병의 유행으로 돌아올 수밖에 없었던 것이 9월 8일. 교황이 파문을 내린 것이 9월 19일. 파문이 공표된 것은 11월 18일. 무시당했다고 생각했는지, 쉰일곱 살의 교황이 서른두 살의 황제에게 뿜어내는 분노가 급속히 커지는 모습이 눈에 선하다.

이때 프리드리히는 자신의 지위에 어울리는 수사를 내던지고 그대로 속내를 밝힌 편지를 교황에게 보냈다.

"유소년 시절의 나를 도와준 게 로마 교황이라 했는데 내가 유소년기를 보낸 시칠리아는 교황이 철저히 무관심했던 곳이라 제후들이 맘대로 행동하는 바람에 시칠리아 왕국 전체가 무정부 상태로 변했다. 또 내가 성인이 되는 과정이나 성인이 된 뒤에도 신성로마제국의 제위를 작센공 오토에 준 사람이 바로 로마 교황이 아니었나.

이래도 내가 지금의 지위에 오른 것이 교황 덕분인가, 아니면 힘든 시기임에도 불구하고 내게 조력을 아끼지 않았던 이탈리아와 독일 제후 덕분인가!"

이 또한, 교황 그레고리우스의 분노에 기름을 붓는다. 프리드리히가 편지 끝에 다음 해 1228년 봄에는 십자군을 이끌고 출발한다고 쓴 것은 눈에도 들어오지 않은 듯하다.

두 번째 파문

/

/

해가 바뀐 1228년 3월 23일, 로마의 성베드로대성당 문에 파문을 알리는 고시가 나붙었다. 첫 번째 파문이 풀리지도 않았는데 프리드리히는 이어서 두 번째 파문을 당한 것이다.

두 번째 이유를 한마디로 표현하면, 로마 교황에 대한 불손한 태도다.

교황 그레고리우스는 파문에 처하면 모든 일을 제쳐놓고 죄를 후회하는 증거인 거친 옷을 입고 교황에게 달려와 흩날리는 눈 속에서 사흘 밤낮을 서서 파문을 풀어달라고 매달려야 한다고 생각했다. 그런데 편지만, 게다가 반론으로 가득 채운 편지를 보내다니, 이게 무슨 일이냐는 것이다.

그러나 황제 프리드리히 2세는 '카노사의 굴욕'으로 역사에 이름을 남긴 하인리히 4세가 아니다. 그리고 교황 그레고리우스도 더는 브레이크를 잡을 수 없는 상태가 되었다. 고시된 파문장에는 그리스도교도 전원에게 내리는 다음과 같은 지령이 덧붙여져 있었다.

첫째, 파문된 자가 체류하는 땅, 또는 이 자가 들르는 땅 모두를 교황은

'성무 금지'에 처한다.

'성무 금지interdict'란 '파문'의 전 단계로, 교황이 세속 인간에게 내리는 벌이다. '성무 금지'가 되면 미사를 비롯해 태어난 아이에 대한 세례도, 결혼식도, 장례식도 금지된다.

물론 그리스도교도는 죽은 다음 가길 바라는 천국에 가려면 이들 의식에 절대 빠져선 안 되므로 성무 금지가 내려지면 천국행은 멀어지게 된다.

'파문'은 개인에게 내려지는 벌이지만, '성무 금지'는 주민 공동체에 내려지는 벌이라는 점이 달랐다.

둘째, 파문된 자가 다스리는 모든 땅에 사는 백성은 파문당한 자에게 맹세한 복종의 의무에서 해방된다. 따라서 세금을 낼 필요도 없고 병사 모집에 응할 필요도 없다.

'파문'이 로마 교황이 지닌 최강의 무기인 것은 황제든 왕이든 파문당한 자를 따를 의무를 없앤다는 점에 있다. 가신이든 병사든 떠나도 된다고 교황이 허락했으므로 어떤 권력자라도 고립무원의 상태가 될 우려가 있다. 그런 까닭에 하인리히 4세는 눈 내리는 카노사성 앞에 서서 공손히 따르겠다는 뜻을 표하며 카노사성 안에 있던 교황 그레고리우스 7세에게 파문을 풀어달라고 애원한 것이다.

'파문'은 중세 역사에서 지긋지긋할 정도로 자주 등장하는데 어원은 이 시대 공용어였던 라틴어라 해도 고대 로마제국부터 쓰던 라틴어가 아니다. 고대 말기에 그리스도 교회가 만들어낸 라틴어로, 사전에서는 '후기

라틴어'로 분류한다.

일신교 세계가 아니었다면 생기지 않았을 말인데 그것은 파문이 같은 종교의 신도로 이루어진 커뮤니티에서 추방되는 것을 의미하기 때문이다. 바꾸어 말하면 양치기가 양 떼 가운데 한 마리에게 돌아오라고 할 때까지 무리에서 쫓아낸다는 소리다. 양치기는 로마 교황이고 교황 측에서 보면 황제든 왕이든 양 떼 가운데 한 마리에 불과하니까.

그런 까닭에 '파문'은 교황이 지닌 강력한 무기가 되는데, 교황 그레고리우스 9세가 황제 프리드리히 2세에게 던진 파문은 이 밖에도 중대한 의미가 있었다. 특히 '지령' 제2항, 프리드리히의 부하도 백성도 프리드리히를 따를 의무가 없다는 이 항목만으로도 프리드리히의 원정은 사실상 불가능해진다. 하지만 교황은 세 번째 항목까지 신도들에게 명했다.

셋째, 파문된 자가 이끄는 이상 이 군대는 십자군이 아니다. 그러므로 이 군대가 진군하는 길의 지방 백성은 군대의 행군을 방해하고 군대가 실어나르는 물자의 약탈도 허한다.

그런데 이 세 번째 항목이 교황도 예기치 못한 반향을 일으킨다.

십자군을 믿고 있던 사람이 대부분이었던 게 이 시대다. 그런 사람들 눈에는 교황이 내린 교서의 세 번째 항목은 누구보다 교황이 십자군을 방해하는 것처럼 보였을 것이다. 서민들도 그런 모순을 알아차렸다.

그런 탓인지 두 번이나 파문을 당한 프리드리히가 당한 방해는 거의라고 할 수 있을 만큼 없었다. 백성 봉기도 제후들의 반기도 없었다. 오히려 대주교와 주교라는, 교황에게 절대복종의 의무를 지닌 사람들까지 프리드리히의 편에 섰고, 게다가 프리드리히가 이끄는 십자군 원정에 동행할 것임을 밝혔다. 즉 대주교조차도 교황의 명령을 무시했다는 소리다.

그러나 프리드리히가 직면한 문제는 파문만이 아니었다. 두 번째 파문이 공표되기 한 달 전, 포자 왕국에 체류 중이던 그를 카이로 술탄의 특사가 찾아왔다. 알 카밀이 보낸 특사는 지난번과 마찬가지로 파라딘이었는데 지참한 술탄의 친서는 지난번과 전혀 다른 내용이었다.

작년 겨울에 다마스쿠스에서 시리아의 술탄이 죽었다는 소식을 전한 것이다. 알 무아잠의 죽음은 의심할 바 없는 병에 의한 자연사였던 만큼 이로써 알 카밀의 고민거리였던 시리아파의 반항도 자연 소멸하듯 진정된 것이다.

온건한 형태로 동생이 퇴장해준 덕분에 시리아와 이집트는 자연스럽게 하나가 되었고, 마흔일곱 살의 알 카밀은 숙부인 살라딘이, 그의 사후에는 아버지인 알 아딜이 그랬던 것처럼 이슬람 세계 전체의 유일한 최고 권력자가 된 것이다.

그런 그는 이제, 이슬람교도에게도 성스러운 도시인 예루살렘을 반환하면서까지 프리드리히에게 이집트는 공격하지 말아 달라고 부탁할 필요가 사라진 것이다. 파라딘이 지참한 알 카밀의 친서를 한마디로 요약하면 예루살렘을 돌려주지 않을 거니까 굳이 원정을 와도 소용없다는 것이다.

평화로운 성도 반환 실현을 달성하는 십자군 원정이라는 프리드리히의 계획은 실행에 옮기기도 전에 일찌감치 좌절한 거나 마찬가지였다.

게다가 교황도 출발하겠다고 약속했음에도 파문을 풀 조짐조차 보이지 않았다.

프리드리히가 파문당한 채 이끌게 될 군대는 교황의 축복을 받지 못한 군대가 된다. 아니, 원래 교황의 제창으로 시작된 게 십자군인 이상 '십자군'도 아닌 셈이다. 십자군에 참여하는 사람에게 주어지는 면죄라는 이름의 보상도, 프리드리히를 따라 오리엔트까지 가는 병사들에게는 주어지지 않는다는 소리였다.

당시의 분위기를 순순히 따를 생각이라면 이 상황에서 출발은 미루어야 했다. 원정은 중지하고 교황이 만족할 수 있도록 누추한 옷을 입고 맨발로 로마에 가 참회하는 모습으로 성 베드로 광장에 서서 일단 파문을 풀어달라고 애원하는 일에 전념했어야 했으리라. 파문당한 몸으로 십자군 원정을 떠나는 것 자체가 쓸데없는 일이니까.

그런데도 프리드리히는 아주 정중하게 파라딘을 돌려보낸 뒤 출발 일정을 바꾸지 않았다.

왜, 서른두 살의 황제는 이런 상황에서도 출발을 강행했을까.

프리드리히가 십자군을 이끌고 싶지 않았던 것은 아니다. 이전과 같은 형태의 십자군을 이끌고 싶지 않았을 뿐이다.

또 교황과 황제의 관계를 '교황은 태양, 황제는 달'이라고도 생각하지 않았다. 그보다 프리드리히는 예수 그리스도가 말했다는 '황제의 것은 황제에게, 신의 것은 신에게'라는 말이 더 옳다고 믿었다.

그런 프리드리히가 보기에 십자군 원정은 군사이자 정치이자 외교이기도 한 이상 그 모든 것은 예수가 말했듯 황제가 책임져야 할 분야라고 생각한 것이다. 한편 종교적인 부분은 교황의 담당 아래 있는 게 당연하다고 생각했다.

이 생각을 현대적으로 말하면 '정교분리'가 된다. 그리고 이런 사고방식을 후대의 유럽은 '세속주의'라고 부른다. 나폴리에 세속 학자만을 모아 로마법을 가르치는 대학을 설립하고, 아라비아 수학의 보급에 힘쓰고, 십자군 원정조차 황제나 왕, 제후라는 세속의 사람이 하는 것으로 생각한 프리드리히는 이런 말이 존재하지 않았던 시대에 살았던, 정교분리주의자이자 세속주의자였을지 모른다.

제6차 십자군

/

/

1228년 6월 28일, 프리드리히가 이끄는 십자군은 브린디시 항구를 떠났다. 서른세 살이 된 황제는 교황과 싸우는 데 열중해 9개월을 보낸 게 아니다. 그 9개월은 만반의 준비를 기하는 데 썼다.

40척의 갤리선과 백이 넘는 운송용 범선으로 구성된 선단의 총지휘는 해군 수장 엔리코가 맡았다. 이 선단에는 대량의 군량과 무기, 말이 쌓여 있고 1백 명의 기사에 3천의 보병을 실었다. 프리드리히가 탄 대형 갤리선에는 시칠리아 왕국의 성직 서열 1위부터 3위의 팔레르모와 카푸아, 바리 대주교라는 고위 성직자 셋도 승선해 있었다.

파문당한 자가 이끄는 십자군임에도 기사와 병사나 선원 가운데 종교상의 이유로 탈락한 자는 나오지 않았다고 한다. 파문당한 자와 관계를 갖는 것만으로 파문당하던 시대다. 당시 연대기 작가 대부분은 사제이거나 수도사인 탓에 교황 지지자가 많다. 탈락자가 있었으면 이 사람들이 절대 놓치지 않았을 텐데 그들 누구도 탈락자가 있었다고 기록하지 않았다.

참고로 이 십자군에 참가한 남부 이탈리아의 지원자 가운데 루체라에 살게 된 사라센인 병사도 집단으로 가세했다. 프리드리히는 이슬람교도를 적으로 삼아야 하는 십자군에 이슬람교도를 데리고 간 것이다. 이슬람교도니까 파문당한 총사령관도 상관없었겠지만.

이 일은 나중에 로마 교황이 프리드리히를 탄핵하는 이유 중 하나가 된다. 하지만 그때의 프리드리히 측 반론은 다음과 같다.

'가령 유혈 사태가 일어나도 그 피는 그리스도교도가 아니라 이슬람교도의 피가 될 테니까.' 이렇게 표현했다. 로마 교황이 아니더라도 웃기지 말라고 한마디 하고 싶은 심정이 되는 건 어쩔 수 없겠다.

어쨌든 모두가 드디어, 라고 생각했을 제6차 십자군이 실현되었는데 총사령관이 직접 이끄는 원정군이 1백 명의 기사와 3천의 보병이라는 것은 너무 소규모다. 하지만 이들 외에 먼저 보낸 병력이 있었다.

역병의 유행으로 연기하기에 이른 지난해에 튜턴 기사단단장 헤르만에게 맡겨 먼저 출발시킨 독일인 기사 8백 명이다. 단순한 기병이 아니라 '기사'가 되면 보조 역할의 보병과 마부까지 포함해 실제로는 그 세 배에서 다섯 배에 달한다.

이 선발대는 작년 가을에 팔레스티나에 도착해 프리드리히의 명령대로 시돈항의 정비와 이 항구도시를 지키는 성채의 보강 공사를 끝냈다.

그 후로는 아코를, 더 나아가 몽 포트의 성채 보강 공사까지 끝내고 1228년으로 해가 바뀐 뒤로는 아코의 뒤를 잇는 항구도시 카이사레아의 방위 강화까지 마친 상태였다. 프리드리히가 도착했을 때 그와 그의 군대가 안전하게 상륙할 수 있고 상륙한 다음에는 바로 전선 기지로 사용할 수 있는 땅을, 그것도 여러 지역을 확보하기 위해서였다.

　하지만 이들 병력과 현지에서 조달할 수 있는 모든 것을 합쳐도 기사는 9백 명에서 1천, 보병은 3천에서 4천밖에 안 된다. 40년 전 제3차 십자군에서 프리드리히의 조부인 '붉은 수염' 황제가 이끌었던 군대는 기병 3천에 보병 8만이었다.

　그러나 지휘 계통은 프리드리히를 정점으로 완벽하게 하나고 그의 아래로 육군은 튜턴 기사단단장 헤르만, 해군은 몰타섬 출신의 엔리코라는 유능한 두 무장이 지키고 있다. 소규모라 해도 정예라 할 수 있다.

　게다가 프리드리히가 파문을 당한 덕분에 그와 동행하길 꺼린 순례자를 대거 태우고 가지 않아도 된다는 이점이 더해진다. 즉 제6차 십자군은 걸리적거리는 선남선녀라는 존재를 배제한, 순수 전투원으로 구성된 십자군이다. 프리드리히가 이끄는 제6차 십자군에는 또 다른 이점도 있었다.

　그것은 해군력의 완전한 자립이다. 제3차 십자군에 참가한 프랑스 왕 필리프는 운송부터 제노바에 의지했고 굳이 영국에서 자국의 선단을 끌고 왔던 리처드 사자심왕도 전투에서는 피사나 제노바의 배에 의지하는 수밖에 없었다. 범선은 운송용으로는 적합해도 해상 전투에 사용할 수 있는 것은 당시의 모터라고 할 만한 노가 달려 자유롭게 움직이는 갤리선밖에 없었다. 그리고 갤리선은 유럽 북쪽 바다의 배가 아니라 지중해에 적합한 배로, 그 배를 제대로 다룰 줄 아는 것은 지중해에 익숙한 선원들뿐이다.

　프리드리히가 다스리는 남부 이탈리아와 시칠리아도 지중해에 면해 있다. 그러므로 해운국일 뿐만 아니라 갤리선 건조에도 능한 해군국이었다.
기사단장 헤르만에게 맡긴 선발대를 실은 20척과 프리드리히가 직접 이
끌고 간 40척도 갤리선으로, 이들은 모두 남부 이탈리아와 시칠리아에서
건조한 배다.

이 해군을 지휘하는 것은 몰타섬 태생이라 지중해를 잘 알고 있는 해군
수장 엔리코였다. 그리고 해군력을 타국에 의존하지 않을 수 있게 되자 당
연히 지휘 계통의 일원화에 유리하게 작용했다. 그런데 프리드리히의 해
군에는 또 다른 특색이 있었다.

그것은 일부러 이번 원정을 위해 건조한 운송용 배다. 배의 바닥이 낮고
평평하게 지어져서, 이 배라면 나일강을 거슬러 카이로를 직접 공격할 수
도 있었다.

서른세 살이 된 프리드리히는 군사적으로 만반의 준비를 마치고 오리
엔트로 향한 것이다.

외교만으로 평화롭게 성도 예루살렘을 수복할 생각을 품었으면서 왜
이토록 군사적으로도 만반의 준비를 기했을까.

다시 말하지만, 프리드리히 2세는 열두 살이라는 나이 차가 있어도 동
시대 사람이고 중세 역사상 거인이라는 점에서 비슷한 아시시의 성 프란
체스코와는 달랐다. 이 수도사가 지난번 제5차 십자군에서 시도한 것과
같은, 말에 의한 설득만으로 평화를 실현할 수 있다고 생각하지 않았다.

아시시의 프란체스코는 적장인 알 카밀에게 가서, 이슬람교와 그리스
도교 사이에 평화와 공생을 실현하려면 술탄인 당신이 그리스도교로 개

종하는 게 가장 옳은 길이라고 설득했다.

이슬람교에서는 이교도가 이슬람교도에게 개종을 권하기만 해도 사형에 처하게 되어 있다. 그러므로 성 프란체스코는 그 자리에서 목이 떨어졌어도 할 말이 없었다.

하지만 지팡이만 짚은 가난한 승복 차림의 젊은 수도승의 대담한 행동에 술탄 알 카밀은 미소로 응했을 뿐 호위병까지 붙여 그리스도교 측 진영으로 돌려보냈다. 그래서 프란체스코도 아시시로 돌아올 수 있었는데 이 성인보다 열두 살 젊은 프리드리히는 한 번도 알 카밀에게 개종을 권하지 않았다. 그러면서도 십자군 원정의 최종 목적인 성도 예루살렘의 수복과 다음 목적인 성지에서의 그리스도교 존속 보증을 이슬람교도인 알 카밀로부터 얻어내려 한 것이다. 그러기 위해서는 말에 의한 설득 작전을 선행하면서도 동시에 군사력을 들이대는 방식이 실현 가능성이 크다고 본 것이다.

검은 꼭 빼 들어야 효력이 있는 것은 아니다. 가지고만 있어도 충분한 효력을 얻을 수 있다. 이것을 현대에서는 '억지력'이라고 한다.

1228년 6월 28일에 브린디시에서 출항한 프리드리히가 이끄는 제6차 십자군은 펠로폰네소스반도의 서안을 따라 남하한 후 뱃머리를 동쪽으로 돌려 크레타섬, 로도스섬을 거쳐 7월 21일에 키프로스섬 남쪽의 리마솔에 입항했다. 여기까지 오는 데 3주밖에 걸리지 않았는데 이 키프로스에서 6주간이나 머문다. 프리드리히도 리처드 사자심왕과 마찬가지로 배후지로서의 키프로스의 중요성을 간파했기 때문에 키프로스의 통치체제 확립을 성지 입성보다 우선시한 것이다.

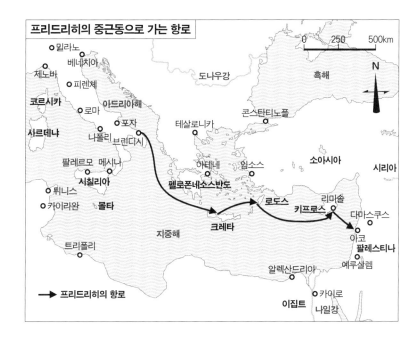

프리드리히의 중근동으로 가는 항로

제1차 십자군부터 130년이 흐른 이 시기, 시리아와 팔레스티나에 세운 십자군 국가들, 즉 그리스도교도가 사는 지방은 지중해에서 손에 꼽을 정도로 줄어들긴 했으나 아직 존속하고 있었다. 육지 쪽으로는 완전히 이슬람교도에 둘러싸인 중근동 그리스도교 사회에 있어서 키프로스섬이 그리스도교 측에 남는 것은 사활이 걸린 문제였다.

사이에 바다가 있다는 것은 문제가 아니었다. 이슬람교도는 육상에서는 강력하지만, 해상에서는 그리스도교도, 그중에서도 해상 전력의 주력인 베네치아와 제노바, 피사라는 이탈리아 해양 도시국가의 적수가 되지 못했다.

13세기 전반기에 지중해를 자신들의 바다라고 말할 수 있을 만큼 강력한 전력을 지닌 해양 도시국가의 해군도, 원래는 북아프리카에서 쳐들어오는 이슬람교도 해적으로부터 자국의 마을과 사람을 지키기 위해 생긴 것이다. 그래서 증강한 해군 전력이지만 이들 세 도시국가는 모두 교역 입국이기도 하다. 강력해진 해군은 당연히 상품을 가득 싣고 지중해를 출발하는 자국 선단을 호위했고 물론 이때의 적은 이슬람교도의 해적선이었다.

그리하여 이탈리아의 세 해양 도시국가는 한편으로는 이슬람교도 상인과 교역하면서도 다른 한편으로는 이슬람교도 해적에 대해 상시 전투태세를 취하는 상태를 유지해왔다. 덕분에 선박 운전 기술부터 효율적인 배 건조법, 선원 활용법까지 눈부신 발전을 이룩했다. 그 결과 이들 그리스도교도의 해상 전력과 이슬람의 해상 전력의 격차는 중세도 반이나 지난 이 시기, 절대 좁힐 수 없을 만큼 벌어져 있었다.

프리드리히가 이끄는 해군은 이들 3국의 해군과 비교하면 위력이나 규모, 전통에서 뒤떨어졌다. 하지만 그래도 이슬람교도가 보기에는 그리스도교 국가의 해군임은 마찬가지다. 그런 프리드리히가 자기만의 해군까지 이끌고 온다는 사실은 카이로의 술탄인 알 카밀에게는 충분한 위협이 되었을 것이다. 그것이 나일강을 거슬러 카이로의 코앞에 나타나는 상상만으로도 알 카밀에게 있어서는 프리드리히가 허리에 찬 검으로 보였을 것이다.

이처럼 육상이라면 10만 대군도 바로 모을 수 있는 알 카밀이지만, 해상에 뜬 섬이라는 사실만으로 키프로스에는 손댈 수 없었다.

하지만 그것도 키프로스의 내부 통치가 탄탄하고 육상 방위도 충분할 때의 이야기다. 분열 조짐이 조금만 보여도 수많은 병사를 상륙시켜 육상 전투로 키프로스에 거주하는 그리스도교도 세력을 바다로 몰아내는 방식으로, 키프로스의 이슬람화가 가능했다.

프리드리히가 찾아간 키프로스는 이전 리처드 사자심왕의 원조로 탄생한 뤼지냥 왕가의 후계자가 불과 여덟 살이라 상속 분쟁 비슷한 상태에 있었다. 그런 문제의 해결에는 군사력을 쓰는 게 빠르다. 그러나 그리스도교도나 이슬람교도의 피를 흘리지 않고 목적을 달성하고자 하는 프리드리히였다. 그런 그가 도중에 들린 키프로스에서 그리스도교도의 피를 흘리게 한다는 것은 말이 안 된다. 그러므로 서른세 살의 황제는 대화로 해결하는 길을 선택했는데 그런 탓에 6주나 걸리고 만 것이다.

이 문제를 해결한 뒤에야 비로소 성지로 향한다. 예루살렘을 잃은 후 중근동 십자군 세력 전체의 수도로 기능했던 아코에 상륙한 것은 9월 7일이었다.

성지 입성

/

/

십자군 역사상 최초이자 최후가 되는, 신성로마제국 황제 본인의 성지 입성은 중근동 그리스도교도 전원이 열광하는 가운데 실현되었다.

아코에 사는 사람만이 아니라 인근 마을의 그리스도교도도 달려왔고 성지 순례차 온 사람들까지 가세했으니 항구는 떠밀려 바다로 떨어지는 사람이 나올 정도로 인산인해를 이루었다.

가을 햇살이 쏟아지는 가운데 프리드리히는 예루살렘 총주교와 아코 대주교라는, 중근동 십자군 국가 요인들의 영접을 받으며 왕궁으로 향한다. 말을 탄 젊은 황제의 늠름한 모습에 중근동의 그리스도교도는 자신들의 안전과 존속을 보증해줄 사람을 본 것이다.

고위직부터 백성들까지의 열렬한 환영을 받고 프리드리히도 흐뭇했던 듯하다. 동행했던 바리 대주교에게 도착 후의 열렬한 환영 모습을 적은 편지를 들려 교황 그레고리우스에게 보냈다. 교황이 마음을 바꿔 파문을 풀길 기대한 것이다. 해군 수장 엔리코에게도 동행을 명한다. 해군 수장에게는 다시 20척의 배를 몰고 돌아오라는 또 다른 명령도 내렸다.

그런데 이 둘을 태운 배는 교황의 명령을 가져온 수도승이 탄 배와 엇갈린다. 아코에 도착한 수도승은 중근동에 사는 그리스도교의 성직자들 가운데 최고위인 예루살렘 총주교에게 교황의 칙령을 건넸다.

거기에는 황제에게 두 번째 파문을 내렸음을 알리고 그 황제에게 그리스도교도는 복종할 의무가 전혀 없음을, 특히 종교 기사단에는 프리드리히의 명령에 따르는 것 자체를 금지하고 황제의 깃발 아래에서 싸우는 것을 엄격히 금지한다는 내용이 담겨 있었다.

교황으로부터 이 칙령을 받은 아코 주민들은 동요했다. 그래도 젊은 황제의 성지 입성을 직접 본 사람들이다. 아코 내부는 교황의 칙령을 이유로 황제를 적대시하기 시작한 사람들과 그래도 프리드리히에게 희망을 거는 사람들로 분열되고 말았다.

구체적으로 지명된 종교 기사단도 교황을 따를지 황제 측에 설지를 놓고 기사단 내부에서 격론이 벌어졌다.

템플 기사단도 병원 기사단도 다른 여러 수도회와 마찬가지로 로마 교황의 직속 관리 아래 있다. 즉 교황의 명령에 절대복종할 의무가 있는 것이다. 하지만 중근동에 정착한 지 오래인 그들은 이슬람 세계에 삼면이 둘러싸인 그리스도교도들의 현 상황을 너무나 잘 알고 있었다.

템플 기사단과 병원 기사단은 결국 프리드리히에게 협력하기로 한다. 그리고 이 결정을 교황에게 보고하며 밝힌 이유를 보면 이것이 얼마나 힘든 결정이었는지 잘 나타나 있다.

"황제에 대한 협력은 이번뿐이라는 조건으로 하겠습니다. 또 우리의 협력은 황제의 이름 아래 이루어진 게 아니라 신과 그리스도교도를 위해, 라는 이름 아래 이루어지는 겁니다."

같은 종교 기사단이라 해도 튜턴 기사단은 문제 될 게 없다. 입단 조건이 독일 귀족 출신자여야 하는 이 기사단은 로마 교황이 아니라 황제의 명령에 복종해야 했으니까.

그렇다 해도 프리드리히는 성지의 이런 사정을 배려하는 게 현명한 처신이라고 생각했을 것이다. 직접 이끌고 온 십자군의 총사령관 자리에 튜턴 기사단단장 헤르만을 앉힌다. 즉 제6차가 되는 이번 십자군은 두 번이나 파문당한 황제가 아니라 성지 방위에 생애를 바친 종교 기사단 가운데 하나인 튜턴 기사단단장이 이끄는 형태를 취한 것이다.

접촉 재개

/

/

프리드리히는 이런 종류의 배려를 하면서 한편으로는 아코에 도착하자마자 교섭 재개를 요구하는 밀사를 알 카밀에게 보냈다. 밀사는 둘 다 성지로 와 살게 된 지 오래된 영주 출신으로 모두 아랍어를 자유자재로 구사했다. 두 밀사는 이 시기 알 카밀이 있던 나블루스로 향했다. 외교적 해결책을 위한 시도를 대대적인 환영 속에 아코에 도착한 직후 바로 시작한 것이다.

이 시기 알 카밀이 나블루스에 머물고 있던 것은 지난해 겨울 동생 알 무아잠의 죽음으로 통치자 자리가 빈 다마스쿠스를 중심으로 한 시리아 전역을 카이로의 술탄인 자신의 지배 지역으로 편입하기 위해서였다. 그리고 그 일은 거의 성공하고 있었다.

그런데 알 카밀에게는 죽은 동생과 또래인 동생이 하나 더 있었다. 죽은 아버지 알 아딜은 이 알 아쉬라프에게 메소포타미아 지방의 통치권을 주었다. 그런데 이 동생은 시리아까지 형이 차지하는 데 불만을 품고 내전도 불사하겠다는 태도로 알 카밀에 반항하고 있었다.

프리드리히가 팔레스티나에 들어간 시기는 마침 알 카밀이 이 형제간 항쟁을 대화로 조정하고 그 조정이 성공해가던 시기였다. 알 카밀의 입장에서는 참 성가신 시기에 왔다고 생각했을 게 분명하다.

아이유브 왕조의 술탄은 그 창시자인 살라딘의 유지를 이어받아 칼리프와 항상 거리를 두는 체제를 유지했다.

당시의 이슬람교도가 '칼리프'라는 존재를 어떻게 생각했는지가 문제인데 그들은 동시대의 로마 교황을 '그리스도교도의 칼리프'라고 말했다. 즉 '칼리프'란 종교적 최고위자고 '술탄'은 세속의 최고위자가 된다.

'칼리프'는 살라딘이 나타나기 전에는 바그다드와 카이로에 한 사람씩

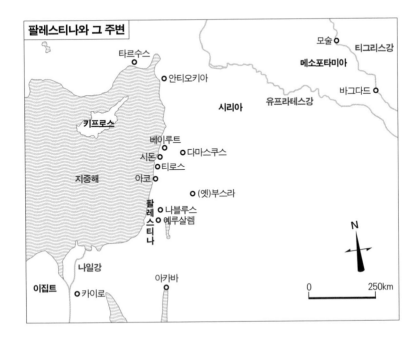

있었다. 바그다드에 있는 아바스 왕조의 칼리프는 수니파를, 카이로에 있는 파티마 왕조의 칼리프는 시아파를 대표했다.

아무래도 이슬람 세계의 정교분리주의자였던 것 같은 살라딘은 카이로의 칼리프가 죽자 후계자를 두지 않았다. 칼리프 없이 알 아딜과 알 카밀로 아이유브 왕조가 이어져온 것이다.

그런데 메소포타미아 지방의 통치를 맡은 알 아쉬라프의 본거지는 모술이다. 티그리스강을 내려가면 바로 바그다드가 있는 위치다. 당연히 바그다드에 있는 칼리프와의 사이는 카이로에 본거지를 둔 형 알 카밀보다 가까워진다. 그것은 곧 칼리프를 보좌하는 이슬람교 성직자 '이맘'들, 그러니까 이슬람교 원리주의자들의 영향을 받기 쉽다는 소리다.

이렇게 알 아쉬라프와의 대립을 수습하는 시기에 프리드리히와의 교섭을 재개하는 것은 알 카밀에게는 자신의 처지를 약화할 위험도 있었다.

왜냐하면 프리드리히가 교섭 테이블에 올릴 것은 1년 전 접촉 때 알 카밀 측이 제안한 '예루살렘의 반환'일 게 분명하니까. 예루살렘은 이슬람교도에게도 성도다. 이 성도를 그리스도교 측에 양보한다는 것이니까 칼리프를 옹립하는 메소포타미아 세력, 즉 그것을 체현하고 있는 알 아쉬라프가 반대 목소리를 낼 게 분명했다.

그러나 이집트를 세력 기반으로 하는 알 카밀은 프리드리히가 이끌고 온 군사력을 무시할 수는 없는 노릇이었다.

젊은 황제가 이끄는 정예 군단만이 문제가 아니다. 프리드리히가 군이 만들게 한, 나일강에서도 항해할 수 있는 선단이 문제였다. 기병과 보병을 잔뜩 실은 이 선단이 나일강을 거슬러 올라와 카이로의 중심에 모습을 드러내는 것만큼 알 카밀이 보고 싶지 않은 광경은 없을 것이다. 시리아를 수중에 넣고 메소포타미아 지방과의 관계도 개선 중인데 본거지인 카이로가 위험해지면 모든 게 헛수고가 되고 만다.

술탄 알 카밀은 교섭 재개를 요구해온 황제 프리드리히의 요청을 받아들인다. 그리고 교섭 담당자로 이미 프리드리히와 면식이 있는 젊은 태수(아미르) 파라딘을 보냈다. 프리드리히에게 보내는, 진심으로 교섭에 임하겠다는 뜻을 담은 알 카밀의 메시지이기도 했다.

다만 이 시기 알 카밀의 머릿속에는 교섭의 빠른 타결이 아니라 교섭을 최대한 끌어야겠다는 생각이 있지 않았을까.

술탄은 황제가 놓인 상황을 잘 알고 있었다. 교황이 두 번이나 파문한 것도 알았고 프리드리히가 체류 중인 아코 시내가 교황파와 황제파로 나뉜 것도 알았다.

게다가 이슬람교도가 '긴 땅'이라고 부른 이탈리아반도의, 중부를 차지하고 있는 교황의 영지와 남부에 펼쳐진 프리드리히의 영토가 국경을 접하고 있다는 것도 알고 있었다. 프리드리히에 대한 증오를 불태우고 있는 교황 그레고리우스가 그 국경을 넘어 남부 이탈리아 침공을 명하면 프리드리히는 바로 귀국할 수밖에 없다는 것도 알았다.

역사를 쓰면서 통감하는 것 중 하나는 정보란 그 중요성을 이해하는 사람만이 바르게 전달할 수 있다는 것이다. 십자군의 역사에서도 마찬가지다. 이 점은 그리스도교도이든 이슬람교도든 전혀 차이가 없다. 같은 그리스도교도라 해도 정보에 능통한 교황과 왕후가 있는 데 반해 그쪽으로는 영 어두운 교황과 왕후도 있다. 또 그리스도교도이자 같은 이탈리아 상인이면서도 정보를 중요시한 베네치아인과 그렇게 볼 수 없는 제노바인의 차이도 존재한다.

고대 로마인인 율리우스 카이사르도 말했다. "인간이라고 누구나 현실의 모든 것을 보는 게 아니다. 많은 사람은 보고 싶은 현실만 본다."

정보를 활용할 수 있는 사람은 보고 싶지 않은 현실도 직시하는 사람뿐이다.

바그다드의 칼리프도, 그 주위의 '이맘'들도, 메소포타미아 지방을 통치하는 알 아쉬라프도 신성로마제국 황제가 십자군을 이끌고 도착한 것은 알고 있었다. 그보다 황제가 교황에게 파문을 당해 빨리 유럽으로 돌아가야 한다는 것도 알았다.

그런데 그 황제가 마음만 먹으면 카이로를 직접 공격할 수 있는 해군력까지 지니고 있다는 사실의 중요성은 알아차리지 못했다. 이 점을 인식할 수 있는 능력을 지닌 사람은 알 카밀뿐이었다.

체스판을 가운데 두고

/

/

나블루스까지 날아온 요청에 응해 1228년 가을에 재개된 술탄-황제 간 교섭의 장은 처음에는 아코 교회에 쳐진 황제의 천막 안이었다고 한다. 현실 정치에 철저히 기반할 필요가 있는 외교 교섭이라 해도 술탄이 보낸 젊은 태수 파라딘과 통역 없이 마주한 사람은 같은 삼십 대인 프리드리히였다. 이 둘 사이에는 늘 친근한 분위기가 있었던지라 교섭도 체스판을 사이에 두고 진행되었다.

체스를 두면서도 말을 쥔 손을 잠시 멈추고 중요한 문제에 파고드는 프리드리히. 이에 대해 파라딘은 술탄의 의향을 확인하지 않으면 뭐라 말할 수 없다며 체스판을 놔둔 채 자리에서 일어나 말에 뛰어오른다. 이런 일이 수없이 벌어졌다.

교섭 상황을 상상에 의지할 수밖에 없는 것은 모든 대화가 아랍어로 이루어져 그리스도교 측에는 기록이 거의 남아 있지 않기 때문이다. 하지만 그리스도교 측은 대화 내용까지는 몰라도 분위기는 알 수 있다. '늘 우호적인 분위기 속에서 이루어졌다'라는 기록이 남아 있다.

9월 말에 시작한 교섭도 11월에 들어서자 회담 장소가 이동했다.

동생 알 아쉬라프와의 문제도 해결되어 더는 나블루스에 있을 필요가 없어진 알 카밀이 카이로로 돌아가는 도중에 가자에 들렀기 때문이다. 가자에는 술탄의 별궁이 있었다.

이를 안 프리드리히는 성지 그리스도교도들의 수도이자 왕궁도 완비된 아코를 버린다. 아코에서 야파

▶ 체스를 두면서 교섭하는 프리드리히와 파라딘

로 이동해 진정한 교섭 상대와의 거리를 반 이상이나 줄인 것이다.

야파는 지금은 텔아비브로 이름이 바뀌어 이스라엘의 수도 기능이 집중된 이스라엘 최고의 도시가 되었다. 한편 가자는 지금도 이 이름으로 불리는데 팔레스타나 자치구로 팔레스타인인이 지배하는 '가자 지구'의 중심적 존재이자 역시 정치 기능이 집결된 곳이다.

텔아비브에서 가자까지의 거리는 70킬로미터 정도다. 21세기 현재, 팔레스티나와 이스라엘은 이 거리를 끼고 한쪽이 미사일을 쏘면 다른 한쪽은 공중폭격으로 응수하고 있다.

그런데 현대보다 8백 년이나 전인 1228년부터 1229년에 걸쳐 같은 거리 사이에서는 군사력을 사용하지 않고 공생을 실현하려는 교섭이 진행

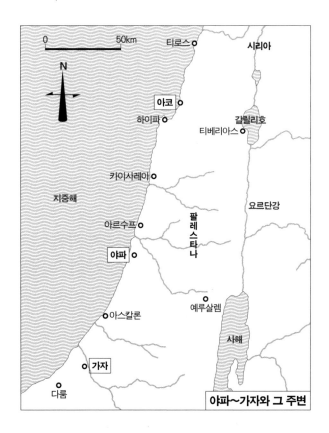

지중해

티로스 o

시리아

N

0 50km

아코

하이파 o

갈릴리호

티베리아스 o

카이사레아 o

요르단강

팔
레
스
타
나

아르수프 o

야파 o

예루살렘 o

아스칼론 o

사해

가자 o

다룸 o

야파~가자와 그 주변

된 것이다.

그것도 그리스도교 세계의 속세 일인자인 황제와 이슬람 세계의 속세 일인자인 술탄 사이에서. 즉 최고 중의 최고들 사이에서.

대담하게 거리를 좁혀온 서른세 살의 박력에 눌렸는지 마흔여덟 살이 된 알 카밀도 1229년으로 해가 바뀐 뒤에도 가자에 머물렀다.

왜냐하면 프리드리히의 요구가 너무나 중대해, 그때마다 파라딘이 말을 타고 야파와 가자 사이를 왕복하며 술탄의 지시를 받아야 했기 때문이다. 다행히 야파와 가자 사이가 농촌 지대라 말이 질주하기에 딱 좋은 평지였지만.

교류가 종종 중단되긴 했어도 교섭의 장을 지배한 우호적인 분위기는 변하지 않았다. 알 카밀이 술탄만 사용하는 호화로운 천막을 선물하면 황제는 답례로 노란 옷감에 검은 독수리를 수놓은 황제용 말옷을 입은 유럽산 준마를 보낸다. 때로는 직접 지은 시를 교환하기도 했다. 시는 이슬람 세계의 교양인에게는 필수 조건이었는데 프리드리히도 시 몇 편을 남겼다.

이제는 완전히 마음 맞는 사이가 된 파라딘에게 유럽식 의식에 따라 기사 작위를 내리기도 했다. 그렇게 보고하는 파라딘을 보며 알 카밀은 껄껄 웃으면서 너도 기사가 되었느냐고 말했을지도 모른다. 알 카밀 자신도 36년 전 살라딘으로부터 강화 교섭 임무를 맡은 아버지 알 아딜을 따라 십자군 진영에 왔다가 리처드 사자심왕 때문에 '기사가 되어버렸기' 때문이다.

유럽 중세의 '기사'에게는 작위를 준 사람에게 충성을 맹세할 의무가 있다. 아무리 기사 작위를 받았어도 이슬람교도가 그리스도교도에게 충성을 맹세할 리 없다. 그러므로 리처드도 프리드리히도 그리스도교에서는 용서할 수 없는 행위를 한 것이 되는데, 둘 다 그런 것은 신경 쓰지 않으므로 유쾌했다. 알 카밀과 파라딘도 그것을 솔직히 받아들이고 '기사가 되어버린' 것이다.

하지만 알 카밀로서는 시간 벌기로 시작한 교섭이 조금씩 이교도 간의 공생을 모색하는, 진지하고 중요한 교섭으로 변모하기 시작한다.

프리드리히는 교섭을 진행하면서도 한편으로 중근동 그리스도교도 세력의 안전을 보장하는 데 꼭 필요한 방위 강화도 추진했다.

이 시기부터 팔레스티나 지방에 튜턴 기사단이 관리하는 성채 건설이 시작된다. 이전까지 이 지방의 성채 대부분은 병원 기사단이나 템플 기사단이 지은 것이었다. 그런데 이 시기부터 튜턴 기사단이 세운 성채가 늘어난다. 황제의 적극적인 원조가 없었다면 결성된 지 10년쯤 된 튜턴 기사단 단독으로는 결코 할 수 없는 일이었다.

그렇다고 프리드리히가 튜턴 기사단만 특별히 우대한 것은 아니다. 다른 기사단이 소유한 성채도 전략상 중요하다고 판단되면 보강 공사를 원조했다. 병원 기사단과는 종종 은밀한 협의를 거쳐, 항구도시의 방위에서 핵심이 되는 성채를 그 방면에서는 경험과 실적이 풍부한 병원 기사단에 일임했다.

평화를 위한 교섭을 계속하면서도 방위력 강화도 잊지 않았는데 이에 필요한 공사는 데려온 병사들을 놀리지 않기 위해서라도 필요한 일이었고 동시에 중근동의 그리스도교도 사이에 뿌리 깊게 존재하는 대 이슬람 강경파의 관심을 교섭으로부터 돌리기 위해서이기도 했다. 무엇보다 강력한 군을 이끌고 와서는 군사력을 전혀 쓰지 않고 외교만으로 문제를 해결하고자 했으니까.

강화 성립

/

/

강화를 위한 교섭이 야파와 가자 사이에서 이루어진 것은 1228년 11월부터다.

그로부터 3개월이 지난 1229년 2월, 교섭이 드디어 타결되었다. 그 내용을 보면 그동안 줄곧 끈질기게 교섭해온 프리드리히에게 유리했다.

2월 18일 아침, 야파에서는 십자군 총사령관 자리에 오른 튜턴 기사단 단장 헤르만이 동석한 가운데 동의가 이루어진 강화에 프리드리히가 먼저 서명·날인한다. 그리고 그날 밤에는 가자에서 알 카밀도 서명·날인을 끝낸다. 직접적으로는 한 번도 만난 적 없는 두 사람이 강화를 성립시킨 것이다.

이 강화의 내용을 항목별로 정리하면 다음과 같다.

하나. 이슬람 측은 예루살렘을 그리스도교 측에 넘긴다. 다만 예루살렘 시내의 동쪽 3분의 1에 해당하는 지역은 이슬람교도의 소유로 남겨 비무장한 이슬람교도가 관리하는 '이슬람 지구'로 한다.

이 지역에는 지금도 반짝이는 금빛 돔으로 유명한 술탄 오마르가 세웠다는 모스크와 중세 들어와 이슬람교 신앙의 핵심이 된 알 아크사의 모스크가 있기 때문이다. 그래서 강화에서도 이 일대는 그리스도교가 지배하게 되는 예루살렘 중에서 '이슬람 지구'로 남는데, 그리스도교도라 해도 이 지구에 들어가려면 이슬람 측의 허가를 받아야 한다고 결정했다.

이슬람교도가 성지라 여기는 이 일대에 왜 그리스도교도가 들어가는 것을 인정했나. 이슬람 지구 안에 고대 신약성경 시대의 유대교 신전으로 소년 시절의 예수가 유대교 제사장을 상대로 논쟁을 벌인 곳이 있기 때문이다. 예루살렘으로 순례 온 그리스도교도는 예수 그리스도와 관련된 곳은 모두 참배하고 싶어 한다. 순례 코스에는 시가지 밖의 체나콜로도 들어 있는데 그곳은 예수와 제자들이 마지막 만찬을 한 곳이기 때문이다.

이와 같은 이유로 프리드리히는 알 카밀로부터 예수 탄생지인 베들레헴과 자란 곳인 나사렛의 그리스도교도의 영유를 인정하게 만드는 데도 성공했다.

둘. 예루살렘은 '이슬람 지구'를 제외한 모든 도시가 그리스도교도에 양도되는데 그 예루살렘 주변 일대는 이슬람 측 영토로 남는다.

하지만 이래서는 예루살렘이 이슬람 세계 속의 외딴섬이 되고 만다. 시내에는 무장한 그리스도교 측 병력이 상주한다 해도 방위 체제가 충분하다고 할 수 없다. 그래서 프리드리히는 예루살렘을 둘러싸는 성벽의 강화를 요구했는데 그에 대해 알 카밀은 프리드리히의 책임하에, 라는 조건으로 공사를 인정한다.

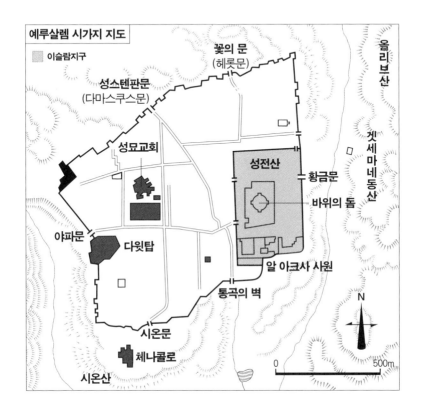

셋. 베이루트부터 야파에 이르는 지중해 연안의 항구도시와 그 주변 지역의 그리스도교 측 영유권을 이슬람 측은 인정한다.

이는 리처드-살라딘이 맺은 강화의 추인이라 할 수 있는데 당시 인정한 것은 티로스부터 야파 사이였다. 반면 프리드리히와 알 카밀의 강화에서는 티로스보다 북쪽인 시돈부터 베이루트까지가 그리스도교 측의 땅으로 공인된다.

이는 단순한 '증가'가 아니었다. 이 두 항구도시를 추가함으로써 안티오키아 공작령부터 트리폴리 백작령을 거쳐 야파에 이르는 지중해 연안의 십자군 측 땅 모두가 이슬람 영토에 의해 중단되는 일 없이 북에서 남을 향해 띠 모양으로 이어지는 것이다.

순례자도 교역 상인도 유럽에서 오려면 해로를 이용하는 게 일반적이었던 시대였다. 지중해 동해안에 구슬처럼 흩어져 있던 항구도시의 영유권을 이슬람 측이 공인함으로써 그리스도교 측이 얻은 이익은 헤아릴 수조차 없었다.

넷. 그리스도교 측의 영토든 이슬람교 측의 영토든 통상을 목적으로 하는 사람들의 왕래는 쌍방 모두 자유와 안전을 보장한다.

이 항목만은 리처드-살라딘 강화의 완전한 추인이다. 이는 그때 이후 그리스도교 측도 이슬람 측도 이에 따른 이득을 누려왔다는 이야기였다.

다섯. 쌍방 모두 '보관' 중인 포로 전원을 교환한다.

이로써 자유를 얻은 대다수는 제5차 십자군 당시 다미에타 공방전 중에 포로가 된 그리스도교도 병사들이었다.

여섯. 이 강화의 유효 기간은 서명·날인으로부터 1239년 2월까지 10년으로 한다.

다만 이후에도 쌍방이 동의하면 10년씩 연장될 가능성이 있다.

반대의 대합창

/

/

그런데 이 강화 내용이 알려지자마자 그리스도교 측에서도 이슬람 측에서도 소동이 벌어졌다.

이슬람 측은 우선 메소포타미아 지방의 술탄 알 아쉬라프가 성도 예루살렘을 적에게 양보했다며 반대 목소리를 냈다. 하지만 알 카밀의 위세가 너무 확고했으므로 그 목소리가 이슬람 전역으로 번지지는 못했다.

알 카밀이 이 동생을 어떻게 설득했는지는 알 수 없다. 그래도 21세기인 지금까지도 이슬람교도들의 십자군 관련 기록에서는 이 강화를 이슬람교도의 '치욕'으로 단정하고 있다.

그러나 그리스도교 측에 일어난 무시무시한 반향은 이슬람 측의 반응을 훨씬 능가했다.

우선 아코에 있던 예루살렘 총주교가 격렬하게 반대했다. 튜턴 기사단 단장 헤르만이 그래도 성도를 이교도의 손에서 되찾았으니까 해방된 성도에 순례자들을 데려가면 어떠냐고 진언했으나 총주교의 대답은 결단코 안 된다는 것이었다.

총주교는 한술 더 떠서 교황에 급히 편지를 보냈는데 그 안에서 다음과 같이 프리드리히를 비난했다.

"이 황제는 그리스도교도의 황제로서 전혀 가치가 없습니다. 무능하기만 한 남자로 사라센인 앞에서 무릎을 꿇는 일밖에 모르며 입에서 나오는 것은 그들에 대한 감사의 말뿐입니다. 불신앙의 무리마저 그를 경멸하는 상황입니다."

총주교 제라르도로서는, 강화에서 볼 수 있는 프리드리히의 이교도 존중과 그들과의 공생이라는 사고방식 자체를 이해할 수 없었을 것이다. 총주교의 편지를 받은 교황도 프리드리히에 대한 평가를 바꾸지 않았다. 오히려 더 악화시킨다. 이 교황이 파문을 풀 가능성은 더욱 멀어졌다.

성직자들에게는 이교도와 교섭했다는 것 자체가 그리스도교도로서 잘못된 행위가 된다. 성도 예루살렘의 '해방'은 이교도와의 대화가 아니라 그리스도교도의 피로 이루어야 하는 것이었다. 하물며 그 성도의 일부를 '이슬람 지구'로 인정한 해방이라니, '해방'이라 부를 가치가 없다는 것이다.

그러나 이슬람교도에게도 그들의 성역이 있음을 인정하지 않는 한 이교도 간의 공생은 영원히 실현할 수 없는 일이었다.

중근동에 사는 그리스도교도 가운데 성직자 외에도 템플 기사단이 격렬하게 반대했다. 기사단 설립 이래 그들은 알 아크사의 모스크를 몰수해 본부로 썼었다. 그런데 살라딘이 예루살렘을 탈환한 해에 쫓겨났고 이후로는 본부 없는 상태가 이어져왔다. 프리드리히와 알 카밀의 강화에서는 '이슬람 지구'로 이슬람 측에 남게 되면서 42년 만에 설립 초기의 본부로 돌아가리라는 그들의 꿈이 사라진 것이다.

▶ 서로 악수하는 프리드리히와 알 카밀(실제로는 둘은 만나지 않았다)

그러나 강화에 반대한 사람만 있었던 것은 아니다. 유럽으로부터 먼 길도 마다하지 않고 온 순례자들이 제일 기뻐했다. 이 사람들은 프리드리히가 도착한 이후 안전상의 이유로 성도 순례를 금지당했는데 강화의 성립과 동시에 일제히 예루살렘으로 향했다.

또 종교 기사단 중에서도 황제 직속이라고 해도 좋은 튜턴 기사단은 문제가 없었고 병원 기사단도 황제에게 계속 협력했다. 강화 성립 후에 야파를 떠나 성채 시찰을 시작한 프리드리히와 항상 동행한 것이 병원 기사단 단장이었다.

그리스도교 측으로 정해진 항구도시 주민도 그곳을 거점으로 이슬람 세계와 교역에 종사하는 상인도, 강화 성립에 따른 이득을 받게 되므로 속으로는 찬성했을 게 분명하다.

하지만 반대의 목소리가 항상 컸고 찬성의 목소리는 늘 작았다. 그 점을 알고 있었는지 프리드리히는 늘 반대의 대합창에 신경 쓰지 않았다. 2월부터 3월에 걸쳐 그리스도교 측의 방위에서 핵심이 되는 각지의 성채 강화에 전념했을 뿐이다.

그건 그렇고, 라는 생각이 들고 만다. 다시 이슬람의 품으로 예루살렘을 찾아온 최대 공로자 살라딘은 예루살렘에 그리스도교도가 순례 오는 것을 허용하고 이 사람들이 여행하는 동안의 자유와 안전을 보장하겠다고 사자심왕 리처드와 강화를 통해 확약했다. 그리고 살라딘의 뒤를 이은 알 아딜도, 이 노선을 계승한 것이다. 그런데 이 둘 다 예루살렘을 그리스도교도에게 양보하지는 않았고 그런 생각조차 하지 않았던 건 아닐까.

그리스도교도에게도 이슬람교도에게도 성도인 예루살렘은 이슬람의 지배 아래 있으면서도 그리스도교도에게 열려 있는 도시로 이어져온 것이다. 리처드와 살라딘 사이에서 이루어진 강화부터 프리드리히와 알 카밀의 강화까지의 37년간, 중간에 제5차 십자군이라는 3년간의 중간기가 있다고 해도 예루살렘은 이런 상태가 계속되어왔다.

알 카밀은 이런 상황에서 완전한 형태의 양보에 나선다. 왜일까. 상황은 알 카밀에 유리했는데 왜 그런 일에 나선 것일까.

시간의 흐름은 알 카밀에게 절대적으로 유리했다. 프리드리히가 한없이 중근동에 머무를 수는 없었다. 그 점은 누구의 눈에나 분명했으니까.

고대 그리스를 좋아하는 사람이 아테네를 방문하면 감동으로 가슴이 뜨거워진다. 고대 로마를 좋아하는 사람이 영원의 도시 로마를 방문하면 마찬가지로 가슴이 뜨거워진다. 프랑스를 좋아하는 사람은 파리에서 가슴이 뜨거워지고 영국을 좋아하는 사람은 런던에서 그럴 것이다. 그런데 가슴뿐만 아니라 머리까지 뜨거워지는 도시는 예루살렘뿐이다.

13세기 당시의 유럽인은 성도의 실태가 어떻든, 예루살렘이 이슬람 지배 아래에 있다는 것만으로 이교도의 굴레에서 고통받는 주 예수의 도시로 생각하고 한탄하고 슬퍼했다. 그 한탄과 슬픔은 증오로 바뀌어 십자군을 보내 탈환해야 하는 것이 되었다. 즉 예루살렘이 이슬람의 지배 아래 있는 한 유럽에 사는 그리스도교도의 가슴과 머리는 뜨거운 상태로 유지되어 십자군을 조직해 침공해 오는 일을 멈추지 않게 되는 것이다.

이런 종류의 가능성을 충고라는 형태로 알 카밀에게 환기시킨 사람이 프리드리히일지 모른다. 십자군뿐만 아니라 매사 머리가 잘 뜨거워지는 성향의 교황과 가톨릭교회를 상대하며 고생한 것이 그였으니까.

알 카밀도 그 충고에 귀 기울여, 아예 이번에 확실하게 예루살렘을 양보하자는 생각에 이르지 않았을까.

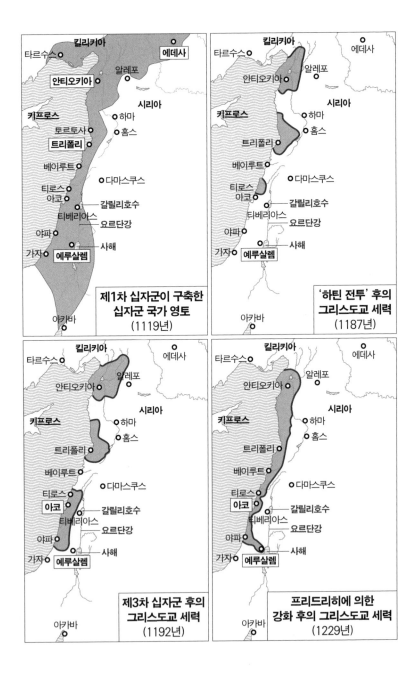

제1차 십자군이 구축한
십자군 국가 영토
(1119년)

'하틴 전투' 후의
그리스도교 세력
(1187년)

제3차 십자군 후의
그리스도교 세력
(1192년)

프리드리히에 의한
강화 후의 그리스도교 세력
(1229년)

프리드리히와 교섭한 알 카밀의 당시 입장은 프리드리히에게 양보할 수밖에 없는 상황이 결코 아니었다. 확고한 기반을 다지고 있던 그는 오히려 그리스도교도에게 예루살렘을 양보하면 일어날 게 분명한 이슬람 세계의 맹렬한 반발을 충분히 예상했다. 그런데도 백부나 아버지가 전혀 생각하지 않았던 양보에 나섰다.

잊지 말아야 하는 점은 십자군 사상 최초로 이집트에 침공한 제5차 십자군을 맞아 물리친 사람이 바로 막 술탄이 되어 권력 기반이 약했던 알 카밀이었다는 것이다. 그런 그가 십자군 원정만 오지 않으면, 이집트도 안전하고 중근동의 그리스도교도와도 공생할 수 있다고 생각했다고 해서 이상할 게 없다. 그리고 십자군이 오지 않도록 하려면 예루살렘을 그들에게 넘겨야 문제가 해결되지 않겠나.

이는 어디까지나 내 상상이다. 종교가 달라도 이해하고 협력할 수 있다는 생각을 버리지 못하는 사람의 상상에 불과하다. 그러나 이런 상상에 기대지 않으면 알 카밀이 결단을 내린 진의에 다가갈 수 없다.

연구자 대다수가 주장하는, 쉰 살이 다 된 알 카밀의 열다섯 살 어린 프리드리히에 대한 개인적인 친애의 감정만으로는 설명하기 힘들다. 두 번이나 파문당한 프리드리히의 곤란한 처지에 알 카밀이 동정을 느꼈다는 이유만으로도 설명하기 힘들다.

왜냐하면 바위의 돔과 알 아크사가 있는 '이슬람 지구'를 빼더라도 예루살렘 도시 자체를 그리스도교 측에 양도한다는 결정은 예루살렘이 이슬람교도에게도 성도인 이상 이슬람 세계의 리더로서 극히 큰 위험부담을 무릅쓰는 일이다. 당시에도 강한 반발이 있었고 그로부터 8백 년이 흐른 지금까지도 '치욕'으로 규정되고 있는 일이다.

'프리드리히와 알 카밀의 강화'를 알 카밀은 위험을 무릅쓰고 성립시켰다. 그리고 프리드리히도 위험부담을 안은 것은 마찬가지였다. 게다가 서른네 살이었던 프리드리히는 이때 떠안은 위험부담을 평생 지고 간다.

리처드 사자심왕도 가톨릭교회가 말하는 '불신앙의 무리'와 강화를 체결했다. 하지만 리처드는 살라딘을 상대로 격투를 벌인 후에 이 '불신앙의 무리'와 강화를 성립시킨 것이다. 반대로 프리드리히는 한 번도 전투하지 않고 '불신앙의 무리'와 대화만으로 강화를 성립시킨 것이다.

이 점이 성도 예루살렘을 끝내 탈환하지 못하고 끝난 리처드와 탈환에 성공한 프리드리히에 대한, 로마 교황이 내린 평가의 차이가 된다.

다시 말하지만, 로마 교황의 생각에 따르면 성지 팔레스티나와 성도 예루살렘은 그리스도교도가 피를 흘림으로써 '해방'해야 한다. 그러므로 그에 참여하는 모든 사람에게는 완전 면죄라는, 중세의 신앙심 깊은 그리스도교도에게 무엇보다 기쁜 보상이 약속되는 것이다.

예루살렘에서

/

/

1229년 2월 18일에 강화를 성립시킨 후, 프리드리히는 각지의 성채를 시찰하는 데 전념하고 3월 17일 예루살렘에 도착한다. 성문 앞에서 그를 맞이한 예루살렘 총독 알 가우지가 황제에게 예루살렘의 성문 열쇠를 건네는 것으로 예루살렘 양도 의식은 끝났다.

프리드리히는 우선은 병원 기사단의 병원으로 향한다. 그곳을 예루살렘 체류 중의 숙소로 정한 것은 그곳 외에는 그리스도교 세계의 군주가 묵을 만한 곳이 없었기 때문이다.

살라딘에 의해 이슬람 지배 아래에 놓인 후 이 땅을 찾는 순례자들을 위한 의료 시설로 병원 기사단이 운영하는 '병원'만이 잔류를 인정받았기 때문으로, 그 외에 왕궁도 총주교의 관저도 없었다. 예루살렘 방위 기지이기도 한 '다윗 탑'은 이제까지 주둔하고 있던 이슬람 병사들이 떠나느라 정신이 없었다.

병원 기사단의 건물에 자리 잡은 프리드리히는 저녁 식사 전에 잠시 소수의 수행원만을 이끌고 성묘교회로 향한다.

성묘교회를 관리하는 수도사들도, 병원 기사단이 운영하는 병원에서 의료에 종사하는 의사와 마찬가지로 예루살렘 체류를 살라딘에게 인정받았으므로 그들 역시 예루살렘이 이슬람 지배 아래 있던 62년간, 이 성도에 계속 체류해온 그리스도교도다. 하지만 그들도 황제가 파문당한 사실은 알고 있었다. 파문당했다고 해도 황제인 사람을 어떻게 맞아야 할지를 놓고 우왕좌왕한다.

그러나 그런 데 신경 쓸 프리드리히가 아니다. 어쩔 줄 모르는 수도사들 앞을 지나친 황제는 따라온 수행원을 기다리게 하고 혼자 제단으로 향했다. 제단 앞에 무릎을 꿇은 프리드리히는 한동안 혼자 기도했다. 기도가 끝나자 다시 우왕좌왕하는 수도사들을 남겨두고 숙소로 돌아갔다.

다음 날인 3월 18일 아침은 성묘교회에서 예루살렘의 왕으로서의 대관식 거행이 예정되어 있었다.

프리드리히는 처음에는 대관식 전에 이루어지는 미사부터 참석할 계획이었다. 하지만 그런 그에게 튜턴 기사단단장 헤르만이 충고했다. 파문당한 몸으로 그리스도교의 중요한 의식인 미사에 참석한 게 알려지면 로마에 있는 교황의 분노에 더욱 기름을 붓게 된다고 한 것이다. 프리드리히는 헤르만의 충고를 받아들이기로 했다.

미사가 끝난 후 들어간 성묘교회의 내부에는 미사에 출석했던 순례자들이 남아 있었다. 황제의 예복 차림으로 들어오는 프리드리히를 보고 이 사람들 사이에서 자연스레 성대한 박수와 환호성이 일어났다. 그들에게는 드디어 그리스도교도의 손에 돌아온 성도에서, 예수 그리스도의 묘 위에 지어진 이 성묘교회에서, 기도를 올릴 수 있는 것만으로 기뻤던 터라 그 일이 파문당한 사람에 의해 이루어진 일이라는 사실은 전혀 상관없었다.

황제는 자연스럽게 길을 내어주는 군중 사이로 제단 앞까지 나아간다. 그러나 왕관을 수여할 수 있는 것은 이 땅을 담당하는 고위 성직자뿐이다. 이날의 예루살렘에는 성지에 주재하는 총주교도 대주교도 주교도 없었다.

그래서 서른네 살의 황제는 제단 위에 놓인 왕관을 스스로 들어 자기 머리에 올려놓았다.

이날 성묘교회에 있었던 사람 가운데 너무나 특이한 이 행위에 이의를 제기한 사람은 없었다. 이날 프리드리히의 행동이 어디까지나 신에 대한 감사의 뜻을 나타낸 것이라는, 도무지 진실을 알 도리가 없는 튜턴 기사단 단장 헤르만의 사후 설명이 효과를 발휘한 것인지도 모른다.

그 자리에는 중근동에 오래 산 제후부터 종교 기사단의 단장들이 모여 있었으니까 사후 설명이란 그래도 된다고 생각한 사람에게만 효과가 있었을 것이다. 중근동 그리스도교 사회의 유력자인 이 사람들은 대관식 후 프리드리히가 소집한 향후 예루살렘 통합을 토의하는 회의에도 출석했다.

그 자리에서 프리드리히는 알 카밀과 체결한 강화의 각 항목을 설명한다. 그리스도교도의 손으로 돌아온 예루살렘의 방위는 견고한 성채와 상주하는 수비력에 달려 있는데 성채의 강화 공사는 이미 추진하고 있다. 나머지는 예루살렘 시내의 안전 유지였다. 성벽으로 둘러싸인 예루살렘 내부에는 예전부터 '다윗 탑'이라고 불려온 성벽 안에 건설된 요새가 있다. 프리드리히는 이미 튜턴 기사단을 그곳으로 보냈다.

병원 기사단과 템플 기사단에 튜턴 기사단이라는 3대 종교 기사단이 그리스도교도의 손으로 돌아온 성도와 그리스도교의 것으로 확인된 성지 방위와 안전을 담당하는 형태를 취한 것이다.

모스크의 성격을 계속 유지할 수 있었던 알 아스크로 복귀하고자 했던 바람이 좌절되어 프리드리히에게 강력하게 반발했던 템플 기사단도 그 후 황제가 제시한 그들 소유의 성채에 큰 관심을 보여 어느 정도 마음이 풀린 상태였다.

이처럼 처음에는 강화에 반발했던 사람들도 프리드리히가 속속 내놓은 통치와 방위 대책에 협력하게 되었는데 여전히 이를 단호하게 거부한 것이 예루살렘의 총주교였다.

'예루살렘의 총주교'라는 지위에 있으면서도 로마 교황에 불만과 한탄의 편지만 계속 보내면서 임지인 예루살렘에 오지 않고 아코에 머물던 제라르도는 부하 중 하나인 카이사레아 주교를 예루살렘에 파견해 이 도시를 '성무 금지'에 처하는 강경 수단을 내놓았다.

그리스도교도에게 최고 성지인 예루살렘이, 게다가 이제야 그리스도교도에게 돌아온 이 성도가 파문 다음의 중죄인 '성무 금지'를 받은 것이다. 파문당한 자가 해방한 것이니 해방이 아니라는 것이 총주교가 꼽은 이유였다.

'성무 금지'가 되어버리면 정직한 그리스도교도는 그곳에 들어갈 수 없게 된다. 예루살렘 전체가 입장 금지 구역이 되면 누구보다 순례자들이 곤란해진다.

상황은 총주교가 바라는 대로 흘러가지 않았다. 총주교의 강경책에 겁을 먹고 예루살렘을 도망쳐 나오는 사람은 없었다. 오히려 이 성도의 성문으로 들어가는 순례자들이 끊이지 않았다. 줄지어 감격의 눈물을 흘리면서 성묘교회로 향했다. 사람들에게 무엇보다 중요한 것은 주 예수가 죽은 장소에서 기도를 올리는 것이었으니까.

프리드리히는 그동안에도 예루살렘의 통치와 안전의 확립에 바쁜 나날을 보내고 있었다. 측근 앞에서는 성직자들의 완고함을 불평하면서도.

예루살렘이 그리스도교도의 손에 돌아왔다고 해도 그때까지 살던 이슬람교도가 일소된 것은 아니다. '이슬람 지구'로 정한 그들의 성지를 관리하는 사람들을 비롯해 이 도시에서 살아온 이슬람교도가 많았다. 알 카밀과의 강화에서도 이 사람들의 정주를 인정했다. 강화에 따라 그리스도교도의 손에 돌아온 예루살렘에서 물러나는 것은 그때까지 이 마을에 상주한 수비대, 즉 이슬람 측의 군사력뿐이었다.

예루살렘은 그리스도교도뿐만 아니라 이슬람교도에게도 유대교도에게도 '성도'였으므로 어떤 종교가 지배하든 예전부터 이 셋이 등을 맞대는 느낌의 분할 상태가 이어졌다. 그런 탓에 통치도 방위도 다른 도시보다 더 치밀해야 했다.

프리드리히가 실시한 이 도시의 통치와 방위의 정비 성과는 이 시기에 예루살렘을 방문한 한 그리스도교도의 증언에도 잘 드러난다. 중근동에서 오래 교역해온 이 베네치아 상인은 프리드리히 이전과 이후를 다음과 같이 말했다.

"거의 변한 게 없다. 그래도 변한 점을 찾자면 첫째는 거리에서 볼 수 있는 수비대 병사가 이슬람교도에서 그리스도교도로 바뀐 것이다. 둘째는 그리스도 교회에서는 전보다 힘차게 종이 울린다는 것이다."

프리드리히는 이 예루살렘에 일주일간 체류한다.

그러던 어느 날, 프리드리히는 다양한 절차상 필요로 빈번하게 만났던, 이슬람 지배 시절 이슬람 총독이었던 알 가우지에 질문했다.

"예루살렘에 온 후로 한 번도 아잔 소리를 듣지 못했는데 왜인가?"

전 총독은 알 카밀로부터 황제의 체류 중에는 아잔을 피하라는 명령을 받았다고 대답했다. 그러자 서른네 살의 황제는 웃으면서 말했다.

"그러면 당신들 가운데 누가 내 영토를 방문하면 교회 종을 울리지 못하지 않나?"

그다음 날부터 하루에 다섯 번, 모스크의 첨탑 위에서 기도 시간을 알리는 낭랑한 아잔 소리가 울려 퍼졌다. 하루는 프리드리히가 부하들과 시찰 중에 그 일이 일어났다. 아잔을 들은 그들 가운데 그대로 땅에 엎드려 기도하기 시작하는 사람이 속출했다.

이 정경에 이슬람 측이 깜짝 놀랐다. 그들 누구도 그리스도교 세계 황제의 부하 가운데 그토록 많은 이슬람교도가 있을 거라고는 생각하지 못했던 것이었다. 하지만 그보다 더 놀란 것은 땅에 엎드렸다가 일어나기를 반복하는 이슬람식 기도를 올리는 부하를 그대로 둔 채 남은 부하만을 데리고 시찰에 나서는 프리드리히를 봤을 때였다.

예루살렘 체류 중의 프리드리히를 평한, 이슬람교도의 증언이 몇 가지 남아 있다.

그중 한 사람은 이 황제가 무신론자가 아닐까, 라고 했다. 프리드리히는 일이 없는 시간은 예루살렘에 남은 그리스도교 성지를 돌아보고 다녔는데 그 어디에서도 무릎을 꿇고 감동의 눈물을 흘리지 않았다는 것이다.

예루살렘에 사는 그리스도교도는 이 땅을 찾는 그리스도교 순례자들을 수없이 봐왔다. 그 순례자들에 비해 프리드리히는 그리스도교도가 아닌 것처럼 보일 만큼 '관광객'처럼 행동했을지 모른다. 무엇보다 '이슬람 지구' 안을 돌아다니며 바위의 돔이나 알 아크사 모스크 등의 아름다움에 감탄했으니 말이다.

다른 사람은 이 황제는 노예시장에 나와도 푼돈에 팔릴 거라고 혹평했다.

이슬람교도, 그중에서도 아랍인이 훌륭하게 여기는 남자의 육체는 근육과 뼈가 단단하거나 완전히 뚱뚱하거나 둘 중 하나다. 빈약한 육체는 아니었더라도 프리드리히는 둘 중 어떤 것도 아니었다. 게다가 아랍인이 보기에 남자라기에는 피부가 너무 하얗고 머리카락도 '붉은 수염'이라는 별명을 지닌 할아버지를 닮았는지 붉은 기가 많은 금발의 곱슬머리였다.

그리스도의 적

/

/

일주일간 예루살렘에 체류한 후 3월 24일, 아코로 향한다. 다음 날인 25일에는 성지 전역의 유력자 전원을 모아 향후를 토의하는 회의가 소집되어 있었다.

그런데 프리드리히를 맞이한 아코의 분위기는 예루살렘의 그것과는 사뭇 달랐다.

우선 아코의 사실상 지배자인 예루살렘 총주교의 태도가 전혀 달라지지 않았던 것이었다. 튜턴 기사단단장 헤르만이 관계 개선을 위해 노력했으나 총주교는 같은 마을에 있으면서도 황제를 만나는 것조차 거부했다. 프리드리히 쪽도 무릎을 굽히면서까지 그를 만나려 하지는 않았다.

아코로 돌아온 황제를 이곳에 도착했을 때와는 완전히 다른 태도로 맞이한 것은 총주교 아래의 성직자만이 아니었다. 아코의 주민도 황제를 적대시했다. 다만 이 사람들의 태도 변화는 총주교와 달리 현세적인 원인에서 비롯된 것이다.

프리드리히가 오기 전에는 아코에서 하선해, 이곳에서부터 육로로 예루살렘으로 향하는 것이 유럽에서 온 순례자들의 '순례 코스'였다. 그런데 프리드리히가 알 카밀과의 강화 교섭을 위해 야파로 자리를 옮긴 후 강화가 체결되기까지 약 3개월 남짓, 프리드리히는 교섭을 계속하면서 한편으로는 야파항의 정비와 이 항구도시의 방위 강화를 위한 공사를 추진했다. 그 결과 강화가 성립된 후 야파는 아코 이상으로 안전하고 다양한 설비를 완비한 항구도시로 변해 있었다.

게다가 아코에서 예루살렘까지의 거리보다 야파에서 예루살렘까지의 거리가 훨씬 짧다. 유럽에서 온 순례자들이 야파 상륙을 선택하는 것은 당연했는데, 덕분에 아코에서 순례자들이 쓰는 돈은 격감했다. 총주교 이하 성직자들의 반프리드리히 주장이 여론이 된 것은 현실적인 이유와 종교상의 이유가 합치되었기 때문이었다.

이런 종류의 적대시였으니 프리드리히는 조금도 신경 쓰지 않았을 것이다. 강화로 시리아·팔레스티나의 항구도시 모두가 활기를 되찾으면 그중 하나인 아코도 자연스레 활기와 번영의 이익을 얻을 것이다. 그러므로 이런 종류의 적대시는 시간이 해결해주길 기다리는 수밖에 없다. 여전히 프리드리히에게 남은 큰일을 추진하는 데 필요한, 아코를 본거지로 계속 두는 데 장애가 되지는 못했다.

그런데 아코로 돌아오자마자 프리드리히에게 전혀 예상치 못한, 설마 그런 일까지 벌어지리라 생각지도 못한 소식이 도착했다.

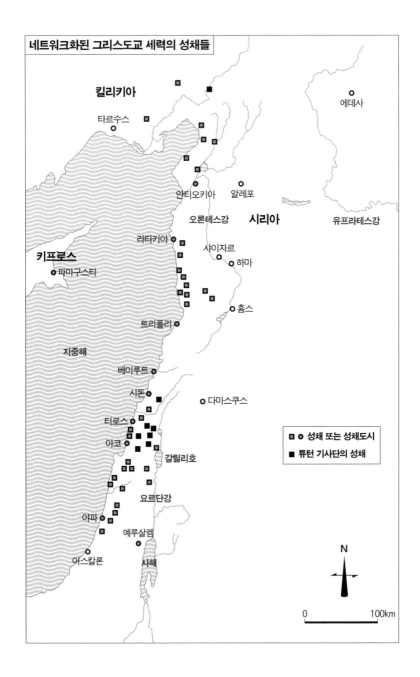

로마 교황 그레고리우스가 보낸 군대가 교황령의 경계를 넘어 프리드리히의 영토인 남부 이탈리아를 침공했다는 소식이었다. 침공해온 군대는 하얀 바탕에 노란색 교황 깃발을 앞세우고 전 예루살렘 왕 브리엔이 이끌고 있다고 한다. 교황은 침공 이유를 파문당한 몸으로 십자군을 이끈 데다 전투가 아닌 '불신앙의 무리'와 강화를 체결한 데 있다고 공표했다. 즉 프리드리히는 로마 교황을 계속 적대시하고 있다고 단정되어 그리스도의 묘를 되찾았음에도 '그리스도의 적'으로 단죄된 것이다.

프리드리히는 원정을 떠나기 전에 자국 방위에 충분한 대책을 세우고, 신뢰할 수 있는 부하들에게 맡겼다. 그러므로 군사 면에서는 늙은 브리엔이 이끄는 갑자기 소집된 교황 군대 정도는 쉽게 물리칠 수 있을 것이다. 하지만 '그리스도의 적'이라면 동요하는 사람이 많다. 이를 전면에 내세우고 쳐들어온 교황 군대 앞에서 싸우지 않고 성문을 여는 마을이 늘어날 것이다.

상황이 이렇게 되면 부재 시 통치를 맡긴 사람들에게는 프리드리히의 귀국만이 해결책이 될 것이다. 아코에 도착한 사절이 들고 온 편지는 하루라도 빨리 귀국하라고 간절히 요청하는 긴박한 내용으로 가득했다.

이는 프리드리히가 보기에는 유감스러운 내용이었을 것이다. 그는 강화로 얻은 평화를 유지하는 데는 방위 체제의 완비가 꼭 필요함을 잘 알고 있었다. 그것은 또, 새로운 대군의 도착을 의미하는, 유럽으로부터의 십자군 원정 없이 실현해야만 한다.

기존 병력만으로 그것을 실현하려면 성채를 활용하는 수밖에 없다. 그 것도 새로운 성채를 짓지 않고 활용해야만 한다. 왜냐하면 많은 성채를 새 로 건설하면 이슬람 측을 자극할 것이기 때문이다.

강화 성립에서 예루살렘 입성까지의 한 달 동안을, 이미 프리드리히는 이 목적에 사용했다. 그리고 예루살렘에 체류하는 일주일 동안은 예루살 렘의 방위 체제 정비에 쓰고 아코로 이동한 후로는 아코에서 북쪽과 동쪽 에 흩어져 있는 많은 성채를 유기적인 네트워크로 만드는 데 활용하겠다 고 생각하지 않았을까.

성채 하나로는 효과가 한정된다. 이제까지의 중근동 십자군 국가의 성 채에는 네트워크라는 개념이 없었다.

그 이유는 이들 수많은 성채가 병원 기사단, 템플 기사단, 각지의 봉건 영주라는 삼자에 의해 저마다 독자적으로 지어졌기 때문이다. 이들 성채 사이에 협력이란 거의 없었다. 예외는 트리폴리 백작령의 성채들로, 그것 은 병원 기사단의 '크락 데 슈발리에(기사의 성채)'를 중심으로 네트워크를 실현했기 때문이다.

프리드리히는 이 병원 기사단의 선례를 시리아·팔레스티나 지방, 즉 그 리스도교도가 '성지'라 부르는 전역에 확대하려 한 것이다. 새로 성채 관 리자로 가세한 튜턴 기사단에, 성채 쪽에서는 실적을 자랑하는 병원 기사 단과 템플 기사단을 더해 일체화하고 각각이 관리하는 성채가 중근동 그

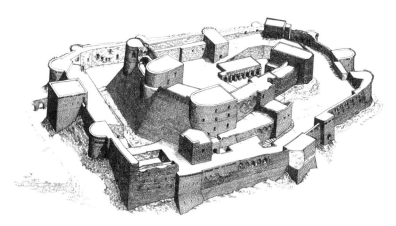

▶ 크락 데 슈발리에

리스도교 세력의 방위라는 전략상의 큰 목적 아래에 네트워크화한다.

그렇게 되면 새로 십자군이 도착하기를 기다리지 않고도 이슬람 측을 자극하지 않으면서 그리스도교도가 사는 중근동 지중해 연안 일대의 안전을 확보할 수 있다. 왜냐하면 네트워크화한 성채들이 여러 항구도시의 외벽 역할을 하기 때문이다.

이 아이디어는 프리드리히가 유럽에 있을 때부터 이미 자국 영토인 남부 이탈리아의 방위 체제 강화에서 추진한 것이었다.

고대 로마인은 가도도 네트워크화하면 길이 저마다 독립해 달리는 것보다 훨씬 효과적임을 알고 그것을 실행했다. 방위의 거점인 성채도 서로 유기적으로 네트워크화하면 방위력이 비약적으로 높아진다는 점에서는 같았다.

그러나 그것을 추진하는 데는 아무래도 직접 봐야 할 필요가 있다. 그에 상응하는 시간도 필요하다. 프리드리히는 바로 그 시간을 빼앗긴 것이다.

어쩔 수 없이 아코에서 아주 짧은 시간 안에 네트워크화를 이루어야 했다. 아코의 왕궁에서는 연일, 3대 종교 기사단의 단장과 봉건 제후가 모이는 회의가 이어졌다.

프리드리히는 4월 내내 이 일에 매달렸다. 얼마나 추진했는지 알 수 없다. 그래도 회의에 출석한 사람 대부분은 황제의 생각을 이해하고 그 실현에 협력했던 듯하다. 왜냐하면 프리드리히가 성지를 떠난 후로도 15년 남짓, 이슬람 측의 침공은 거의라고 해도 좋을 만큼 없었으니까. 처음 10년은 강화로 보장되어 있기도 했다.

아코에서 이 일로 한 달을 보내고 조금 더 지난 5월 1일, 프리드리히는 아코를 출발했다.

귀환

/

/

프리드리히가 제6차가 되는 십자군을 이끌고 현지에 들어간 것은 작년 1228년 9월 7일이었다. '성지Holy Land'에는 8개월밖에 머무르지 않은 셈이다. 그런데도 성도 예루살렘은 그리스도교의 손에 돌아왔다.

그러나 서른네 살이 된 프리드리히의 성지 출발은 주민들의 더러운 욕설과 날아오는 오물 속에서 이루어졌다. 황제의 출항을 배웅한 성직자는 하나도 없었다.

프리드리히는 해군 수장 엔리코가 지휘하는 7척의 갤리선만을 이끌고 귀국길에 오른다. 원정을 따라온 총 80척이나 되는 배와 병사 대부분은 성지 방위를 위해 남기고 가는 귀국이었다.

키프로스섬에는 통치체제 확립의 성과를 확실히 하기 위해 며칠 머물렀다. 그 키프로스를 떠나서는 곧장 이탈리아로 간다. 6월 10일, 브린디시에 입항했다.

브린디시에서 출항한 것이 작년 6월 28일이었으니까 배를 타고 왕복한 날을 더해도 제6차 십자군은 1년이 채 못 되는 원정이었다. 프리드리히에게 서른세 살에서 서른네 살에 걸친 1년이었다.

1229년 6월 10일의 브린디시 입항과 동시에 황제 귀환 소식은 동시에 남부 이탈리아 전역으로 퍼졌다. 그것뿐만 아니라 교황이 있는 로마에도, 그 교황에게 반프리드리히 병력을 제공하라는 요청을 받고 있던 북부 이탈리아에도 그 소식은 전해졌다.

황제 귀환을 알게 된 남부 이탈리아의 백성들이 바로 활력을 되찾자 프리드리히는 브린디시에서 조금 북쪽에 있는 바를레타 성으로 들어간다. 바다를 앞에 둔 이 성에 체류하기로 한 것은 휴양 때문이 아니다. 귀국으로 발생한 반응을 보면서 가장 효과적인 반격을 준비하기 위해서였다.

무엇보다 이슬람교도를 한 사람도 죽이지 않고 십자군을 성공리에 끝내고 돌아온 프리드리히가 그 직후에 그리스도교도를 죽인다는 것은 아무래도 말이 안 되는 일이고 그의 처지만 곤란해질 뿐이다. 로마 교황의 비난이 더욱 거세질 것이기 때문인데, 그래서 프리드리히는 이 시기에는 더더욱 자기 영토를 쳐들어온 적까지도 피를 흘리지 않고 몰아낼 필요가 있었다. 반격할 군대의 준비기보다 적에게 심리적인 압력을 강화하기 위해 바를레타 성에서 두 달을 보냈다.

9월, 드디어 움직이기 시작한 프리드리히의 군을 앞두고 우선 교황군을 이끌던 브리엔이 군을 버리고 콘스탄티노플로 도망쳤다. 이어서 북부 이탈리아의 각 자치도시(코무네)가 교황군 참가를 거부한다.

프리드리히는 그런 정보를 받으면서 군을 이끌고 계속 북상해 나폴리로 들어간다. 나폴리부터 카푸아까지는 나폴리대학의 학생도 가세한 주민들이 앞장섰다.

이리하여 10월 들어서는 침공당한 영토 전부를 수복하는 데 성공했다. 게다가 교황의 군대와는 한 번도 전투를 벌이지 않았다. 브린디시에 상륙하고 바를레타에서의 두 달을 합쳐도 4개월을 채우지 못한 시간이었다.

교황은 고립되었으나 항복하지는 않았다. 로마 교황인 이상 황제에 고개를 숙일 수 없었다.

그런 교황에게 프리드리히는 튜턴 기사단단장 헤르만을 보낸다. 교황은 로마를 찾은 헤르만을 처음에는 돌려보냈다. 하지만 두 번째는 만났다. 카푸아에서 기다리는 황제에게 돌아온 헤르만은 교황의 태도가 누그러졌다고 전했다.

물론 교황의 체면이 깎이지 않고 관계를 개선하는 것은 상대가 '교황은 태양, 황제는 달'임을 믿는 사람인 만큼 쉽지 않았다. 여기에 1년 가까이 걸린다.

교황청 영지와 프리드리히의 영토 경계를 함께 확인한다는 명목은 그럴듯하나 사실은 다양한 이야기가 오간 교섭이 이루어진 끝에 드디어 타협에 도달했다. 교황이 생가인 아나니를 방문했을 때 황제가 교황의 심기를 살핀다는 명목으로 찾아가기로 한 것이다. 아나니는 로마 남쪽의 작은 마을인데 2대 전 교황이었던 인노켄티우스 3세가 태어난 곳이기도 하다.

교황 그레고리우스는 황제 프리드리히를 맞으며 성명을 발표했다.

"모든 신도의 어머니인 로마 교회는 철부지 아들이라도 그 귀환을 자애의 마음으로 맞는다. 황제도 이제 바른길로 돌아왔으니 그리스도교 세계도 두려움에 떨던 이제까지의 날들을 잊고 앞으로는 광명과 평온으로 가득하게 될 것이다."

1230년 9월 1일, '화해'의 의식은 예순의 교황 그레고리우스와 서른다섯 살의 황제 프리드리히가 서로 어깨를 감싸고 뺨에 입을 맞추는 것으로 끝났다. 이런 종류의 키스를 그리스도교 세계에서는 '평화의 키스'라고 부른다. 파문이 풀린 것이다.

그날 교황은 황제를 생가에서의 점심에 초대하고 황제는 기꺼이 받아들인다. 점심 식사 자리에는 튜턴 기사단단장 헤르만도 동석했다.

아나니에서 '평화의 키스'를 한 사흘 뒤, 프리드리히는 이미 남부 이탈리아에 있었다.

애프터케어

/

/

프리드리히는 성지를 떠난 후로도 중근동에 사는 그리스도교도를 잊지 않았다. 알 카밀과의 사이에서 성립한 강화의 유효 기간은 10년이므로 쌍방 모두 강화 조건을 지킬 마음만 있다면 그것은 1239년까지 이어질 터였다.

그리하여 프리드리히는 '애프터케어'를 계속한다. 편지 교류를 끊임없이 이어간 것으로, 아랍어로 적힌 그 편지들은 강화의 직접 교섭 상대였던 파라딘에게 보내졌다. 하지만 물론 그것이 알 카밀에게 그대로 전해질 것임을 예상한 행동이었다.

이 모든 편지는 외교 교섭의 상대였던 사람이라기보다 같은 세대에 속한 친한 친구에게 보내는 내용으로 빼곡했다. 유머와 아이러니가 가득한 이런 편지를 이슬람교도에게 보내다니, 들켰다가는 다시 파문당할 텐데, 라는 말을 하고 싶어질 정도다.

직접적으로 강화의 지속을 바라는 게 아니라 이처럼 유쾌하게 상황을 전하고 과학이나 학문에 관해 토론하는 편지를 교환하는 것이 프리드리히만의 애프터케어 스타일이었다.

강화의 유효 기간이 이제 1년 앞으로 닥친 1238년, 아주 편안하게 알 카밀이 숨을 거뒀다. 그 뒤를 이어 술탄 자리에 오른 것은 장남이었는데 프리드리히의 편지 작전은 이 사람에게도 계속되었다. 그 효과인지 강화는 다시 10년간 갱신되었다. 그 술탄이 죽은 1248년에는 그 동생이 뒤를 이었으나 새 술탄에게도 프리드리히는 편지를 보냈다.

이리하여 강화가 성립된 1229년부터 48년까지의 20년 동안, 중근동 지역의 그리스도교도와 이슬람교도의 공생은 완벽하지는 않았더라도 이어졌다.

이 상태를 바꾼 것은 이슬람 측이 아니다. 프랑스 왕 루이 9세가 제7차가 되는 십자군을 이끌고 이집트를 침공했기 때문이다. 이 십자군은 미증유의 패배를 맛보고 다수의 병사만 목숨을 빼앗겼을 뿐 아니라 왕까지 포로가 된다. 하지만 이때는 프리드리히도 오십 대 중반이었다. 포로의 몸으로 전락한 프랑스 왕의 석방을 청하는 편지를 보냈으나 늘 상대하던 파라딘도, 이 십자군을 격퇴하기 위해 최전선에 섰다가 전사했다. 프리드리히 자신이 이 십자군을 어떻게 생각했는지는 모른다. 1년 후에 세상을 떠나는 그는 아무 말도 남기지 않았다.

5장

이제는 완전하게,
법치국가로

작가는 저작을 통해 자신을 표현한다. 프리드리히에게도 매사냥을 논한 책이 있다. 하지만 그는 저작을 통해서만 자신을 표현할 수 있는 작가가 아니었다. 행동을 통해 자신을 표현하는 부류에 속하므로 그에게 행동은 그의 '작품Opera'이라 할 수 있다.

제6차 십자군도 그의 '작품'이었다. 그리고 이를 완성한 후에는 다른 '작품'에 착수한다.

그것은 십자군 원정이라는 가업에 대한 책임을 완수하고 또 파문이라는 성가신 문제로부터 풀려난 삼십 대 중반의 에너지를 모두 투자할 만한 가치가 있는, '법에 근거한 국가 형성'이었다.

1231년의 5월부터 9월까지 사이, 남부 이탈리아 내륙의 멜피라는 마을에 사는 주민들은 닭 울음소리나 교회 종소리가 아니라 언덕 위에 지어진 성에서 돌길을 뛰어 내려오는 말발굽 소리로 하루를 시작하는 게 일상이 되었다.

아직도 하늘에는 달이 어슴푸레 남아 있는 해뜨기 전, 일찌감치 기상한 황제는 아침도 먹지 않고 준비된 애마를 타고 성을 나온다. 몇 명의 가까운 기사와 소수의 시종과 매부리, 개까지 합쳐도 스무 명이 못 되는 인원이다. 멜피는 가장 높은 곳에 지어진 성의 동쪽에 펼쳐진 경사면에 집들이 다닥다닥 붙어 있는 마을이다. 길도 그 사이를 헤치고 내려가는 돌길. 울리는 소리가 커서 사람들의 잠을 방해하는 데는 충분했을 것이다.

잠을 방해받고 어쩔 수 없이 옷을 입고 나서는 사람은 원래 이 마을에 살던 사람만이 아니었다. 황제의 소집으로 이 마을에 온 사람들도 마찬가지였다. 지위가 높은 사람이라면 성내에 침소가 주어졌겠으나 그 이외의 대다수는 멜피의 일반 가정을 빌렸다.

왜냐하면, 프리드리히는 이해 5월 초부터 9월 말까지 멜피 마을 전체를 '합숙소'로 바꿔놓았기 때문이다.

의도하지는 않았으나 결과적으로 기상 호령이 된 아침 매사냥인데 사냥 자체가 목적이 아니므로 한 시간쯤 지나면 돌아온다. 하지만 이것도 멜피에 '합숙' 중인 사람들에게는 다른 호령이다. 돌이 깔린 언덕길을 따라 성으로 돌아가는 말발굽 소리는 서류 다발을 옆구리에 끼고 성으로 출근할 시간이 왔음을 알리는 소리였기 때문이다.

의외라고 해야 할까, 아니면 그토록 많은 문제를 동시에 처리해야 하는 이상 당연하다고 해야 할까, 프리드리히는 시간관념에 철저한 사람이었다. 시각 엄수까지는 아니었으나 시간 자체에는 관심이 컸던 듯하다. 알 카밀이 선물로 준 정교한 기계 장치가 달린 시계에 매료되었기 때문이라고 웃는 사람도 많았는데 같은 기계라도 교황이 보기에는 악마의 기계로 생각하던 시대였다.

아침의 냉기를 가득 들이마시고 말을 질주하는 한 시간을 보내고 성으로 돌아온 후, 온수욕과 아침을 재빨리 해치운다. 그 무렵에는 황제의 중요한 협력자들도 회의실에 모이기 시작한다. 모두가 그보다 연장자다. 전원이 다 모이면 말간 얼굴의 서른여섯 살의 황제가 들어온다.

"여러분. 좋은 아침입니다."

전원이 이탈리아 출신이므로 아침 인사도 이탈리아어였으리라.

이해, 1231년 여름에 모습을 드러내고 있던 대사업은 실은 1년 전부터 시작된 것이었다.

1229년 6월 10일, 무혈 십자군 원정을 끝낸 프리드리히, 1년도 안 되는 중근동 체류 후에 남부 이탈리아 브린디시로 귀환.

1230년 9월 1일, 교황 그레고리우스와 '평화의 키스'를 나누면서 파문에서 풀려나다.

이로써 신성로마제국 황제로서 가업이자 오랫동안 교황과의 사이에서 문제였던 십자군 원정도 정리되고 파문이라는 통치자에게 성가신 것으로부터도 풀려난 프리드리히는 마침내, 그의 최대 현안에 몰두할 상황을 갖춘 것이다. 중부 이탈리아 마을인 아나니에서 교황과 '화해의 키스'를 한 후 재빨리 남부 이탈리아로 돌아온 것도 오래 머물러봤자 소용없었기 때문이다. 바로 남부 이탈리아로 돌아온 서른다섯 살 당시의 프리드리히는 그곳에서 무슨 일을 하려던 것일까.

서기 529년, 동로마제국 황제 유스티니아누스에 의해 '로마법대전' 간행.

서기 1231년, 신성로마제국 황제 프리드리히, '멜피 헌장' 공표.

멜피 헌장

/

/

'로마법대전Novus Iustinianus Codex'은 머리말에도 있듯, 그리스도교 국가가 된 로마제국에도 적용할 수 있다는 조건을 붙여 그리스도교 국가가 되지 않았던 시대에 존재한 고대 로마의 법률을 집대성한 것이다.

한편 그로부터 7백 년 뒤에 프리드리히가 작성한 '멜피 헌장Constitutiones Melphitanae'은 그가 직접 쓴 서문에서도 밝혔듯 자신이 통치하는 왕국, 남부 이탈리아와 시칠리아를 포함한 '시칠리아 왕국'을 법치국가로 확립하려면 어떤 정치 체제여야 하는지, 또 그 정치 체제는 어떤 법률로 다스려져야 하는지를 기록한 것이다. 그러므로 이 법률에는 고대 로마법도 있지만, 중세의 비잔틴과 랑고바르드 시대의 법도 있고, 프리드리히와 그 협력자들이 필요하다고 생각한 새로운 법도 중요한 부분을 차지하고 있다.

즉 '로마법대전'에는 고대 로마 시대의 법률을 배우는 데 가장 적합한 기초를 제공한다는 공적이 있으나 프리드리히에게는 그럴 의도가 전혀 없다. 그의 머리에는 봉건 사회를 중앙집권국가로 바꾸려면 어떻게 해야하는지, 종교를 배제하고 그 목적을 달성하려면 법률에 기초하는 수밖에 없고 그에 사용될 법률이 있으면 좋겠다, 없다면 새로 만들자는 생각뿐이었다. 목적은 어디까지나 학문적인 흥미가 아니라 사람들의 실생활에 이익이 되는 것이었다.

이 차이는 사용한 단어에서 단적으로 나타난다. 유스티니아누스의 'Codex'는 법률을 모았다는 의미만 지닌다. 한편 프리드리히의 'Constitutiones'는 현대적으로 바꾸면 '헌법'이다. 통치의 기본 방침과 그를 구체화하는 데 필요한 법령을 열거한 것이므로.

왜 이런 종류의 작업을 황제가 직접 해야 하는지, 라는 의문을 가질 사람이 있을지 모른다. 이에 대해서도 프리드리히는 서문 안에 명쾌하게 밝히고 있다. 황제란 신으로부터 그 임무를 위탁받은 몸인 이상 그 통치가 법에 따른 정의에 근거한 것인지를 판단할 책무가 있다고 명언한다. 여기서 명언이란 책임 소재를 분명히 한다는 것이다. 이것이야말로 그의 '헌법' 혹은 '헌장'의 근간이다.

'교황은 태양이고 황제는 달'이라고 믿는 것이 중세 가톨릭교회다. 달은 태양의 빛을 받아야 빛난다. 그런데 프리드리히는 스스로 발하는 빛으로 사람들을 비추려 한 것이다.

지상에서 대대로 신의 대리인인 로마 교황을 통해, 신은 황제와 왕이라는 세속 군주들에게 통치를 위탁했다. 그렇게 생각하던 것이 중세였다. 그러므로 신탁을 상징하는 의식으로 교황과 대주교에 의해 제관이나 왕관이 수여되는 대관식도 의미가 있는 것이다. 이런 경우의 역학관계를 그림으로 풀어보면 다음과 같다.

신 → 교황 → 황제의 순이다.

그런데 프리드리히는 그렇게 생각하지 않았다. 그림으로 풀어보면 다음과 같을 것이다.

신 〈 교황(종교계)
　　　황제(현실 생활)

소년 시절을 보낸 팔레르모 왕국에서 아주 가까운 거리에 흔히들 마르토라나라고 부르는 교회가 있다. 모자이크로 내부를 가득 채운 아름다운 교회인데 그곳에 들어가자마자 오른쪽 벽면에는 프리드리히에게는 외가쪽 할아버지가 되는 시칠리아 왕 루제로 2세의 대관을 그린 모자이크가 있다. 거기서 루제로는 예수 그리스도에게 제관을 받고 있다. 또 팔레르모 교외에 세운 몬레알레대성당에는 역시 금색 바탕에 그려진 모자이크화에 노르만 왕조 마지막 왕이었던 굴리엘모 2세의 대관이 그려져 있다. 여기서도 왕관을 수여하는 것은 예수 그리스도 본인이다.

프리드리히는 교황도 대주교도 아닌 예수 그리스도에게 직접 왕관을 받는 시칠리아 왕들을 보며 자란 것이다. 성장한 후로는 자신의 가슴으로 직접 확인한 생각이 어린 시절의 이 경험에 더해진다.

신자들의 정신적인 보살핌이나 사후의 안심은 로마 교황의 몫임을 인정하지만, 그 밖의 세속 세계에서 벌어지는 실제 생활의 책임은 어디까지나 황제와 왕에게 있다는 생각이다. 성서에 있는 예수 그리스도의 말씀 중 "황제의 것은 황제에게, 신의 것은 신에게"라는 구절을 프리드리히는 자기 생각의 기둥으로 받아들인 것이었다.

그러므로 '멜피 헌장' 속의 각 법령은 '황제가 명령한다'라는 말로 시작된다. 이 법률을 제정한 것은 바로 자신이며 공정한 집행도 황제인 자신이 모든 책임을 진다는 선언이다. 현대인이 읽으면 명백히 보수 반동적인 말로 들리겠으나 그 시대에는 이렇게 쓰지 않으면 실현 불가능한, 실로 대담하게 그리스도교 세계의 군주로서는 커다란 위험부담을 무릅써야 하는 '정교분리 선언'이었던 것이다.

완전한 황제의 주도 아래 1230년 가을에 이미 시작한 헌정 작성 작업에 1년에 걸쳐 협력해온 사람들을 꼽자면 다음 세 종류로 나눌 수 있다. 이 사람들이야말로 1230년 가을부터 겨울, 그리고 다음 해 1231년 5월부터 9월에 걸친 '멜피 합숙'에 참여한 사람들이다. 즉 이른 아침 매사냥으로 기분 전환하는 프리드리히를 제외하고는 별다른 오락도 즐기지 못하는 산간 소도시에 갇힌 상태의 사람들이다.

첫째는 법률 전문가들. 볼로냐대학에서 프리드리히에게 스카우트되어 나폴리에 신설한 대학의 초대 학장으로 취임한 베네벤토 출신의 로프레도가 대표적이다. 이런 종류에 속하는 인물은 이 밖에도 세 명 있는데 '헌

▶ 굴리엘모 2세(몬레알레대성당, 왼쪽)와 루제로 2세(마르토라나 교회, 오른쪽)

장' 작성 후에는 모두 나폴리대학에서 교편을 잡는 젊은 법학자들이다.

   둘째는 고위 성직자들. 팔레르모 대주교 베라르도와 카푸아 대주교 자코모가 이런 사람들을 대표한다. 이 둘은 시칠리아 왕국 안의 성직에서 첫 번째와 두 번째 지위를 차지하는 사람이었을 뿐만 아니라 파문 중인 프리드리히가 이끄는 십자군에 기꺼이 동행한, 고위 성직자로서는 강직한 인물이다.

   이 둘의 참가 이유는 두 가지다. 첫 번째는 아무리 정교분리를 목표로 한 헌장 작성이라도 종교 관계자가 둘이나 참여했음을 세상에 알리기 위해서다. '정치'와 '종교'의 분리를 목표로 하더라도, 이를 '정치' 혼자 하는 게 아니라 '종교'도 참여했다는 사실을 과시하는 일은 '종교'와의 사이에 쓸데없는 마찰 없이 법치국가로 이행하기 위한 전술이기도 했다.

두 번째는 이 또한 쓸데없는 마찰을 피하기 위한 것인데, 문장의 문구에 그 둘이 눈을 번뜩이며 살피는 일이 필요했다. 이단 문제를 불러일으킬 부분 등은 특히 이 둘의 의견을 받아들여 다시 쓰게 하지 않았을까 생각될 정도다.

셋째는 실무가라고 불러도 좋을 사람들이다. 프리드리히가 왕국 재편성에 착수한 1220년 당시는 봉건 영주였으나 이후 프리드리히로부터 정부 고관으로 등용되어, 봉건 제후이면서도 중앙집권화 과정에서 중요한 톱니바퀴 역할을 해준 유쾌한 남자들이기도 했다. 전에도 서술했는데 이 남자들은 프리드리히의 인재 활용 기술에 따라 마피아 퇴치에 활용된 마피아 두목들 같은 역할을 했으니까. 여기에 속한 사람들의 대표는 엔리코 디 모라인데 죽을 때까지 프리드리히에게 충성을 다한 이 사람 외에도 유력한 봉건 제후 출신으로 지금은 고급 관료로 불리는 남자들이 적지 않았다.

그리고 이 세 종류 어디에도 속하지 않은, 그러나 '멜피 헌장' 작성에 없어서는 안 되는 인물이 하나 더 있다. 피에르 델라 비냐이다. 프리드리히보다 몇 살 위인 이 인물이 필요한 가장 중요한 이유는 미려한 문장을 쓰는 재능이 있기 때문이다. 아무리 내용이 훌륭해도 교양이 높다고 자인하는 사람들이 감탄할 만한 문장을 쓰지 않으면 읽히지 않고 그대로 쓰레기통으로 버려질 우려가 있다. 이런 종류의 배려도 빼놓아선 안 되는 것이 중세라는 시대다. 참고로 프리드리히 자신도 형편없는 문장가는 아니다. 다만 문제의 핵심을 너무 직접적으로 찌르는 습관이 있었다.

시칠리아 왕국에서 각 분야의 중요 인물을 망라했을 뿐만 아니라 일정 기간이라 해도 그들을 멜피에 가두어놓고 작업했으므로, 헌장 작성이 은밀히 이루어진 것은 전혀 아니다. 실제로 일찌감치 로마 교황이 알게 된다. 1230년의 크리스마스를 앞두고 첫 번째 합숙 상태에서 풀려난 사람들이 각자의 임지로 돌아가기를 기다렸다는 듯, 교황 그레고리우스는 황제 프리드리히에게 사적인 형태의 편지를 보냈다. 예순 살의 교황은 얼마 전 서른여섯 살이 된 황제에게 다음과 같이 적었다.

"최근에 내 귀에 들어온 소식이 있는데 당신은, 본인 생각에 의한 것인지, 아니면 악질적인 조언자의 영향을 받았는지는 모르겠으나 새로운 법령집을 준비 중이라고 들었다. 이는 큰 폐해를 일으킬 우려가 있으므로 주의가 필요하다. 왜냐하면 이를 추진함으로써 스스로 그리스도교 세계의 질서를 파괴한 사람이 될 것이기 때문이고 그에 따라 당신이 누구보다 신의 은총을 잃게 될 것이기 때문이다. 당신의 지성과 양식을 믿는바, 악의로 가득 찬 조언자를 주위에서 물리치고 신과 신도들의 적이 될 행위에서 가능한 한 빨리 손을 떼길 권한다."

이 편지와 함께 교황 그레고리우스는 대주교이므로 교황의 부하에 해당하는 카푸아 대주교 자코모에게도 편지를 보냈다. 이 사람에게는 부하인 탓에 배려라고는 조금도 보이지 않는 문장으로, 프리드리히의 헌장 작성에 적극적으로 참여한 대주교를 엄중히 질책하고 고위 성직자이면서 교황의 뜻에 반하는 작업에 협력한 것을 절대 간과하지 않겠다며 불쾌함을 드러냈다.

그러나 헌장 작성에 착수한 프리드리히에게는 그리스도교를 배척할 생각은 조금도 없었다. 그가 생각하는 것은 배제가 아니라 책임 분야를 명확히 해 공생하자는 것이다. 그리스도 교회는 신도들의 종교 생활을 담당하고 세속 군주인 자신은 같은 신도들의 현실 생활의 책임을 지겠다는 것에 불과하다. 그렇게 되면 담당 분야에 따라 책임 소재가 분명해질 뿐이므로 그리스도 교회에 해가 될 건 하나도 없었다.

하지만 이런 생각은 중세적이지 않다. 중세 그리스도 교회는 그리스도교가 모든 것을 관장하는 것이 신의 은총을 받는 유일한 길이라 믿었다. 정신만이 아니라 일상의 삶 구석구석까지 신의 눈이 번뜩이고 있다고 믿어 의심치 않았다. 자기 생각만이 옳다고 믿는 사람에게 새로운 다른 길을 제시하는 일은 중세만이 아니라 어느 시대나 지극히 어려운 일이다.

그러나 중세도 그런 사람들만 있었던 것은 아니다. 그런 사람들로만 채워져 있었다면 가령 2백 년 뒤라 하더라도 르네상스는 없었을 것이다. 완곡한 표현이라도 바른길로 돌아오라는 충고를 받은 프리드리히도, 완벽하게 질책당한 카푸아 대주교도, 교황에게 어떤 답장을 썼는지는 알려진 바 없다. 하지만 둘 다 교황이 생각하는 '바른길'로는 돌아가지 않았음은 확실하다.

1231년으로 해가 바뀐 5월, 멜피에서는 '합숙'이 재개되었다. 그리고 그 결실이 그해 9월에 공표된다.

'멜피 헌장'은 달리 'Liber Augustalis(아우구스투스 헌장)'라고도 불린다. 법치국가로서의 제국을 발족시킨 사람이기도 한 고대 로마의 초대 황제 아우구스투스는 프리드리히가 동경한 인물이기도 했다.

아우구스투스에서 시작된 것이 '팍스 로마나~Pax Romana~(로마에 의한 평화)'인데 프리드리히도 'Pax Fridericiana(프리드리히에 의한 평화)'의 확립을 목표로 한 것이다. 그것을 신성로마제국이라는, 선제후에 의해 선출되어 최고의 자리에 오른 독일에서가 아니라, 세습권을 행사할 수 있는 자국령이라 더 자유롭게 행동할 수 있는 시칠리아 왕국에서 시도한 것이다. 유럽의 남쪽에서 이루어진 이 실험이 언젠가 유럽 북쪽에서도 모델이 되는 시대를 꿈꾸면서.

국가 체제

/

/

그리스도 교회의 수장인 로마 교황을, 교회를 중심으로 기능해온 이제까지 사회 질서를 파괴하는 행위라고 격정하게 만든 '멜피 헌장'이란 실제로 어떤 법령으로 구성되어 있을까.

우선 국가 형태다.

각지에 할거한 봉건 영주들 위에 황제나 왕이 있는 것이 중세 자체라고 할 수 있는 이제까지의 봉건 사회였다.

그러나 프리드리히가 바란 국가 형태는 달랐다. 황제나 왕이라도 단순히 위에 있는 존재가 아니라 주도권을 발휘해 전체를 끌고 가는 능동적인 존재이며 그렇기에 국가 운영상의 모든 책임을 진다.

이런 생각을 단적으로 드러낸 것이 제후나 서민, 교회 관계자 모두 부당한 일을 당했을 때는 자기 마음대로 보복에 나서지 말고 재판소에 고소해 법적인 해결을 기다린다는 항목이다. 이는 봉건 제후가 누려온 기득권 중 사법권을 완전히 빼앗는다는 의미였다. 프리드리히가 생각한 질서는 무력이나 완력에 의한 게 아니라 법에 따라 실현되어야 하므로.

시칠리아 왕국의 통치기구

	황제 프리드리히 2세	
	최고 결정기관	

성직자 대표
- 팔레르모 대주교
- 카푸아 대주교
- 라팔로 주교
- 멜피 주교

제후 대표
- 카세르타 백작
- 아체라 백작

회계 검사원

건설장관	해군장관	육군장관	재정경제장관	사법장관	내무장관	외무장관
Gran Siniscalco	Gran Conestabile	Gran Ammiraglio	Gran Camerario	Gran Giustiziere	Gran Cancelliere	Gran Protonatario, Logoteta

프리드리히의 왕국에서는 봉건 제후들을 모아놓기만 한 기존의 회의는 사라지고 '왕실 회의'가 설치된다. 지금으로 따지면 각료회의로, 의장은 프리드리히다. 그 아래 7개의 부문별 장관이 임명되고, 그 밖에 4명의 고위 성직자와 2명의 봉건 영주가 학식이나 경험이 풍부한 사람이라는 이유만이 아니라 각자가 속한 사회의 이익을 대표한다는 의미에서 각료회의에 참석한다. 즉 종교를 배제한 세속 국가라도 성직자 대표를 참여하게 했다. 봉건제도에서 탈피한 중앙집권국가라도 기존 제도의 대표도 참여하게 한 것이다.

게다가 군림함과 동시에 통치하는 것이 프리드리히의 생각인 이상 각료회의는 의장인 그도 참여한 14명이 벌이는 활발한 토론으로 진행하는 게 일반적인 방식이다. 프리드리히가 없을 때의 의장은 황제가 누구보다 신뢰한 팔레르모 대주교 베라르도가 맡게 했다.

　시칠리아 왕국의 이 최고 결정기관은 현대식으로 풀어 설명하자면 다음과 같다. 시칠리아 전체가 팔레르모를 주도로 하는 시칠리아섬과 포자의 왕궁을 중심으로 한 남부 이탈리아로 양분되고 각각에 지방 정부를 두는 것도 잊지 않았다.

　게다가 국가 형태 자체가 피라미드 모양으로 된 이상, 각료회의에서의 결정 사항이 피라미드 아래를 향해 상명 하달이 이루어지는 것은 당연하더라도 그래서만은 안 되었다. 프리드리히는 앉은 자리가 따뜻해질 틈도 없이 여러 도시를 돌아다니는 게 일반적이었는데 새로운 마을에 가면 그곳에서 '팔리먼트parliament'라고 해석할 수밖에 없는 회의를 소집한다. 소집된 사람들은 크게 셋으로 나눌 수 있는데 3분의 1은 봉건 제후, 다음 3분의 1은 성직자 계급, 그리고 나머지 3분의 1은 시민 대표가 차지했다. 상석에 앉은 황제를 향해 무슨 말이든 자유롭게 발언할 수 있는 분위기까지는 아니었을 것이다. 그래도 발언은 인정되었다. 그 삼부회가 우리 앞에 다시 모습을 드러내는 것은 이로부터 570년이 흐른 프랑스대혁명까지 기다려야 한다.

　세 권으로 나뉘어 있고 총 260항목으로 이루어진 '멜피 헌장'은 그리스도교도의 현실 생활에 관한 것이라면 황제인 자신이 모든 책임을 지겠다는 프리드리히의 심경을 반영하듯 아주 사소한 부분에까지 배려하고 있다. 저, 아무것도 없는 멜피에 두 번씩이나 합숙하게 해 총 반년 동안 갇힌 상태로 있었으니까 법률이라도 생각하지 않으면 시간을 보내는 게 힘들었겠다는 생각에 절로 웃음이 나오는데 그 치밀하기 그지없는 항목들을 분야별로 정리하면 다음과 같다.

사법

/

/

우선은 프리드리히가 가장 중시한 사법 관련이다.

법의 공정하고 평등한 시행은 지금까지 각자 마음대로 그 권리를 행사해온 봉건 제후와 성직자의 관여를 배제하지 않으면 실현할 수 없다. 거기에는 배제할 사람 대신 사법 분야를 담당할 전문가가 필요하다. 그래서 나폴리대학의 법학부가 중요해지는데, 법률 전문가에 대한 수요는 한도 끝도 없다. 프리드리히는 공정성을 담보하기 위해 법률가의 부임 기간을 1년으로 정했기 때문이다. 판결도 그 임기 중에 내려야 한다. 재판의 공정성은 결과를 빨리 내는 것에도 있다고 생각했기 때문인데 현대 이탈리아에서도 판결에 10년 이상 걸리는 현실을 생각하면 한숨이 나온다.

프리드리히는 재판관과 검사와 변호인 셋 모두에게 그들만의 동업자조직을 결성하도록 했다. 의사나 약사는 이미 결성하고 있었으니까 이들 중세의 자유직 종사자들도 이로써 마침내 자신들의 권리를 지키고 적절한 비용으로 직무를 수행할 수 있는, 길드를 갖게 된 것이다.

다만 사법국가를 주장하는 이상은 누구나 재판받을 수 있는 상태가 될 필요가 있다. '멜피 헌장'에서는 가난한 사람과 과부와 고아라는 사회적 약자가 재판을 원할 때는 모든 비용을 국가가 내기로 정한다. 그리고 이는 명확히 로마법의 계승인데 공소권도 인정된다. 즉 고소를 당했다는 것만으로는 유죄가 아니라는 것이다. 그리고 공소의 여부는 로마제국 시대와 마찬가지로 황제가 결정한다.

경제

/

/

경제도 질서 잡힌 평화로운 국가 확립에는 극히 중요하다. 배고픔을 참아야 하는 상황에서는 쉽게 과격해지는 게 인간이기 때문인데, 프리드리히는 시칠리아 왕국의 경제력 향상을 북부 이탈리아의 자치도시와 같은 자유방임이 아니라 국가의 통제 아래 추진하기로 한 것이다. 즉 통제 경제다. 시칠리아의 해외 무역을 오랫동안 주물러왔던 제노바와 피사 상인들도 일종의 치외법권 지역이었던 거류지 유지를 금지당했다. 요컨대 시칠리아 왕국을 근거지로 해 비즈니스를 하려면, 이를테면 외국인이라도 관세와 기타 세금은 내라는 소리다. 또 시칠리아의 산물은 시칠리아인들의 배로 수출하기로 정한다. 이전처럼 제노바나 피사 상인들에 의한 판로 개척에 의존하고 싶지 않았던 프리드리히는 튀니지아를 비롯한 북아프리카의 술탄들과 통상조약을 맺어 자국 생산물의 판로를 확보해야 했다.

중세의 최대 산업은 말할 것도 없이 농업이다. 게다가 '시칠리아 왕국'은 밀의 최대 생산지대였다. 이 농업을 더욱 진흥하기 위한 모델 혹은 중

추적 역할을 위해 프리드리히는 왕가 소유의 농지를 이용한다. 농업 부문에서 농민이 개인적으로 경작하는 형태와 기업적으로 운영하는 왕가 소유의 대농원을 병행시켜 생산성을 높이려 한 것이다. 그러므로 대농원에서는 경작의 품종을 비롯한 모든 것이 왕실의 급여를 받고 그 자리에 오른 관리인의 책임 아래 세밀한 결정이 이루어지고 충실한 실시가 요구된다. 이 역시 프리드리히가 설치한 내각 직속 회계 검사원의 업무인데 검사원은 대농원의 수입뿐만 아니라 경비의 세부 사항까지 적절히 기록되고 있는지도 점검했다.

국영 농장이라도 해도 좋은 이런 대농원은 별도로 하고 농민이 소유한 농지를 경작할 때는 수익의 12분의 1은 국세로 국가에 내야 했다. 나머지 12분의 11에 해당하는 수확은 농민이 마을 시장에 가지고 가서 자유롭게 팔아도 되고 그로 인한 수익은 농민의 수입이 되었다.

또 '헌장'에는 경작지의 확대도 언급하고 있다. 신규 경작지를 개척하는 사람에게는 10년간의 '12분의 1세'를 면제해주었다.

세제

/

/

나도 공정한 세제야말로 좋은 정치의 근간이라고 확신하고 있다. 그러므로 '세금은 널리 조금 받는 것이고 세율은 변함이 없어야 한다'라고 생각하고 실행한 고대 로마제국의 세제가 공정한 세제의 모델이라고 생각한다. 하지만 그런 고대에도 국가에 내니까 직접세라 해도 좋은 국유지의 지대는 그 땅에서 생긴 수입의 10분의 1로 정해져 있었다. 그러므로 '멜피 헌장'이 정한 12분의 1세는 널리 조금 걷는다는 고대 로마의 세제 정신에도 충실한 것이다.

그러나 다신교 사회라 전문적인 성직자 계급이 존재하지 않았던 고대 로마와 달리 그리스도교라는 일신교의 지배 아래 있었던 것이 중세 유럽이다. 그런 중세는 사람들이 세 가지 종류로 나뉘어 있다고 여겨졌다.

'기도하는 사람'-전문 성직자들을 의미한다.
'싸우는 사람'-봉건 제후와 수하 기사들로, 기도하는 사람과 일하는 사람을 보호하는 게 임무다.

'일하는 사람' – 농민이나 수공업자나 상인은 '서민(포폴로)'으로 이 층에 속했다.

그리고 중세 그리스도교 세계에서는 '기도하는 사람'도 '싸우는 사람'도 세금을 내지 않았고 '일하는 사람'만이 자신들의 마음의 평화를 위해 '기도해주는 사람'이라는 이유로, 또 신변의 안전을 보장하는 '싸우는 사람'이라는 이유로 이 둘에게 세금을 내는 의무를 지녔다.

여기서는 간접세는 빼고 직접세만 이야기하는데, 프리드리히가 통치하는 '시칠리아 왕국'의 국민은 나라에 내는 '12분의 1세'에 더해 유럽 그리스도교 세계에서는 공통적인 '십일조'라는 유명한 세금을 로마 교황을 수장으로 하는 가톨릭교회에 내야 했다. 대충 계산해도 시칠리아 왕인 프리드리히에게 내는 것과 거의 비슷한 세금을 로마 교황에도 내는 것이다.

이것만으로도 프리드리히 아래의 '일하는 사람'은 고대 로마보다 두 배나 되는 직접세를 내는 것인데 봉건 제후들의 영지에 사는 '일하는 사람'은 그것만으로 끝나지 않는다. 농지 소유주가 봉건 제후든 대주교든 수도원이든, 영지 주민의 안전을 보장한다는 이유로 양심적인 소유주조차 수입의 반을 걷어가는 것이 중세 사회였다. 이 절반에 또 '기도하는 사람'에게 내는 십일조가 더해지는 것이다.

그럼 왜, 중세가 고대보다 많은 세금을 내야 했을까.

이미 이야기한 대로 중세는 고대에는 없었던 '기도하는 사람'에게 내는 십 퍼센트가 있었다.

하지만 그것만으로는 이를 뺀 직접세 오십 퍼센트는 설명할 도리가 없다.

많아진 이유를 한마디로 말하자면 고대와 달리 중세는 안전 보장에 들어가는 비용이 많았기 때문이다.

'내해(마레 인테르눔)'라 불린 지중해를 중심으로 유럽과 중근동, 북아프리카를 망라한 것이 로마제국이다. 안전보장비가 막대한 게 당연할 정도로 광대한 영토를 다스린 것이 로마제국이었다. 그런데 로마인은 놀라울 정도로 적은 액수로 이 문제를 해결했다.

완전히 포장된 간선로만 8만 킬로미터에 달했고 자갈 포장까지 합치면 30만 킬로미터나 되는 가도를 제국 전역에 펼쳐 놓은 로마는 전략 요충지에 설치한 군단 기지에서 필요한 지역으로 병력을 신속하게 이동시키는 시스템을 확립한 것이다. 즉 국경 전역에 병력이 상주하면 방대해지는 비용을, 이 방법으로 절약한 것이다. 대제국을 지키는 방위 요원은 주전력인 군단병이 15만에서 18만, 보조 병력까지 합쳐도 30만을 넘지 않았다. 일본 자위대 병력과 비슷한 수준이다.

그런데 중세가 되면 주민의 안전 보장은 대제국이 아니라 각지에 수없이 할거한 봉건 영주가 담당한다. 방위 책임을 져야 하는 지역은 비교할 수 없을 정도로 줄었다. 그런데도 방위에 필요한 기사와 병사는 상비해야 한다. 할거라는 표현을 썼을 정도니까 물론 이웃 영주와의 사이가 좋았을 리 없으니 상비 병력을 서로 제공하는 일은 꿈도 꿀 수 없다. 즉 군사상 필요가 아니더라도, '싸우는 사람'으로 계속 있어야 하기에 방위 요원을 항상 두고 있어야 했다. 그래서 방위 비용이 많아져버린 것이다. 이 비용이 '일하는 사람'에게 세금으로 전가되는 것도, 이런 상황에서는 당연한 결과였다.

프리드리히는 이런 상황을 바꾸고 싶었던 것이었다. 본인은 봉건 제후보다 단연코 넓은 영지를 다스리는 통치자였음에도 불구하고 상비 병력을 극도로 줄였다. 1만이나 그 이하로 줄인 것이다. 이 규모는 유력 제후와 비슷한 수준이다.

프리드리히는 제후들의 상비 병력이 국외의 적뿐만 아니라 국내의 적, 즉 영지의 백성을 억압하는 데 쓰인다는 점을 깨달았다. 그래서 프리드리히는 백성의 반란을 군사력으로 저지하는 대신 백성의 불만을 낮은 세율로 줄이기로 생각한 것이다. 로마 교황에 내는 '십일조'는 어쩔 수 없다. 하지만 영주인 자신에게 내는 세금은 낮추자고. 12분의 1세는 이런 생각의 표현이었다.

'세금을 널리 조금 걷자'라는 정신을 내세운 고대 로마의 세제를 답습하고 싶었던 마음은 알겠는데 프리드리히가 살았던 것은 중세 봉건 사회였다. 봉건 영주들은 '싸우는 사람'으로 계속 있어야 한다는 이유만으로도 병력을 줄일 수 없다. 이 봉건 제후들을 통치 아래 두기 위해서라도 그들을 뛰어넘는 병력이 필요했다.

그래서 필요할 때는 임시 특별세를 부과할 권리를 왕이자 황제인 자신이 갖는다고 정한 것이다. 이는 이후 역사학자들에게 일관되게 합리적이었던 프리드리히의 정치 정책에서 유일하게 중세적인 것으로 집중적인 비판을 받는 부분인데 역대 로마 황제들이 철저히 유지해온 정책을 프리드리히는 혼자 하려는 것이다. 무리가 따르는 것도 어쩔 수 없다고 생각한다.

그런 무리를 최대한 줄이려 했기에 그의 경제 정책이 통제 경제라는 비판을 받게 된 것이다. '멜피 헌장'에서 프리드리히는 국가 전매품을 결정한다. 소금과 철, 놋쇠, 타르가 그것이다.

이 품목의 생산자는 국가가 정한 가격으로 국가에만 팔아야 한다. 국가는 그것을 재무 상태에 따라 달라지기는 했으나 네 배에서 여섯 배의 가격으로 시장에 내놓는다. 참고로 국가의 네 가지 전매 품목은 적을 이롭게 한다는 이유로 로마 교황청이 이슬람 세계로의 금수 조치 명령을 내렸을 정도니까 당시에는 필요불가결한 품목이었을 것이다. 세금을 낮게 억제하면서도 국고 수입을 늘려야 했으니 힘들었을 텐데 농업 생산성 향상이나 전매품 결정 모두 부수적인 것에 불과하다. 절반이나 거두어가는 봉건 제도를 개혁하지 않으면 그에 따른 수고는 끊일 날이 없었다.

프리드리히 서른여섯 살의 작품인 '멜피 헌장'은 이런 맥락에서 읽어야 한다. 공정하고 평등한 법의 시행에 머물지 않고 시장경제주의까지 언급했으니까.

견본시

/

/

아무리 생산성 향상을 도모해도 그것들이 팔리지 않으면 경제력 향상으로 이어지지 않는다. '멜피 헌장'에서는 이탈리아어로 '피에라$_{\text{fiera}}$'라고, 상품을 가지고 가서 사고파는 '시장'의 재편성까지 정하고 있다. 왕국 안 도시에서 자유롭게 열리던 기존의 시장을 황제 명령으로 정한 것이다. 사료가 남아 있는 남부 이탈리아만 꼽아도 다음과 같다.

아퀼라 근처의 술모나 – 4월 23일부터 5월 8일까지의 15일간.

카푸아 – 5월 22일부터 6월 8일까지의 17일간.

루체라 – 6월 24일부터 7월 1일까지의 7일간.

바리 – 7월 22일부터 8월 10일까지의 19일간.

타란토 – 8월 24일부터 9월 8일까지의 15일간.

콘센차 – 9월 21일부터 10월 11일까지의 20일간.

레조·칼라브리아 – 10월 18일부터 11월 1일까지의 14일간.

바를레타 – 11월 중순부터 12월 중순까지.

아주 명석하게도 각 피에라 사이에는 이동을 고려한 기간이 있어서 상인들은 마음만 먹으면 모든 시장에 출품할 수 있다. 이것들은 국가와 지방이 공동으로 관리하는 1년에 한 번 열리는 대형 견본시(엑스포)로, 지방이 독자적으로 관리하는 각 마을의 '시장'은 작은 마을이라도 주말마다 열렸다.

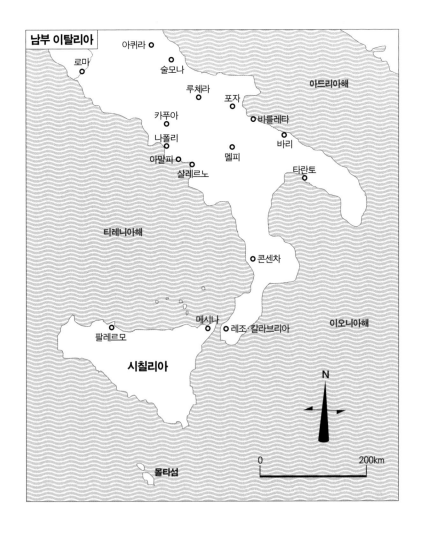

상품 유통은 혈관을 따라 흐르는 혈액과 비슷해 국가라는 주민 공동체를 살리는 데 꼭 필요하다. 남부 이탈리아와 시칠리아섬을 합친 '시칠리아 왕국' 안의 '엑스포'에는 루체라에 사는 아랍인은 물론, 프리드리히와 우호적인 관계를 맺고 있던 북아프리카의 이슬람교도도 찾아왔다. '피에라'는 물산의 견본시이자 비즈니스 상담(商談)을 나누는 장이기도 했기 때문이다.

또 시칠리아 왕국의 '피에라'에는 당시 교역 국가였던 북부 이탈리아 도시국가에도 아직 나타나지 않았던 유대인까지 출입했다. 프리드리히는 이 사람들에게 금리 상한을 두긴 했으나 외환과 대부 업무를 인정했기 때문이다. 유대인은 상품이 아니라 은행의 어원인 '방코banco', 즉 책상을 놓고 앉아 있었기 때문에 한눈에 알아볼 수 있었다.

'피에라'란 서로 다른 산물이 유통되는 곳이므로 다른 인종이 섞이는 장이다. 따라서 다른 사고방식이 교류하는 장이기도 하다. 프리드리히가 '피에라'를 활성화하려고 열심이었던 것은 경제적인 이유 때문만은 아니다.

통화의 확립

/

/

'피에라'의 활성화를 바란다면 두 가지에 대한 배려가 더욱 필요해진다. 아무도 속이지 못할 정도의 정확한 계량법 확립과 누구나 기꺼이 가지려 하는 신용도 높은 통화의 확립이다.

멜피에 틀어박혀 있던 황제와 협력자들도 물론 이 두 가지 중요 사항에 대한 배려를 잊지 않았다.

길이, 무게, 양 모두에 정확한 수치가 정해진다. 그리고 이를 위반한 자에게는 막대한 액수의 벌금을 부과함과 동시에 '피에라'로부터 영구 추방하기로 정했다.

통화 확립과 관련한 문제는 간단하지 않다. 당시 지중해 세계에서 국제 통화로 불린 것은 하나도 없었고 그나마 널리 유통되었던 것이 비잔틴제국의 솔리두스와 이슬람 세계의 디나르 정도로 유럽 통화는 없었다. 시칠리아 왕국에는 아말피의 통화였던 타리가 있었는데 아말피가 이탈리아 해양 도시국가에서 탈락한 후로는 국제 통화의 지위를 잃었다. 그렇다고 다음 시대의 경제 대국이 되는 제노바와 피렌체, 베네치아도 여전히 자국 통화가 없는 상태였다. 즉 국제적으로 통용되는 통화는 유럽에서도 오리엔트에서도 공백 상태였다.

프리드리히는 바로 그것을 직접 만들기로 한다. 남부 이탈리아의 브린디시와 시칠리아섬의 메시나 두 군데에서 '멜피 헌장' 발포와 동시에 주조가 시작되었다. 프리드리히가 직접 이름을 지었는데 그가 동경하던 사람을 따라 이름 지어진 '아우구스탈레Augustale'라는 금화다. 여기서도 그의 정책이 이후 르네상스의 신조가 되는 '고대 부흥' 자체임을 또렷이 알 수 있다.

'아우구스탈레'라고 불린 금화의 무게는 5.3그램, 지름 20밀리미터, 순도는 20.5금. 표면에는 고대 로마 황제를 모방한 프리드리히의 옆얼굴이 새겨졌고 고대 로마의 금화 아우렐리우스를 모방해 약자로 주위를 장식했다. 뒷면은 신성로마제국의 문장인 독수리가 새겨져 있고 주위를 감싼 문자는 역시 라틴어로 'FRIDERICUS(프리드리히)'이다. 요컨대 삼십 대 중반의 프리드리히는 과거의 황제 아우구스투스로 화한 것이다.

다만 무게가 7.8그램이었던 고대 로마 시대의 아우렐리우스 금화를 모방하고 싶은 심정은 알겠으나 '아우구스탈레'도 5.3그램이나 한다. 아우렐리우스 금화도 널리 쓰이지 않았다. 제정기 로마에서도 급료 지급 등은 25분의 1의 가치밖에 없는 데나리온 은화가 사용되었다.

일상적으로 쓰이지 않더라도 신용도 높은 기축 통화가 확립되는 이점은 크다. 그 통화를 발행하는 국가의 신용도가 높아지기 때문인데 '아우렐리우스'의 존재 이유도, 그것을 모방한 프리드리히의 '아우구스탈레'의 존재 이유도 여기에 있다. 요컨대 인간이란 기꺼이 지니고 싶은 통화를 가진 나라와 기꺼이 경제 관계를 맺는 법이다. 프리드리히의 노림수도 거기에 있었다.

그렇다고 해도 통화인 이상 일상적으로 많이 사용되는 게 중요하다. 아름다움에서는 중세 어느 나라의 통화보다 뛰어나다는 평가를 받는 '아우구스탈레'였는데 이 밖의 일반 통화도 필요하다. 무게가 2분의 1인 '소(小)아우구스탈레'를 비롯한 일상생활에 필요한 통화도 있었고 금 1그램이라 가벼운 '타리'도 같이 사용했다고 한다.

그리하여 프리드리히의 '아우구스탈레' 금화는 중세 유럽에서 처음 주조된, 신용도 높은 통화가 되었다. 자신들의 통화인 '디나르'를 '아우구스탈레'로 바꾸는 것을 기뻐하지 않은 이슬람 상인은 없었다고 한다.

1250년의 프리드리히의 죽음을 경계로 아우구스탈레의 주조는 줄어든다. 그리고 이를 대신해 이탈리아 도시국가가 속속 금화를 만들기 시작한다.

1251년, 제노바공화국이 '제노비노' 주조를 개시.

1252년, 피렌체공화국이 '피오리노'의 발행을 시작.

▶ 프리드리히의 아우구스탈레 금화(오른쪽), 디나르 금화(가운데), 아우구스투스의 아우렐리우스 금화(왼쪽)

그리고 1284년, 늦게 출발하는 일이 있더라도 철저한 것으로 유명한 베네치아공화국이 '두카트'를 발행하며 금화 주조에 가세.

그 후로는 '피오리노'와 '두카트', 두 통화가 이후 유럽과 중근동 세계의 국제 통화가 되어간다. '피오리노'와 '두카트' 교역이라는 말이 유럽과 오리엔트에서는 비즈니스 성공으로 이어졌으니까. 피렌체와 베네치아의 중산계급이 그들이 낳은 문명과 문화인 르네상스의 주인공이 되는 데에 있어 신용도 높은 통화 주조는 중요한 파트너였던 듯하다.

참고로 프리드리히의 옆얼굴이 새겨진 '아우구스탈레'를 30년 넘게 찾아다녔으나 끝내 입수하지 못했다. 아우구스투스가 새겨진 2천 년 전의 금화는 사서 직접 만져볼 수 있었는데 겨우 8백 년 전에 만든 '아우구스탈레'는 이탈리아 조폐공사에 부탁해 그곳 컬렉션의 하나를 만져보는 것으로 겨우 실현할 수 있었다. 이 밖에도 독일이나 이탈리아 박물관에 조금씩 남아 있다고 한다.

이렇게 남아 있는 수가 적은 것은 주조한 수량 자체가 적었기 때문은 아니다. 중세에서 가장 아름다운 금화라는 평판을 얻어 갖길 바라는 사람이 많은 탓에 동전 시장에 나오지 않는 것이다. 입수에 열을 올리는 사람은 이슬람에도 많다. 그래서 남아 있는 곳을 특정하기조차 어려운, 환상의 금화로 여겨지는지도 모르겠다.

이처럼 프리드리히 주도로 이루어진 '멜피 헌장'은 봉건 사회에서 근대 국가로 이행하는 데 필요한 모든 사항이 법률이라는 형태로 기록된 것이다. 하지만 그것을 실제로 기능하게 하려면 방대한 수의 관료가 필요해진다. 나폴리대학의 졸업생만으로는 턱없이 부족하다. 프리드리히는 바를레타에 사무관 양성만을 목적으로 하는 고등학교를 신설한다. 나폴리대학과 이 관료양성학교를 졸업한 젊은이들이 프리드리히라는 '두뇌'가 생각해낸 정책을 실행에 옮기는, 유능한 '손발'이 된다. 이런 점에서 관료기구 확립의 중요성을 중세 유럽에서 처음 주목한 이도 프리드리히였다.

그리고 정비된 관료기구를 활용하려면 어느 시대나 전달 시스템을 확립하지 않으면 안 된다. 이런 제도의 중요성에 중세 최초로 착안한 것이 이탈리아 통상 국가인 베네치아와 제노바, 피사였는데 그들은 장사꾼이다. 비즈니스가 전문이 아닌 왕 가운데서는 역시 프리드리히가 최초였다.

황제 문장이 박힌 주머니에 담긴 공문서를 잔뜩 실은 말의 행렬이 성문을 나가는 모습은 프리드리히가 체류하는 마을 사람들에게는 익숙한 풍경이었다. 그와 엇갈려 역시 주머니를 잔뜩 실은 말의 행렬이 성문으로 들어오는 풍경도.

프리드리히를 따라 체류지를 이동하는 사람만 백 명에서 백오십 명 정도였다. 황제의 이동이라면 누구나 화려한 옷을 차려입은 수많은 궁정 사람들이 따르는 모습을 떠올릴 텐데 프리드리히의 경우, 공문서를 필기할 서기들부터 그것을 운반하는 사람들까지 뒤를 따랐다. 황제 일행은 곧 이동하는 관저였으니까.

이상이 1231년에 프리드리히가 발포한 '멜피 헌장'과 그 중요 부분의 발췌이다. 보통 이런 종류의 중요 문서는 법률 용어로도 쓰인 라틴어로 기록되어야 했다. 그런데 '멜피 헌장'만은 전문이 이탈리아어로 기록되어 있다. 고등교육을 받지 못한 사람도 읽을 수 있도록, 속어로 기록한 것이다. 최대한 많은 백성에게 읽히겠다는, 프리드리히의 열정이 드러나 있다.

▶ 프리드리히의 국가 우편제도

헌장을 읽으면 삼십 대 중반이 된 프리드리히가 자국인 시칠리아 왕국을 어떻게 구축하길 바라는지도 알 수 있다. 한마디로 말하자면 그것은 봉건 사회를 벗어나 군주를 정점으로 기능하는 국가로의 이행인데 헌장 작성이 시작되자마자 프리드리히에게까지 전해진 교황 그레고리우스 9세의 걱정과 우려는 완성된 헌장을 읽은 뒤 해소되었을까.

아직 '멜피 헌장'을 보기도 전에 이미, 헌장이 프리드리히에 의한 '로마교황을 정점으로 하는 그리스도교 세계 질서를 파괴하지 않도록, 그리하여 신의 은총을 잃는 행위가 되지 않도록, 신과 신도들의 적이 되지 않도록 그만두라'라는 편지를 적어 보낸 것이 교황 그레고리우스였다.

거기서 멈추지 않았으므로 '멜피 헌장'이 완성된 것인데 완성된 헌장의 필사본은 로마 교황에게도 전해졌을 터이다. 왜냐하면 프리드리히 자신은 인정하려 하지 않았지만 로마 교황 측의 명분은 어디까지나 시칠리아 왕국도 로마 교황의 영토 가운데 하나고 그 나라의 왕은 로마 교황의 가신 가운데 하나였기 때문이다.

그러므로 로마 교황은 헌장을 읽었다. 그럼 읽고 걱정과 우려가 해소되었을까.

전혀 해소되지 않았다. 그러기는커녕 걱정과 우려는 더욱 커졌다.

로마 교황 그레고리우스 9세는 프리드리히에 의한 '멜피 헌장' 제정을 로마 교황을 정점으로 하는 그리스도교적 세계 질서의 파괴이자 신의 은총을 잃는 행위이며, 신과 신도들에 대한 적대 행위라는 생각을 바꾸려 하지 않았다.

즉 '멜피 헌장'은 교황과 그리스도 교회에 대한 프리드리히의 반체제적인 사고의 결실이라고 단정한 것이다.

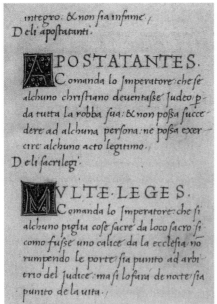

▶ 멜피 헌장의 일부

이전의 그레고리우스라면 여기서 바로 파문을 내렸을 것이다. 하지만 프리드리히에 대한 파문은 효과가 없음을 교황 자신이 누구보다 잘 알고 있었다. 또 십자군 원정에 떠나려고 하지 않는 것과 국가를 제대로 기능하게 하려는 법률 제정은 똑같은 사안이 아니다. 법률을 제정했다는 것만으로 파문을 내릴 수는 없었다.

'평화의 키스'로 화해하고 파문까지 풀게 하고는 곧장 종교의 관여를 배제한 세속 국가의 구축에 없어서는 안 될 법령집 작성에 나선 서른여섯 살의 황제를, 예순 살의 교황은 그대로 놔둘 마음은 없었다. '교황은 태양이고 황제는 달'이라고 철석같이 믿는 사람이다. 절대복종해야 할 처지의 인간이 그것을 거부했다는 생각만으로도 뱃속이 부글부글 뒤집히고 다른 것은 아무것도 보이지 않게 된 사람이 바로 그레고리우스였다. 교황은 새로운 무기를 찾기 시작한다. 물론 프리드리히를 견제하는 데 효과적인 '무기'를.

1231년 9월 — 황제 프리드리히 2세, '멜피 헌장' 발포.
1232년 2월 — 교황 그레고리우스 9세, '이단 재판소' 개설.

이 날짜들은 우연이 아니다. '헌장'의 모든 항목은 '황제가 명한다'라는 말로 시작된다. 교황 그레고리우스가 보기에는 그것이 설령 신도의 현세를 규율하는 법이라도 '교황이 명한다'라는 말로 시작되어야 했다.

이단 재판소

/

/

'파문'은 말하자면 '집단 따돌림'이다. 아니, 파문당한 사람과는 모든 관계를 끊어야 한다는 것이 그리스도 교회의 규칙이었으므로 '따돌림' 정도가 아니라 '완전한 배제'였다. 하지만 최악의 경우라도 주민 공동체에서 추방되는 정도였지, 사형은 아니었다.

그런데 '이단'이 되면 이야기는 달라진다.

이슬람교도나 유대교, 불교도는 그리스도교도가 보기에는 '이교도'이다. 자신들이 믿는 종교와는 다른 종교를 믿는 사람들로, 차별은 해도 아직 진정한 가르침에 눈뜨지 못한 불쌍한 사람들이라는 의미에서의 차별이다.

반대로 '이교도'가 완벽한 타인인 데 반해 '이단의 무리'가 되면 내부 문제가 된다. 같은 그리스도교 신자이면서 그 믿음의 방식이 그리스도 교회가 정한 것과 다르다고 단죄된 사람들을 가리키니까. 그러므로 이교도보다 그리스도교 공동체에 더 해로운 존재가 된다.

이렇게 생각하기 시작하면 어떻게 대처할지도 명백해진다. 썩은 과일이 하나라도 끼어 있으면 상자의 모든 과일이 썩으므로 썩은 걸 발견하면 바로 상자에서 꺼내버려야 한다는 생각을 행동에 옮기는 것이다. 나머지 과일을 지키기 위한 어쩔 수 없는 조치인 이상 대의명분은 충분하다. 그러나 이런 사고방식이라면 '따돌림'이나 추방 정도로는 충분하지 않다. 화형이라도 해서 지상에서 말살하는 수밖에 없다.

'이단 재판소'는 썩은 과일을 골라내는 기관인 셈인데 공식 명칭에 '성스러운sacro'이라는 형용사가 붙은 것은 신앙을 지키는 그들에게 너무나도 값진 목표를 달성하는 기관이기 때문이다. 교황 그레고리우스는 여기에 착안했다. 그리고 이 기관의 운영 실무를, 자신도 일원인 도미니코회 수도사들에게 일임했다.

청빈을 신조로 하고 그리스도교의 신은 사랑의 신이라고 설교하는 프란체스코회에 비해 도미니코회는 수도사라는 점은 같아도 학문을 좋아하는 이들이 모인 집단으로 알려져 있다.

학문을 좋아하는 게 나쁘다는 것이 아니다. 오히려 도미니코회에 속한 수도사들은 고대인이 남긴 책을 충실히 필사해 후세에 넘겨준, 중요한 공적을 남긴 사람들이기도 했다.

그러나 결점도 있다. 글로 남은 것이나 정해진 것들을 의심하지 않고 믿는 성향이다. 이러면 글이나 규칙이 옳고 그에 맞지 않는 사람은 틀렸다는 생각을 지니게 된다. 그런 탓에 유럽에서는 도미니코회 수도사들을 '신의 충견'이라고 불렀다. 교황 그레고리우스 9세는 그가 설립한 '성스러운 이단 재판소'를 신의 충견에게 맡긴 것이다.

이전에도 '이단'을 적대시하는 생각은 있었다. 하지만 '이단자'를 전문 재판소에서 재판하지는 않았다. 바로 그 '전문 재판소'를 설립한 사람이 그레고리우스였다.

교황 그레고리우스 9세에 의한 '이단 재판소' 설립 동기는 현대 학자들도 지적하듯 황제 프리드리히 2세의, 교황의 입장에서는 반체제적으로 보이는 행동을 모든 면에서 견제할 수 있는 무기를 마련하려는 데 있었다. 프리드리히 자신도 어떤 의미에서는 그레고리우스에 그럴 수 있는 힌트를 준 셈이다.

'멜피 헌장' 안에 이단 문제를 언급한 부분이 있는데 거기서 프리드리히는 이단 문제는 로마 교황이 결정한다고 밝혔다. 황제의 것은 황제에게, 신의 것은 신에게, 라는 예수 그리스도의 말을 따르자면 인간의 현실 생활에 관한 것은 황제인 자신이 책임을 지지만, 인간의 신앙에 관한 것은 로마 교황의 책임 분야라는 것이다. 교황 그레고리우스는 이 부분을 물었을 것이다. 이단 여부는 로마 교황인 자신이 결정하는 일이라고.

이리하여 중세와 근세를 통해 유럽 전역을 공포에 떨게 하는 '이단 재판소', 내가 보기에는 당시의 비밀경찰이기도 했던 '성스러운 이단 재판소'는 또 다른 성스러운 존재인 로마 교황 직속 '신의 충견들'에 의해 운영되는 기관으로 시작한다. 그것도 '멜피 헌장' 발포로부터 불과 5개월 뒤에.

황제 주도하에 완성된 '멜피 헌장'과 교황이 설립해 시작된 '이단 재판소'는 불과 5개월의 시간을 두고 구체적인 모습을 드러낸 점을 제외하고도 법률에 대한 중세인의 사고방식 차이를 드러내고 있다고 생각한다.

인간이 모여 함께 생활하는 데 필요한 규칙인 법률에는 크게 나누어 두 가지가 있다.

첫째는 신이 만들어 인간에게 주는 법률. 모세의 십계명이 좋은 예다. 이는 신이 만들었으므로 인간이 바꿀 수 없다.

둘째는 인간이 자신을 위해 만든 법률. 두말할 필요 없이 고대 로마법이 대표적이다. 그리고 이는 인간이 만들었으니 적용할 수 없으면 당연히 고칠 수 있다.

게다가 로마에서는 개정 방법도 간단해야 한다고 생각했다. 옛날 법을 고치려 해도 기득권자의 반대로 실현하지 못할 가능성을 고려한 것이다. 그래서 옛날 법을 개정하는 게 아니라 따로 새로운 법을 작성하고, 옛날 법 중에 새로운 법에 저촉되는 부분이 있으면 자동으로 소멸하는 방식이 고대 로마인의 법 개정 방식이었다.

프리드리히의 '헌장'의 개정 조항도 이 로마식을 답습하고 있다. 왜냐하면 '멜피 헌장'의 기반 자체가 이미 10년 전에 제정한 '카푸아 헌장'이었는데, 지난 10년 동안 프리드리히는 네 번에 걸쳐 개정을 반복했다. 그가 법률이라는 것을, 자신이라는 인간이 영지 백성의 공동생활을 위해 만드는 규칙으로 생각했음을 알려준다. 그러므로 맞지 않으면 고치는 게 당연하다고.

이와 반대로 교황 그레고리우스에 의한 이단 재판에 관한 여러 법률은 성립 초기부터 한 번도 개정된 바 없다. 있는 것을 고치는 게 아니라 없는 것을 더해 늘려가는 것이 이단 재판소의 특질이다.

게다가 덧붙이는 조항들은 날로 가혹해진다. 처음에는 명기되지 않았던 고문도 18년 후에는 명기되었고 처음에는 사형이라고만 명시한 조항이 산 채로 화형에 처하는 형벌로 변한다.

프리드리히와 그레고리우스의 두 번째 차이점은 첫 번째에서 설명한 두 사람의 법에 대한 사고방식에서 파생한 것인데, 법률로 정했다고 해서 문자 그대로 충실히 실행해야 하느냐에 있다.

물론 그레고리우스는 지상에서 신의 대리인인 자신이 정했으므로 엄격하게 실시해야 한다는 생각이었다.

한편 프리드리히는 종교인도 아니었을 뿐만 아니라 법률 전문가도 아니었다. 그는 통치자이자 정치가였다. 법률은 그저 엄격하게 실행되면 좋은 게 아니라 건전한 상식을 통해 평등하면서도 공정하게 만들어야 하고, 공동체 이익에도 합치해야 한다고 생각했다. 건전한 상식에 기초한 법률 시행의 좋은 예로는 옛 솔로몬의 재판이 유명한데 그때 솔로몬은 유대법의 충실한 실행자가 아니라 유대라는 나라를 통치하는 왕으로 재판했다.

프리드리히도 자국 안에 사는 유대교도에게는 이 시대의 예를 따라 노란색 유대의 별을 옷에 붙이도록 명령했다. 루체라에 사는 이슬람교도가 그리스도교도로 보이는 옷을 입는 것도 좋아하지 않았다.

그러나 이단 재판소가 이 사람들을 자국 안에 살게 한 것 자체를 비난하자 그들은 이교도이지 이단이 아니라는 이유로 문제 삼지 않았다.

물론 이교도라 하더라도 프리드리히의 영지 안에 사는 이상, 프리드리히가 정한 법을 위반하는 행위는 허용하지 않았다. 그가 독일 체류 중에 독일인 사이에서 맹렬한 유대인 배척 운동이 일어났다. 유대인들이 그리스도교도의 유아를 납치해 죽여 그 고기를 먹는다는 것이다. 그러므로 유대인이 모여 사는 거류지 전체를 불태우고 주민을 학살할 충분한 이유가 있다며 황제에게 주장하고 나선 것이다. 사람을 죽여 그 고기를 먹는 행위는 범죄 행위이므로 통치자로서 프리드리히는 법을 충실히 실행하려면 유대인의 대량 학살을 인정할 수밖에 없었다.

그러나 프리드리히는 범죄를 벌하는 것은 황제의 역할이라는 이유로 인정하지 않았다. 그렇다고 인정하지 않고 그대로 놔두면 정치적인 골칫거리가 된다.

그는 증거를 찾기 위한 조사위원회 설치를 명했다. 이 위원회에 의한 조사가 끝날 때까지는 시간이 필요한데 그사이 불타오르던 반유대인 감정도 상당히 가라앉았다. 위원회는 끝내 확실한 증거를 제출하지 못해 프리드리히 통치 아래의 유대인들은 목숨을 구할 수 있었다.

법률은 어떻게 시행하느냐에 따라 좋은 법이 되기도 악법이 되기도 한다. 그 점을 항상 의식하는 것이 통치자의 첫 번째 책무인데, 충실하게 실시하는 것만이 법을 지키는 사람의 책무라고 믿어 의심치 않았던 사람들이 보면 이 또한 기성 질서의 파괴로 보였을 것이다.

하지만 프리드리히는 기성 질서의 파괴로 보이더라도 용감하게 나섰다. 반면 같은 상황에서 더 영리하게 행동한 예가 있다. 이단 재판에 대해 베네치아공화국이 취한 태도가 그것이다. 베네치아도 교황이 파견하는 이단 재판관을 받아들였다. 다만 이단 재판관은 수도사라는 로마 교황 직속의 성직자뿐만 아니라 베네치아 정부 사람도 하나 참여하게 했고 그 베네치아 사람이 반대하면 재판 자체가 무효가 된다는 조건을 인정하게 한 다음 받아들인 것이다.

베네치아공화국은 '그리스도교도이기에 앞서 베네치아인'이라는 말을 신조로 삼았을 정도니까 로마 교황에 공손한 국가는 아니었다. 그런 베네치아에서는 이단 재판이 어떻게 이루어졌을까.

우선 검사 역할의 도미니코회 수도사가 찾아낸 용의자가 피고인석에 끌려 나온다. 역시 도미니코회 수도사가 맡은 이단 재판관이 죄인의 기소 이유를 읽어 내려간다. 다 읽었을 때 재판관 자리의 베네치아공화국 사람이 일어나 방을 나가면 이단 재판은 성립되지 않는다.

베네치아공화국은 로마 교황이 시작한 이단 재판에 정면으로 반대하지 않았다. 하지만 경제인의 국가답게 지극히 현실적인 사보타주를 이어감으로써 베네치아공화국 안에서는 마녀재판을 포함한 이단 재판이 한 건도 성립된 바 없다. 일반 범죄자에 대한 참수형은 이루어졌다. 반면 그리스도교도의 신앙 방식이 적절하지 않다는 이유로 화형이 집행된 일은 한 건도 없었다.

프리드리히에 의한 '멜피 헌장'과 교황 그레고리우스에 의한 '이단 재판'의 마지막 차이점은 다음 일에서 극명히 드러난다.

고대 로마법을 참고한 만큼 '헌장'에서도 고소당한 사람의 인권을 존중한다. 1심 판결만으로는 아직 무죄고 최종심 판결이 나와야 비로소 유죄가 된다고 정해놓은 것이다. 즉 공소권을 인정한 것인데, 이 때문에 변호인의 역할이 중시되었다.

한편 재판이라는 점에서는 같아도 이단 재판은 1심에서 유죄 판결이 나면 그것을 뒤집을 충분한 반증이 나오지 않는 한 유죄로 결정된다. 변호사가 나설 여지가 없다. 또 재판정에 끌려 나오기 전에 이미 혹독한 고문을 받았으니 '뒤집기에 충분한 반증'의 제출을 기대할 수 있을까. 이단 재판이란 애초에 정해진 결과를 재판의 형식으로 집행하는 것에 불과했다.

그 증거로, 프리드리히 통치 아래의 법정에서는 변호인의 존재가 매우 중요해진다. 의사나 약사와 마찬가지로 동업자조합 결성을 인정했을 정도니까 프리드리히 본인이 그 중요성을 자각하고 있었다는 소리다.

반대로 이단 재판소에서 변호인의 존재는 유명무실하다. 신은 절대 잘못을 저지르지 않고 로마 교황은 그 신의 지상 대리인이다. 이단 재판소에서는 그런 교황의 직속 부하인 도미니코회 수도사가 검사이자 재판관이다. 재판에서 그에 반론하는 변호사의 존재 이유가 없는 것도 그리스도교 측에서 보면 너무나 논리적인 사실이다.

요컨대 이단자로 점찍히면 그걸로 끝이다. 잡혀서 고문당할 뿐만 아니라 자백하든 말든 교수형이나 화형을 당해 이 땅에서 말살되는 것이 '신의 총견'에게 찍힌 자들의 운명이다. 무엇보다 이단자는 그냥 놔두면 올바른 신앙을 지닌 사람들에 해를 끼치는, 썩은 과일이니까.

'성스러운 이단 재판소'가 가장 오래 살아남은 곳이 스페인인데 스페인은 나폴레옹에게 정복되고 나서야 겨우 진정되었다. 프랑스혁명의 온상이 된 계몽사상이 이단 재판의 사상과는 대극점에 있었기 때문이다.

그러나 거기까지 다다르는 데 실로 5백 년 이상이나 다른 여자의 질투를 받은 아름다운 여성이 마녀재판에 보내졌고, 부자가 그를 선망한 사람들의 밀고로 이단 재판관 앞에 끌려 나오는 상태가 이어졌다. 질투와 선망에서는 아무것도 생기지 않는다. 오히려 사회에 독이 됨에도 불구하고 정의라는 가면을 쓴 사람들에 의해 하염없이 이어져온 것이다.

그 최전선에 서온 수도사들은 악마적인 부분이라고는 전혀 없는 청렴결백하고 성실하며 신앙심이 두터운 성직자들이었다. 하지만 자신들이 하는 짓이 옳은 행위라고 믿어 의심치 않는 사람들이기도 했다.

이단 재판은 유럽의 중세부터 근세에 이르는 그리스도 교회의 최대 오점이라 이야기할 수 있다. 이에 비하면 십자군 원정은 귀여울 정도다. 동기가 무엇이든 다른 나라를 침략하는 일은 칭찬할 수 없으나 십자군에 참여한 사람 대다수는 그 땅에서 죽음이라는 대가를 치렀다.

반대로 이단 재판의 당사자들은 자신은 안전한 장소에 있으면서 많은 사람을 차례로 잔혹한 운명으로 몰아넣는 행위를 멈추지 않았다. 자신들이야말로 신을 기쁘게 하는 성스러운 업무를 수행하고 있다고 굳게 믿으면서. 부패한 인간은 비인도적이고 무신경하고도 잔혹하게 대하는 게 당연하다고 믿으면서.

광신이라는 한마디로 넘기기에는 너무나 슬픈 일이다. 유럽 역사에서 부끄러워해야 하고 증오해야 할 풍조였던 이단 재판은 1232년에 교황 그레고리우스 9세가 설립하면서 시작된 것이다. 그것도 황제 프리드리히를 이단으로 단정했기 때문이 아니라 이단일 우려가 있다는, 예순 노인의 피해망상에서 비롯된 것이다.

그러나 이렇게만 생각하면 역사는 비관적일 뿐이고 앞으로 나아가려는 의욕도 잃고 만다. 인간의 말과 행동의 집적인 역사에는 희망을 지닐 만한 가치가 있는 것도 있으므로 역사를 접하는 게 구원이 될 수도 있다.

이단 재판을 생각해낸 것도 중세를 살았던 사람들이다. 하지만 그런 흐름에 저항한 프리드리히나 베네치아인도 같은 유럽 중세를 살았던 사람들이었다.

이단 재판소가 시작된 1232년부터 헤아려 768년이 흐른 서기 2000년, 당시의 로마 교황 요한 바오로 2세는 오랫동안 그리스도 교회가 저질러온 몇몇 죄를 공식 사죄했다. 그 항목 중 하나가 바로 이단 재판이었다.

초기 효과

/

/

이야기를 이단 재판소 설립 초기인 1232년으로 돌리자. 교황 그레고리우스는 이단 재판소를 설립함으로써 '멜피 헌장'으로 정교분리 국가 모델을 당당하게 제시한 프리드리히를 견제할 유리한 무기를 손에 넣었다고 생각했지만, 사실은 그 무기를 사용할 상황이 전혀 아니었다.

1232년을 기준으로, 프랑스는 유럽의 대국으로 성장 중이었으나 당시 왕이었던 루이 9세는 여전히 어머니의 섭정에서 벗어나지 못한 열일곱이 었다.

영국은 실지왕이라 불린 존의 사후에 왕위에 오른 헨리 3세가 스물다섯이었는데 '실지왕'이 받아들인 '마그나 카르타'로 왕의 권력은 낮아진 상태였다. 게다가 이 왕은 프리드리히에 심취해 있었기 때문에 교황 측에 설리 없었다.

즉 당시 유럽 강국의 지도자 중에서 서른일곱의 황제 프리드리히 2세에 대항할 만한 힘을 지닌 군주는 하나도 없었다는 것이다. 예순둘의 교황이 아무리 안달을 해도 이 교황 측에 서서 황제에 칼날을 들이댈 군주는 하나도 없었다. 게다가 프리드리히는 예루살렘의 왕이기도 했다. 그리스도교도에게 무엇보다 중요한 성도를 지킬 의무를 지닌 예루살렘의 왕을 무슨 이유로 이단으로 규정할 수 있겠는가.

이래서는 교황도 신중해질 수밖에 없었다. 다음에 이어질 에피소드가 이 시기 그레고리우스의 심중을 알려준다.

이제는 사라센인(이슬람교도)의 마을로 알려진 루체라에, 교황 그레고리우스가 이단 재판의 실무를 일임한 도미니코회 수도사를 보낼 수 있도록 프리드리히에 허가를 요청해온 것이다. 루체라도 프리드리히가 영유하는 '시칠리아 왕국' 안의 마을이었기 때문이다.

프리드리히는 교황의 요구를, 사라센인은 이교도이므로 이단의 대상이 아니라는 이유로 거부한다.

하지만 이대로 물러서면 로마 교황의 권위가 실추된다. 교황 그레고리우스는 거듭 프리드리히에게 요구했다. 도미니코회 수도사의 파견 목적은 이단자를 색출하는 게 아니라 이슬람교도에 포교하는 데 있다는 것이다. 개종은 개인적인 문제라고 생각한 프리드리히의 답은 당연히 '그렇다면 오케이'였다.

아무래도 도미니코회 수도사는 포교에서도 유능했던 듯하다. 이슬람의 마을이었던 루체라 주민 가운데 적지 않은 사람들이 이때 그리스도교로 개종했다고 한다. 그중 하나가 조반니 모로로 개명해 나중에 유명해지는 아랍인 젊은이인데, 이 남자가 유명해지는 이유는 프리드리히가 등용했기 때문이다.

이런 에피소드보다 중요한 것은, 루체라는 이후로 이슬람교를 믿는 사라센인과 그리스도교로 개종한 사라센인이 함께 사는 마을이 되었다는 것이다. 이전에는 모스크 첨탑에서 울리는 아잔밖에 들리지 않았던 마을에 교회 종소리도 울리기 시작한 것이다. 즉 제6차 십자군으로 프리드리히가 실현한, 그리스도교도의 통치를 받는 예루살렘에서도 그리스도교도만이 아니라 이슬람교도도 계속 살았던 예가 루체라에서도 반복된 것이다.

포교 성공을 알고 교황 그레고리우스가 다시 요구한 것, 그리스도교로 개종한 뒤, 루체라의 사라센인이 진정한 신앙을 유지하고 있는지를 도미니코회 수도사를 보내 조사하고 싶다는 요구에 대해서 프리드리히가 어떻게 대답했는지는 모르지만, 오케이는 하지 않았을 게 확실하다. 그마저 오케이를 하면 이단 재판을 용인하는 게 되기 때문이다.

그러나 어디에도 적이 없는 듯 보이는 프리드리히에게도 전혀 예상치 못한 방향에서 적이 나타난다. 그 문제가 어느 가정에나 일어날 수 있는 부자 문제라는 점이, 아무리 뛰어나더라도 육신을 지닌 인간이라는 점에서는 같은 존재의 서글픔 아닐까.

아들 하인리히

/

/

프리드리히의 장남이라고 하면 세습권을 행사할 수 있는 시칠리아 왕국의 왕위는 당연하고, 신성로마제국의 황제 자리를 잇는 데도 가장 유리한 위치에 선다. 무엇보다 현 시칠리아 왕이자 황제인 프리드리히와 그의 첫 번째 아내이자 아라곤 왕가의 핏줄 사이에서 태어난 장남인 데다 유일한 적자였으므로. 적출인 남자에게 어울리게 그는 1211년 팔레르모 왕궁에서 태어났다. 프리드리히가 열여섯 살에 얻은 첫 번째 후계자가 바로 젊은 나이에 죽은 아버지와 같은 이름을 물려받은 하인리히 7세. 즉 태어나는 순간부터 프리드리히의 후계자라는 운명이 주어진 것이다.

제일 먼저 한 살 생일을 코앞에 둔 1212년 2월, 아장아장 걷던 어린아이는 팔레르모대성당에서 시칠리아 왕으로 대관했다. 이것이 독일과 남부 이탈리아가 같은 군주의 통치를 받는 것을 싫어한 로마 교황에 대한 프리드리히의 대책이었음을 이 어린아이는 물론 알 수 없었다. 그리고 3월, 열일곱의 아버지는 스물일곱의 어머니와 한 살짜리 아들을 시칠리아에 남기고 독일로 떠났다. 젊은 아버지가 독일 땅에서 신성로마제국 황제의 지위를 굳히려고 고군분투하는 동안 어린 아들은 따뜻한 어머니의 보호 아래 태양이 빛나는 남유럽에서 자랐다.

하지만 그도 4년밖에 이어지지 못했다. 1216년, 로마에서의 황제 대관식이 현실이 되던 단계에서 프리드리히는 아내와 아들을 독일로 불러들인다. 로마에서의 대관식을 마친 뒤에는 시칠리아 왕국의 재구축에 본격적으로 착수할 생각이었던 프리드리히는 대관식 후에도 독일로 돌아갈 마음은 없었다. 하지만 그러려면 자신이 없어도 그가 재편성한 독일이 그대로 기능할 방책은 정비해둘 필요가 있었다. 후계 서열 1위인 장남을 수장으로 세우는 것이 독일이라는 봉건적인 색채가 강한 사회에서는 가장 자연스럽고 현실적인 선택으로 여겨졌다.

1216년 7월, 프리드리히는 어머니와 아들을 독일로 오게 하는 임무를 그가 가장 신뢰하고 누구보다 격의 없이 대하는 둘에게 맡긴다. 팔레르모 대주교 베라르도와 튜턴 기사단단장인 헤르만이었다. 왜냐하면 어머니 콘스탄체가 아들의 독일행을 반대했기 때문이다. 콘스탄체를 늘 보좌해온 대주교 베라르도와 독일인으로는 드물게 치밀한 외교술로 유명했던 헤르만에게 콘스탄체를 설득하는 역할을 맡긴 것이다.

콘스탄체가 반대하는 이유는 그녀 자신이 프리드리히와 결혼하기 전 혼인을 맺었던 헝가리 왕가 정쟁의 희생자였기 때문이다. 젊어서 과부가 되었을 뿐만 아니라 아직 소년이었던 아들을 잃은 아픈 경험이 있었다. 높은 교양이 있었던 것도, 강한 개성이 있었던 것도 아닌 그녀지만, 여자의 직감으로 정쟁에 휘말릴 위험에서 외아들을 떼어놓기를 바랐을 것이다.

또 스페인에서 태어나 헝가리로 시집가 고생했던 그녀가 보기에 독일인 도 헝가리인과 마찬가지로 알프스 북쪽에 사는 사람들이다. 그런 독일 사 회로 가장 사랑하는 아들을 보낸다는 것은 어머니로서 참을 수 없는 일이 었을지 모른다.

그러나 프리드리히는 뭐든 직접 결정하는 남자였으므로 일단 꺼낸 일 은 좀처럼 바꾸지 않는다. 그런 프리드리히를 너무나 잘 아는 둘이 콘스탄 체에게 지금은 프리드리히의 말을 따르는 수밖에 없다, 감수성이 없는 사 람도 아니니까 소년 하인리히에게 해가 될 일은 하지 않을 것이라며 설득 했을지 모른다. 끝내 다섯 살의 하인리히는 그달 말에 어머니 콘스탄체와 함께 팔레르모 대주교, 튜턴 기사단장 헤르만을 따라 시칠리아를 떠났다.

10월, 처음에는 해로, 그다음은 육로로 프리드리히가 기다리는 뉘른베 르크에 도착했다. 다섯 살의 어린아이는 두 달 후면 스물둘이 되는 아버지 와 4년 만에 재회한다. 아니, 한 살 때 헤어졌으니까 처음 만났다고 해야 할지도 모르겠다.

다섯 살의 어린 아들은 프리드리히의 소집에 응해 뉘른베르크로 모여 든 제후 앞에서 아버지에 의해 슈바벤 공작령을 받는다. 슈바벤 지방은 호 엔슈타우펜 가문이 생긴 땅이다. 이 땅의 영주로 봉해진다는 것은 붉은 수 염 황제, 그리고 프리드리히의 뒤를 잇는 호엔슈타우펜 가문의 정식 후계 자임을 독일의 유력자들 모두에게 소개하는 것을 의미했다.

아버지는 어디에 있든 자리를 데울 틈도 없이 이동하는 사람이었으니까 독일에 있게 되었다고 해도 하인리히에게 아버지의 부재는 그리 문제가 되지 않았을 것이다. 독일에 와서도 어머니와의 생활은 계속되었으니까. 독일인을 좋아하지 않았던 콘스탄체는 사교생활도 즐기지 않았으므로 어머니와 아들의 생활은 하게나우 성에서 조용히 지내는 것이었다.

하지만 그것도 4년 후에는 끝난다. 로마에서의 대관식을 올릴 때라고 판단한 프리드리히가 8년에 걸친 독일 체류를 끝내고 로마에 가기로 정했기 때문이다. 그리고 로마 교황의 손으로 제관을 받는 것은 황제만이 아니라 아내도 황후로서 관을 받아야 한다며 콘스탄체에게도 로마행 동행을 명령했다. 항상 남편의 뜻을 따라온 콘스탄체는 이때도 프리드리히를 따른다. 하지만 그것은 이제 막 아홉 살이 된 아들을 홀로 독일 땅에 남겨두어야 하는 것이었고, 이는 어쩌면 두 번 다시 만나지 못하게 될 이별일지 모른다.

프리드리히는 아홉 살의 나이에 남겨지는 아들을 중심으로 한 상황 정비에도 만반의 준비를 했다.

1220년 8월, 프리드리히는 독일에서는 전통적으로 병력 집결지였던 아우크스부르크에 로마에 갈 군의 집결을 명령했다. 아우크스부르크에는 황제를 따라 남하하는 장병뿐만 아니라 그를 배웅하는 제후들도 모였다.

스물다섯이 된 프리드리히는 그 사람들 앞에서 아홉 살인 하인리히를 '독일의 왕'으로 임명한다. 자신이 자리를 비운 독일은 이 하인리히 7세가 통치한다는 사실을 공식적으로 알린 것이다. 하지만 이와 동시에 아홉 살의 독일 왕을 도와 실질적으로 통치하는 임무에, 어린 왕의 후견인이라는 자격으로 쾰른 대주교를 임명했다.

이 인사는 당시 독일로는 최고의 인선이었다.

쾰른 대주교 엥겔베르트는 그해 나이 서른다섯이었다. 독일 명문 귀족 출신인 만큼 같은 계급에 속한 제후들도 반대하기 힘들다. 또 교양이 높은 사람이라 반대파를 설득하는 능력도 충분했다. 게다가 성직자임에도 광신적인 분위기가 전혀 없었다. 6년 전부터 프리드리히와 절친한 사이가 되었는데 광신적인 사람과는 친해지는 일이 없던 프리드리히인 만큼 대주교 엥겔베르트의 균형 감각은 상당했을 것이다.

대주교라는 로마 교황 다음인 고위 성직자이면서도 권위를 앞세워 고압적으로 행동하지도 않았다. 한마디로 인정도 많은 사람인 것이다. 프리드리히는 이 서른다섯의 대주교에게 아홉 살 아들을 맡겼다.

실제로 이 사람이 곁에서 도운 5년 동안, 아홉 살에서 열네 살까지 하인리히의 통치는 이탈리아로 간 아버지가 걱정할 게 하나도 없는 상태가 이어졌다.

어머니 콘스탄체는 로마에서 남편과 함께 대관한 2년 뒤에 시칠리아에서 병으로 세상을 떠났다. 열한 살밖에 되지 않은 하인리히에게 어머니의 죽음은 큰 타격이었을 것이다. 하지만 그에 따른 마음의 동요도 대주교의 도움으로 극복할 수 있었다.

이런 상황이 완전히 바뀌는 것은 프리드리히가 재편성한 독일 사회에 불만을 지닌 사람들에 의해 대주교 엥겔베르트가 암살되면서 시작된다. 하인리히가 사는 성에서 자신의 저택으로 돌아오던 중에 어둠을 틈타 습격한 무리에 의해 살해된 것이다. 아버지보다 더 아버지 같은 존재였던 사람을 잃은 열넷의 하인리히가 단 한 번도 경험해보지 못한 고립감에 시달린 것은 너무나 당연했다. 게다가 그 직후 이미 결정되어 있었다고는 해도 첫 결혼을 치른다.

결혼 상대는 오스트리아 공의 딸 마르그리트였다. 물론 정략결혼으로, 오스트리아까지 세력을 확대하고자 했던 프리드리히가 생각한 결혼이다. 신랑은 열네 살인데 신부는 스물하나였다. 나이 차가 나는 결혼은 드물지 않았으나 이 결혼은 처음부터 냉랭한 분위기에서 진행되었다. 아이를 낳는 것은 의무였으니 여기에는 남편과 아내 모두 협력한 듯한데 아들 둘이 태어난 뒤로도 차가운 부부 관계에는 변함이 없었다.

열넷에 경험한 이 불행한 결혼이 하인리히가 자신감을 쌓는 데 있어 첫 장애가 되지 않았을까 생각된다. 여자에게 냉대당하고 자신감을 잃은 남자라고 해야 할까. 그것도 아직 열넷이라는, 모든 의미에서 미묘한 나이에 견뎌야 했던 경험이었다.

그가 아버지처럼 얼른 여기저기에 애인을 만들고 여기저기에서 아이를 낳게 했으면 상황이 달라졌을지도 모르겠다. 하지만 강인한 성격의 아버지보다 다정하게 감싸는 어머니의 성격을 물려받은 것으로 보이는 하인리히는 이런 종류의 생각 전환은 불가능했을 것이다. 그 결과 여성 공포증이 생기고 그것이 대인기피증이 되었다. 여자도, 하층 여자와만 관계를 맺을 수 있게 되었고 감언이설로 다가오는 사람만 만나게 된 것이다.

아마도 이 시점에서 아버지가 도움의 손길을 뻗어야 했을 것이다. 하지만 프리드리히의 결점이 그 필요성에 눈을 돌리지 못하게 했다. 프리드리히만큼 독립적이고 고독한 인간도 없다. 이런 종류의 사람은 나는 더 힘든 상황도 견뎠으니까 너도 견디라는 식으로 생각하기 쉽다. 즉 다른 사람에게 자신과 같은 능력을 요구하는 것이다.

그러나 인간은 똑같지 않다. 아버지와 아들이라 해서 똑같지 않다. 역경이 와도 극복하는 사람이 있다면 극복하지 못하는 사람도 많다. 더 큰 역경으로 자신을 밀어 넣는 사람도 있다.

결혼한 1225년부터 아버지가 호출해 질책하는 1232년까지 7년간, 아버지 프리드리히는 독일에 있는 아들을 생각할 겨를도 없을 정도로 바쁜 시간을 보낸 것만은 확실하다.

시칠리아 왕국을, 봉건 사회에서 군주제 국가로 바꾼다는 어려운 과제.

십자군을 이끌고 원정은 가지만, 외교만으로 성도 예루살렘을 수복하겠다는 십자군 역사상 초유의 시도.

그에 성공하고 귀국한 다음 로마 교황과의 관계 개선에 힘썼던 1년.

파문이 풀린 직후부터 시작한 '멜피 헌장'에 의한 법치국가로의 탈피.

통제 경제와 통화 제도의 확립.

이것들 모두 프리드리히가 서른 살 때부터 서른일곱이 될 때까지 이룬 것이다. 그와 같은 시기, 열넷에서 스물하나가 된 하인리히는 조금씩 진행된 성격 파탄이라는 지옥에서 살고 있었다. 그것도 더 나쁜 방식으로. 즉 아버지가 정한 정책에 반하는 법을 연발하는 방식으로.

'멜피 헌장'을 공표한 직후에는 프리드리히의 귀에도 하인리히의 통치에 대한 독일 제후의 불만이 들어온 듯하다. 게다가 그 소리는 커지기만 했으니 그냥 손 놓고 있을 수 없었다. '멜피 헌장'의 반포로 큰일 하나를 끝냈다고 생각한 프리드리히는 다음 해인 1232년 부활절에 북동 이탈리아의 아퀼레이아에 제후를 소집해 오랜만에 황제가 참석한 '디에타'를 열기로 한 것이다.

1232년 봄, 12년 만에 재회한 아들에 대한 아버지의 태도는 누가 봐도 엄격했다. 그래도 서른일곱의 아버지는 스물하나의 아들이 저지른 수많은 잘못을 용서한다. 다만 조서로 꾸민 여러 사항을 제시하고 앞으로는 이를 충실히 실행하라고 명한 끝에 용서한 것이다. 게다가 제후들이 있는 앞에서 언명했다. 스물하나의 하인리히는 명령받은 모든 것을 지킬 것을 독일 유력자들 앞에서 맹세했다.

아버지와 헤어져 다시 독일로 돌아온 하인리히에게는 받은 굴욕을 굴욕으로 느끼는 모습이 보이지 않았다. 다른 이들이 보기에는 아버지와의 재회로 달라진 것이 없는 것처럼 행동했다. 그러나 여성 공포증이 대인기피증으로 변했고 그것이 아버지 공포증으로까지 발전했다는 사실을, 다시 이탈리아로 돌아간 아버지는 전혀 알아차리지 못했다.

위대한 사람을 아버지로 둔 자식에게는 두 가지 길밖에 없다.
첫째는 아버지가 명한 모든 것을 충실하게 실행하는 길.
둘째는 아버지의 영향력에서 벗어나고 싶은 나머지 아버지에게 반항하는 길.

스물하나의 하인리히는 두 번째 길을 선택하고 만다.

우선 프리드리히의 통치에 반대하는 제후들에 접근했다. 독일 왕인 하인리히의 이 행동에 반프리드리히파가 모여든 것은 당연하다. 하지만 반항은 독일 안에만으로 그치지 않았다. 하인리히는 아버지에게는 숙적이라 할 만한, 밀라노를 중심으로 결성된 '롬바르디아 동맹'에도 접근한 것이다. 아버지의 숙적에게 접근한 이유는 아버지와 롬바르디아 동맹 사이에 서서 관계 개선에 힘쓰려던 게 아니다. 진짜 이유는 롬바르디아 동맹에 참여하는 각 도시가 알프스로의 길을 봉쇄하게 해서 프리드리히를 쉽게 독일에 오지 못하게 하는 것이었다. 아버지와 만나고 싶지 않다는 마음 하나로 아버지의 적과 손을 잡고 만 것이다.

밀라노를 중심으로 한 '롬바르디아 동맹'이란 이탈리아반도의 북서부에 있는 자치도시(코무네)가 모여 만든 동맹이다. 북부 이탈리아에서도 북동부는 강력한 베네치아의 영향 아래 있었으므로 롬바르디아 동맹에 참여한 코무네는 적다. 그래도 이탈리아에서 독일로 향하는 알프스를 넘는 간선로는 밀라노부터의 길과 베로나로부터의 길의 두 가지다.

롬바르디아 동맹에 속한 북서 이탈리아는 법적으로 신성로마제국의 영지다. 그런데도 이들 코무네는 프리드리히의 지배 아래 들어가길 거부하며 롬바르디아 동맹을 결성한 것이다. 이런 상황에서 동기가 무엇이든 하인리히의 동맹 접근은 아버지뿐만 아니라 황제이기도 한 사람을 배신한 행위가 된다. 법적으로는 대역죄에 해당하는 짓인 셈이다.

3년 전인 1232년처럼, 이탈리아반도의 북동부 끝에 있는 아퀼레이아에서 '디에타' 개최를 이유로 아들을 불러들여 앞으로 그가 해야 할 일을 열거해주고 그 충실한 실행을 맹세하게 하고 다시 독일로 돌려보낼 수 있는 단계는 이미 지나고 말았다. '멜피 헌장'에 의한 국가 형성이 순조롭게 진행되고 있음을 확인한 1235년, 프리드리히는 직접 독일에 가기로 했다.

다만 황제의 장남과 동맹을 맺어 기세를 올린 롬바르디아 동맹 산하의 자치도시들은 황제의 알프스 넘기를 반드시 저지하겠다며 벼르고 있었기에 베로나에서 출발해 북상해 브렌네로고개를 넘어 독일로 들어가는 간선로의 안전은 보장할 수 없어졌다. 해로로 아퀼레이아까지 가서 거기서부터는 육로를 크게 우회해 독일로 들어가는 수밖에 없었다.

프리드리히는 이때의 독일행에 일곱 살이 된 차남 콘라트를 데려갔다. 부인에게서 태어났든 애인이 낳았든 전혀 차별하지 않고 키운 프리드리히였으나 자신의 정식 후계자로 삼으려면 적출이어야 했다. 그리스도교회와 그 수장인 로마 교황이 혈통이 확실해도 서출은 인정하지 않았기 때문이다. 하인리히도 황후에게서 태어났으니 적자지만, 콘라트도 두 번째 부인인 예루살렘 왕국의 여왕과의 사이에서 태어났으므로 적자였다. 이런 콘라트를 동행시켰다는 것은 프리드리히가 하인리히를 버릴 작정임을 드러낸 것이다.

마흔이 된 아버지에게 스물넷의 장남은 자기 뒤를 잇기에 가장 이상적인 나이로 여겨졌을 것이다. 그런데 지금 스물넷을 버리고 일곱 살로 바꾸어야 한다. 아버지로서도 황제로서도 가슴 아픈 결정일 수밖에 없었다.

먼 길을 돌아가야 했어도 독일로 들어온 프리드리히의 마음을 밝게 해
준 것은 제후를 비롯한 독일인들의 열렬한 환영이었다. 독일인들은 위에
서 아래까지 날마다 바뀌는 하인리히의 지령에 지칠 대로 지쳐 있었다. 그
들은 엄격하긴 해도 일관되고 흐트러짐이 없는 부친의 통치를 더 좋아한
것이다.

7월, 다가오는 아버지의 그림자에 떨던 하인리히는 우선 도망치기로 했
다. 하지만 망명을 요청했던 프랑스 왕으로부터는 대답조차 없었다. 아무
리 하인리히라도 밀라노로 도망칠 생각은 하지 못했다. 롬바르디아 동맹
군의 선두에 서서 전장에서 아버지와 대결할 용기는 없었던 것이다.

그 아들에게 아버지가 보낸 튜턴 기사단장 헤르만이 도착한다. 다섯 살
이었던 하인리히가 처음 독일로 올 때 보호자 역할을 했던 이 사람이 지금
은 스물넷이 된 당시의 어린아이를 어떻게 설득했는지는 모른다. 어떻게
설득했든 하인리히에게 남은 길은 하나밖에 없었다. 아버지 앞에 나가 진
심으로 용서를 구하는 것이었다.

이틀 후인 7월 4일, 보름스 성에 있는 아버지에게 헤르만을 따라 하인리
히가 찾아왔다. 마흔의 프리드리히는 스물넷의 아들에게 차갑고 엄격하
게 대했다. 아버지의 발밑에 몸을 던지고 용서를 구하는 아들, 그것뿐이라
면 동석했던 제후들도 동정했을지 모른다. 하지만 아들의 죄상은 너무나
명백했다.

아버지는 아들에게 사형을 내렸다. 죄목은 충성을 맹세한 사람에 대한

배신행위였다. 사형이란 단어가 나온 순간, 동석한 사람들 사이에서 미처 소리가 되지 못한 소리가 나왔다. 이어서 발한 프리드리히의, 사형은 면하고 종신 금고형에 처한다는 소리에 무언가 형태가 되지 못한 공기 같은 감정이 툭 바닥에 떨어졌다. 어쨌든 상황은 그런 식으로 마무리되고 하인리히는 그대로 보름스 성 감옥으로 연행되었다.

이후 하인리히는 곧바로 남부 이탈리아로 보내진다. 쇠고랑을 찬 죄인으로서가 아니다. 다만 아무도 만나지 못하는, 아들들조차 만나지 못하고 남부 이탈리아의 내륙 지역 성채를 전전하는 완전한 격리 생활이 이십 대도 후반에 들어선 하인리히의 일상이 되었다.

이 생활은 6년간 이어진다. 6년이 지난 1242년, 이제는 일상적인 일이 되어버린 성채에서 다른 성채로 이동하던 중 사고가 일어났다. 병사들의 감시가 소홀해진 틈을 타 하인리히는 마침 지나가던 절벽 위의 길에서 말을 탄 채 뛰어내렸다. 서른한 살이라는 젊은 나이였다.

이 사실을 알게 된 부친이 장례를 치르는 수도사들에게 보낸 지령서라고 해야 할까, 메시지가 남아 있다.

그에 따르면 마흔일곱이 된 프리드리히는 서른한 살의 나이에 자살을 선택한 아들의 장례식을, 사고 현장과 가까운 콘센차대성당에서 치르도록 지시했다. 게다가 시신에는 예전에 그가 차지했던 독일 왕의 정장을 입히도록 했고 시신을 안치할 대리석 관도 노란색 바탕에 검은 독수리를 수놓은 독일 왕의 깃발로 덮게 했다. 마지막으로 황제로서 그런 처벌을 내릴 수밖에 없었으나 아버지로서는 감회가 다르다고 쓰고 그 아버지의 슬픔에 어울리는 장례식을 해달라는 것으로 편지를 마쳤다. 그 바람에 응했는지, 콘센차대성당에서 열린 하인리히의 장례식은 이 지방에서는 아주 드물게 장엄하게 치러졌다.

그로부터 756년이 흐른 1998년이 되어, 피사대학의 병리학부가 하인리히의 시신을 검사했다. 그에 따르면 키 172센티미터의 단단한 체격이었는데 왼쪽 무릎에 중대한 결함이 있어 생전의 그는 왼쪽 발을 질질 끌며 걸었을 것이라고 한다. 어쩌면 이것이 아내가 냉담했던 원인이자 대인기피증으로 발전하는 원인이었을지도 모른다. 연구자들은 죽기 10년 전쯤부터 앓았던 성병이 대인기피증의 원인이었을 가능성이 더 크다고 이야기한다. 성병의 진행에 따른 정신적 불안정도 이십 대에 들어선 하인리히를 괴롭힌 원인이었을지 모른다.

아버지를 이렇게 불행하게 잃은 하인리히의 어린 두 아들은 프리드리히가 데려가 이탈리아에서 키운다. 재혼에 더 관심이 많은 어머니에게 맡기기에는 안심할 수 없었기 때문이다.

이 하인리히 7세에 대해 후대 학자들은 다들 엄격하게 평가한다. 프리드리히의 뒤를 이을 자질이 부족했다는 이유에서다.

이 사람들의 주장은 모두 옳다. 프리드리히의 장남은 아버지가 갖춘 모든 자질이 부족했고 게다가 더 결정적으로 지독할 정도로 의지력이 부족했다.

역사에는 출발점에서 삐끗하는 바람에 이후 인생이 계속 꼬인 사람이

제법 있다. 역사적으로 유명한 사람 모두가 마키아벨리가 말하는 리더에 필요한 자질인 역량과 운과 시대의 요구에 응할 재능을 타고나는 건 아니다. 역사는 높은 지위에 오르지 않았다면 편안하게 살았을 텐데, 혹은 다른 시대에 태어났다면 역량을 발휘했을 텐데, 라고 여겨지는 사람들로 넘친다. 마키아벨리도 역량(비르투)과 운(포르투나)의 중요성을 동시에 놓고 있다. 운명을 관장하는 여신은 마음을 쉽게 바꾼다. 행운을 주었던 사람도 다음 순간에는 불행으로 떨어뜨리니까. 그래도 아들을 덮친 불행은 아버지인 프리드리히에게 자신의 잘못을 반성하게 한 듯하다.

하인리히를 대신해 독일에 남겨둘 수밖에 없었던 차남 콘라트를 위해 이 소년을 도울 사람들의 인선에 완벽을 추구했다.

우선 모든 면에서 이 역할에 적임인 사람들을 주위에 모은 데 그치지 않고 이 사람들에 대해서는 황제가 명한 정책을 충실히 실행해야 하는 의무를 부여했다. 그들에게는 황제에게 자세히 보고해야 하는 의무까지 더해졌다. 즉 어디로 이동하든 아버지와 아들의 측근이 긴밀히 연락을 주고받는 시스템을 확립한 것이다. 이를테면 프리드리히가 알프스 남쪽에 있더라도 알프스 북쪽에 있는 아들의 바로 뒤에는 황제 자신이 있는 체제를 갖춘 것이다.

그리고 프리드리히는 이야말로 하인리히의 실패로 배운 점이라고 생각하는데, 콘라트와 빈번히 편지를 교환했다. 아버지가 항상 자신을 신경 쓰고 있다는 사실을 아들이 느낄 수 있도록 하려는 생각에서였다.

매사냥은 좋은데 라틴어 수업은 좋지 않다고 적어 보낸 열 살의 아들에게 마흔셋의 아버지는 매사냥을 좋아하는 것은 아주 좋은 일이나 라틴어로 자유롭게 말하고 쓰는 능력은 군주에게 꼭 필요한 능력이므로 싫더라도 습득에 힘쓰라는 편지를 보낸다. 그리고 아들이 라틴어에 친해질 수 있도록 아들에게 보내는 편지도 라틴어로 쓰기 시작했다.

아들에게 보낸 다른 편지에는 이렇게 적고 있다.

"황제와 왕이 다른 사람과 다른 점은 그들이 차지한 높은 지위에 있는 게 아니다.

이들 군주에게는 다른 사람이 지니지 못한, 더 멀리 내다보는 지력과 더 적절하게 대처하는 판단력이 있다. 높은 지위를 차지할 권리란 오로지 이런 능력들을 지니고 있느냐에 달렸을 뿐이다."

프리드리히도 아들에게는 평범한 아버지들이나 하는 말을 했구나 싶어 웃음이 나오는데 그래도 이런 종류의 배려가 좋은 효과를 가져온 듯하다. 콘라트는 독일 땅에서 여성 공포증에도 대인기피증에도 걸리지 않았고, 아버지 공포증으로 발전하지 않은 채 성장했으니까.

프리드리히는 불행에 짓밟힐 남자는 아니었다. 불행이 찾아와도 그것을 뛰어넘는 남자였다.

보름스 성에서 하인리히에게 종신형을 내린 날부터 불과 11일 후인 7월 15일, 역시 보름스 성에서 세 번째 결혼식을 올렸다.

신부는 영국 왕의 여동생으로 스물한 살인 이사벨. 적출이 콘라트 하나이면 후계가 불안했다. 그러므로 예비 적출을 만들어둘 필요에서 한 결혼인 건 물론이지만 정략상의 이유도 있었다.

1년 전, 프랑스 왕 루이 9세가 프로방스 백작의 딸과 결혼했다. 프로방스 백작은 남프랑스 최대 영주로 최고의 유력자라 해도 좋은 존재다. 그러므로 이 결혼은 남프랑스를 거느리는 프로방스 백작과 북프랑스를 지배하는 프랑스 왕이 손을 잡았음을 의미하며 북프랑스와 남프랑스가 오랫동안 싸워온 '알비 십자군'이 드디어 종결됨을 의미하는 것이다. 그것도 프랑스 왕이 남프랑스를 취하는 형태로.

이는 이후 프랑스 왕의 힘이 강해질 것임을 예측하게 했다. 그런 프랑스 왕의 권력 강화를 그대로 놔두지 않으려면 영국이 배후에서 압력을 가하게 하는 게 효과적이다. 그렇다고 해도 지금 영국은 전 왕인 존이 프랑스 내의 영지를 거의 잃었고, 그 '실지왕'이 조인한 '마그나 카르타'에 의해 왕권이 추락한 상태였다. 그래도 영국과 프랑스 사이는 좁은 도버 해협이 가로막고 있을 뿐이다. 그 점이 프랑스 왕이 영국의 압력을 느끼게 하는 힘이 되었다.

프리드리히는 이런 영국과 손을 잡기로 한 것이다. 물론 프랑스를 얌전하게 하기 위한 전략이었다.

스물한 살의 영국 왕녀는 형인 사자심왕과 비교당하며 실지왕으로 경멸당하던 남자의 딸이라고는 생각할 수 없을 정도로 아름답고 활달하며 교양도 풍부한 여인이었다고 한다. 결혼은 정략과 적출자 출산을 위한 것일 뿐이라 생각했던 프리드리히에게 유쾌한 결혼 생활도 가능함을 알려준 듯하다. 아니, 이렇게 추리한 것은 영국인 연구자 하나뿐이지만. 어쨌든 마흔과 스물하나의 결혼 생활은 1남 1녀를 얻으며 6년간 이어졌다. 이

사벨이 스물일곱에 셋째 아이를 사산하고 죽었으니 아이를 낳는 일은 당시 여성에게는 죽음을 불사한 모험이었음을 알 수 있다.

한편 남편 프리드리히는 결혼한 몸이라는 사실을 조금도 염두에 두지 않은 듯 늘 정치에 몰두하는 생활을 이어간다. 여자라는 존재에 전혀 영향을 받지 않았던 남자는 역사적으로 적지 않으나 그도 그런 사람 가운데 하나였다.

6장

프리드리히에 의한 평화 Pax Fridericiana

프리드리히의 최대 적은 그의 생애를 통틀어 '시간'이었다.

그가 가장 원했던 것은 법에 근거한 국가의 건설이었다. 그것을 실현한 사람으로 그가 동경한 사람은 로마제국의 초대 황제 아우구스투스인데, 아우구스투스야말로 '팍스 로마나(로마에 의한 평화)'를 이룩한 장본인이라 생각했기 때문일 것이다. 프리드리히는 중세의 아우구스투스가 되고픈 것이었다. '팍스 페델리치아나(프리드리히에 의한 평화)'를 실현함으로써.

평화란 양심적인 사람이 꿈꾼다고 되는 일이 아니다. 관계자 모두가 한자리에 모여 허심탄회하게 대화를 나눈다고 되는 일도 아니다. 만약 그렇다면 분쟁이 일어나자마자 해결될 테고 세계는 아주 쉽게 평화로워질 것이다. 하지만 해결되지 않는 분쟁이 온 세상에 만연한 것이 인간 세계의 현실이자 동서고금을 막론한 인류의 역사다.

그렇다면 실제로 평화는 어떨 때 실현될까.

한마디로 말해 '평화' 앞에 '평정'이 이루어졌을 때다. 바꾸어 말하면 관계자 하나가 다른 전원에게 군사적으로든, 아니면 다른 것으로든 압도적인 우위에 섰을 때다. 항구적인 평화는 평정이라는 단계를 거친 뒤에야 비로소 손에 넣을 수 있다.

평정과 평화의 관계

/

/

'팍스 로마나'를 예로 들면 그것도 아우구스투스 혼자 이룬 업적은 아니다. 분명 그는 로마 도심에 '아라 파치스Ara Pacis(평화의 제단)'라는 신전을 짓게 함으로써 팍스 로마나의 상징처럼 여겨지고 있으나, 이 사람이 무대에 등장하기 전에 카이사르가 군사력을 이용해 평정해주었기 때문이다.

율리우스 카이사르는 저서 《갈리아 전기》에서 "갈리아는 평화로워졌다"라고 썼다. 직역하면 이렇게 해석할 수밖에 없는데 고대 로마인의 사고방식으로 의역하면 "평화의 전제인 평정이 끝났다"라는 뜻이 된다. 고대 로마인의 머릿속에서 '평정'과 '평화'는 아주 자연스럽게 이어져 있었다.

율리우스 카이사르는 서른아홉의 갈리아 제패 시작부터 쉰여섯에 암살당할 때까지 17년간, 유럽과 중근동, 북아프리카를 망라하는 로마제국 영토 대부분을 평정했다.

그 뒤를 이은 것이 아우구스투스다. 로마제국의 초대 황제가 되는 이 사람은 라이벌이었던 안토니우스를 물리친 서른여섯부터 일흔일곱에 죽을 때까지 40년이란 세월을 바쳐, '팍스 로마나', 즉 '로마가 주도하는 국제질서의 확립'을 이루어냈다.

그 뒤를 이은 것이 2대 황제인 티베리우스. 이 사람은 쉰여섯에 제위에 오른 후 일흔아홉 살에 죽을 때까지 23년간 무엇을 했나.

결론부터 말하자면 '팍스 로마나'를 국외의 적뿐만 아니라 국내의 적에게도 확대했다. 즉 치안을 확립한 것이다. 인간은 자기 집 문단속은 스스로 할 수 있다. 그러나 자기 집 밖에서 밤낮으로 안전하게 걸어 다닐 수 있게는 할 수 없다. 집 밖의 안전을 개개인에게 보장하는 일은 공적 기관의 의무다. 티베리우스에게 내부의 적은 당연히 도적이나 산적이었다. 티베리우스 통치 아래의 로마제국에서 산 채로 맹수의 먹이가 되는 극형에 처해진 것은 도적과 산적 두목이었다.

치안을 정비함으로써 '팍스 로마나'도 완성의 영역에 도달한다. 광대한 로마제국 안에서는 경호원을 쓸 수 있는 지위나 고용할 돈이 없는 사람도 안심하고 여행할 수 있게 되었으니까. '팍스(평화)'란 국외뿐만 아니라 국내에도 확립해야만 한다. 그러니까 제패만이 아니라 치안까지 확보되지 않으면 진정한 의미에서의 '팍스'는 되지 못하고 '팍스'라 칭할 자격도 없다.

'팍스 로마나'는 능력이나 경험에서 베테랑의 영역에 도달한 세 남자가 차례로 배턴 터치하듯 3대에 걸쳐, 합치면 80년의 세월을 들여 만들어낸 국제 질서였다.

그 때문에 칼리굴라나 네로 같은 통치 부적합자가 이후 제위에 올랐어도 제국은 무너지지 않았다. 1백 년 뒤 오현제 시대도 현명한 황제들이 한 일은 말하자면 '팍스 로마나'의 보수에 불과했다. 가도나 다리 보수와는 달리 제국의 보수이니 간단한 일은 아니었을 테지만, 국체의 개조까지는 필요하지 않았다. '로마제국 건국의 아버지들'이었던 카이사르와 아우구스투스, 티베리우스에 의한 기반 마련과 건설, 마무리라는 모든 작업이 착실하고 견고하게 이루어졌기 때문이다.

프리드리히가 언제부터 법에 근거한 질서 확립과 그 연장선상에 있는 평화의 수립이라는, 궁극적인 정치 목표에 강한 관심을 지녔는지는 알 수 없다. 다만 그 관심이 명확한 형태로 등장한 해는 알 수 있다. 그가 스물다섯이던 해였다.

1220년, 프리드리히는 로마에서 교황에 의해 신성로마제국 황제 프리드리히 2세로 대관했다. 신심 깊은 중세인이 보기에는 로마에서 교황에 의한 제관 수여라는 의식을 통해 비로소 정식으로 신성로마제국 황제로 취임하게 되는 것이다. 스물다섯에 프리드리히는 첫 시련을 이겨낸 것이다.

직후 그는 이탈리아를 남하해 카푸아로 가서, 그 땅에서 '카푸아 헌장'을 발표한다. 그리고 10년 뒤인 1230년, '멜피 헌장'의 기초가 시작되고 다음 해에 공표했다. 이 멜피 헌장은 'Liber Augustalis(아우구스투스 헌장)'라고도 불렸다. 그를 바탕으로 정한 새로운 금화 명칭이 'Augustale(아우구스투스 금화)'였던 것과도 호응한다. '카푸아 헌장'과 '멜피 헌장'의 관계는 시안과 결정안의 관계나 마찬가지다. 결정안이므로 '아우구스투스 헌장'이라고 불렸을지 모른다. 이 명칭 하나만 봐도 이제 막 삼십 대가 된 프리드리히의 심경을 잘 알 수 있다.

법에 근거한 질서 확립과 그에 의한 평화 수립을 바라는 마음은 알겠으나 그 전제가 되는 평정에 대해서는 중요성을 인정하지 않았나? 그렇지 않았다. 그에 관한 관심은 상당히 빠른 시기부터 갖고 있었다.

열네 살의 나이에 혼자 성인임을 선언하고 교황이 추진해준 결혼을 후 딱 해치운 다음 아내가 지참금 대신 데려온 기병 5백 명을 이끌고 남부 이탈리아와 시칠리아섬으로 이루어진 '시칠리아 왕국'의 평정에 나섰으니 말이다.

그때까지의 시칠리아 왕국은 프리드리히가 고아에다 어리다는 이유로 봉건 제후들이 마음대로 행동해 사실상 무정부 상태가 이어지고 있었다. 그런 탓에 성인이 되어 외가로부터의 세습권을 완전히 행사할 수 있게 된 프리드리히는 그들을 '평정'한다는 대의명분을 비로소 갖게 된다. 앞으로는 멋대로 행동하지 말라고 선언한 열네 살의 왕에게 제후들도 순순히 따를 수밖에 없었다. 봉건 사회의 유력한 구성원인 그들도 사회적 처지는 왕의 신하였으므로.

열일곱 나이에 독일로 떠난다. 알프스 북쪽의 '평정'에는 8년이 걸렸다. 신성로마제국의 중추인 독일에서는 '시칠리아 왕국'과 달리 프리드리히는 세습권을 행사할 수 없었기 때문이다. 할아버지와 아버지가 황제였으므로 그도 황제로 가는 최단 거리에 있었던 것은 확실하다. 그래도 독일은 선제후들이 선출해주지 않는 한 황제 후보라 할 수 있는 독일 왕도 될 수 없었다. 열일곱부터 스물다섯까지의 프리드리히는 그런 독일에서 고위 성직자와 세속 제후로 이루어진 봉건 사회를 다시 조정하는 수밖에 없었다.

그는 이런 현실에 입각한 정책을 펼쳐 독일 왕과 황제 자리를 확실히 굳힌다. 독일 '평정'의 최종 목표가 교황이 주관하는 로마에서의 대관식이었다. 그러므로 이것까지 해치우자마자 '카푸아 헌장'에 착수한 것이다. 시칠리아 왕국에서는 자신의 출신과 지위를 최대한 활용하는 것이 프리드리히의 '평정'이었으니까.

하지만 프리드리히에 세는 '로마제국 건국의 아버지들'이 직면할 필요가 없었던, 장애가 존재했다.

고대 로마는 다신교 세계였기 때문에 딱 하나로 정해진 국가 종교는 없었다. 종교에만 종사하는 고정된 성직자 계급도 없었다. 무엇보다 종교적 제의조차 다른 직업군의 사람이 돌아가면서 맡았다. 로마인의 정장인 토가 자락을 머리에 뒤집어쓰기만 하면 할 수 있었다.

반대로 중세는 동쪽의 이슬람도, 서쪽의 그리스노교도, 일신교 세계였다. 일신교에는 교리가 있다. 따라서 그 교리를 해석하는 사람도 필요해 종교에만 종사하는 성직자 계급이 탄생한다. '기도하는 사람'이라 불린 계급인데, 이 기도하는 사람들을 조직화한 것이 가톨릭교회이고 그것을 운영하는 곳이 교황청이며 이 모든 것 위에 군림하는 것이 로마 교황이다. 즉 '기도하는 사람'도 기도하는 것만이 아니라 강력한 권력을 지닌 집단이 되었다는 이야기였다.

게다가 중세에서는 이 '기도하는 사람' 집단이 그들 이외의 다른 집단에 대해서도 지침을 내리는 권리를 지닌 것으로 여겨졌다. 법이 인간이 공생하는 데 필요한 규칙임은 인정한다. 그러나 그것도 가톨릭교회의 방침에 근거해야 한다는 것이다.

로마 황제들이라면 인간 사회를 기능하게 하는 규칙을 만들 때 거기 사는 사람들의 필요성만 고려하면 그만이었다. 하지만 중세에 살았던 프리드리히는 그조차도 그리스도 교회 측의 생각을 빗겨나가며 추진해야 했다. 교회법에 저촉되는 순간, 즉 교황청의 방침에 반하다고 여겨지는 순간 이단으로 단죄될 위험성이 있기 때문이다. 이단이란 중세에서는 반체제로 낙인찍히는 것이나 마찬가지였다.

로마를 따라 법치국가를 건설하려 했던 프리드리히의 앞을 막아선 또 다른 시련은 오랜 세월에 걸쳐 '팍스 로마나'가 유지된 최대 요인인 '클레멘티아clementia', 즉 관용 노선을 쓸 수 없다는 점이다.

로마인은 전쟁 자체는 죄가 아니라고 생각했다. 하지만 전쟁이 끝나고 강화를 맺은 다음에 약속을 깨고 반기를 드는 행위는 죄라고 생각했다. 로마인이 가장 중시한 도덕인 '피데스fides(신의)'에 반하는 행위였기 때문이다.

이런 상황이 되면 로마는 압도적인 군사력을 투입하는 진압에 망설이지 않았다. 일단 맺은 강화를 깨고 반로마 깃발을 든 민족을 기다리는 운명은 철저한 파멸뿐이었다. 관용 노선도 압도적인 군사력을 배경으로 했기에 효력을 발휘할 수 있었다.

프리드리히는 생애를 통틀어 압도적이라 할 만한 군사력을 지닌 적이 없다. 할아버지 붉은 수염 황제가 10만의 병력을 모을 수 있었던 데 반해 그가 사용할 수 있는 병력은 항상 1만 전후였다.

봉건 사회에서 병력을 거느리는 사람은 '싸우는 사람'인 봉건 제후다. 할아버지 프리드리히 1세는 봉건 제후를 결속시키는 것으로 만족했고 그래서 그들이 제공하는 병력을 거느릴 수 있었으나 손자인 프리드리히 2세는 봉건 사회에서 법치국가로 개혁하는 데 의욕을 불태웠다. 그것도 봉건 제후를 법치국가의 고급 관료로 변모시키면서.

그런 그가 세습 영토이므로 병력 징집이 쉬웠을 남부 이탈리아에서 병사를 모으는 데 고생하고 결국은 독일에서 모아야 했던 것도 당연하다. 그가 병사로서 이탈리아인보다 독일인을 신용한 것은 아니다. '시칠리아 왕국'은 법치국가가 되고 있었기 때문이다. 반대로 알프스 북쪽에서는 봉건 제도가 더 강력하게 남아 있어서 제후만 동의하면 병사를 모을 수 있었다.

참고로 중세 1천 년 동안, '클레멘티아(관용)'라는 말은 사어가 되었다. 중세에서는 황제나 왕, 제후까지 다른 이를 압도할 수 있을 만큼의 군사력을 지닌 사람이 없었기 때문이다. 프리드리히는 그런 시대에 살면서 '팍스 페델리치아나(프리드리히에 의한 평화)'를 실현하려 한 것이다. 게다가 그것을 더 강력하게 추진하기로 마음먹은 1236년, 그는 이미 마흔한 살이었다. '시간'은 그를 언제나 재촉했다.

롬바르디아 동맹

/

/

그해 여름, 로마 교황 그레고리우스, 프랑스 왕 루이, 영국 왕 헨리를 비롯한 서유럽 그리스도교 세계의 유력자 전원은 독일에서 황제 프리드리히가 보낸 '롬바르디아 동맹' 참가 도시에 대한 평정 시작을 알리는 통보를 받았다. 그 가운데 특히 프랑스 왕과 영국 왕에게는 편지만 보낸 게 아니라 특사를 파견해 그 이유를 설명하고 이해를 얻어내기까지 했다.

이유는 명쾌했다. 이탈리아에서 독일로 갈 때 알프스를 넘을 때마다 롬바르디아 동맹 참가 도시들의 방해를 받아야 하는 현재 상황을 더는 방치할 수 없고, 북부 이탈리아에 있는 이들 도시는 신성로마제국의 영지인 이상, 이런 반항 행위를 멈추게 할 권리는 황제인 자신에게 있다는 것이다. 프랑스 왕과 영국 왕도 자국 안의 반항 분자는 골칫거리였기 때문에 그들의 이해를 얻는 일은 쉬웠다. 하지만 로마 교황 그레고리우스만은 다른 생각이었다.

로마를 중심으로 한 중부 이탈리아는 나중에 자세히 서술하는 이유로 인해 로마 교황의 영토였다. 그 영토의 영주인 로마 교황으로서는 독일의 신성로마제국과 남부 이탈리아의 시칠리아 왕국의 영지가 남북으로 교황의 영지를 포위하는 상태만큼은 모든 수단을 동원해서라도 피하고 싶은 악몽이었다.

하지만 현재 상황은 신성로마제국 황제이자 시칠리아의 왕이기도 한 프리드리히가 북과 남을 다 제압했다. 그런 프리드리히가 알프스를 넘어갈 때마다 롬바르디아 동맹의 방해를 받는 상황은 교황에게는 나쁠 게 없었다. 나쁘기는커녕 오히려 이런 상황이 계속되길 바랐다.

물론 프리드리히도 로마 교황의 속내를 알고 있었다. 그래서 교황에게 특사를 보냈는데 그 특사에 부여된 임무는 프랑스나 영국 왕에게처럼 이유를 설명하고 이해를 얻어내는 게 아니었다. 롬바르디아 동맹과의 대결이 전투에 이르지 않고 해결할 수 있는 회의를 소집해달라고 로마 교황에 요청한 것이다. 요컨대 잠재적인 적을 중재자로 무대에 올려버린 것이다. 그레고리우스는 이야말로 평화를 바라는 로마 교황의 역할이라며 그 요청을 받아들인다.

받아들이긴 했으나 교황의 진심은 평화적인 해결이 아니었다. 황제 측은 특사로 튜턴 기사단단장 헤르만과 피에르 델라 비냐를 보냈는데 롬바르디아 동맹 측의 대표는 나타나지 않았다. 교황도 그들에게 빨리 오라고 재촉하지 않았다. 이리하여 외교에 의한 해결 시도는 처음부터 불발로 끝났다.

프리드리히는 다시 시도한다. 이번에는 황제인 자신이 직접 피아첸차에서 회의를 소집하고 소집령을 롬바르디아 동맹 참가 도시에 보냈다. 소집령을 보냄과 동시에 1천 기병을 거느리고 직접 알프스를 넘어 이탈리아로 들어온다. 그 사실을 알게 되자 방해에 나섰던 사람들은 저마다의 도시로 도망쳐 돌아왔다. 그렇지만 피아첸차 회의에 대표를 보낸 도시는 하나도 없었다.

역사상 '롬바르디아 동맹Lega Lombarda'이라는 이름으로 알려진 이 동맹은 언제, 어떤 목적으로 결성되었나.

이 동맹에 참여한 '코무네'라는 자치도시는 어디인가.

왜 베네치아공화국은 도시국가인 데다 북부 이탈리아에 있다는 점에서는 밀라노와 마찬가지인데 이 동맹에 참여하지 않았나.

중세 후기로 들어간 이 시대, 이탈리아의 특색이 되는 '코무네'라는 현상은 왜 중부와 남부 이탈리아에는 없고 북부 이탈리아, 그것도 북서부 이탈리아에서 일어났나.

이 시대 이탈리아에서 생긴 자치도시(코무네)는 영토라는 점에서 신성로마제국인 독일은 물론 남부 이탈리아와 시칠리아섬을 합친 '시칠리아 왕국'과도 비교할 수 없을 만큼 좁은데 어떻게 연합해 신성로마제국 황제에 정면으로 반항할 수 있었을까.

밀라노를 중심으로 하는 북서 이탈리아는 지금도 롬바르디아 지방으로 불리고 있는데 '롬바르디아 동맹'은 1167년, 밀라노의 제창으로 결성되었다. 당시의 신성로마제국 황제 프리드리히 1세, 역사에서는 '바바로사(붉은 수염)'라는 이름으로 알려진 이 황제가 법적으로는 신성로마제국령이 되는 북부 이탈리아에도 황제의 지배권을 확립하려고 군대를 남아시켰고 이를 저지할 목적으로 결성한 것이다.

황제의 직할권이 확립되면 '포데스타$_{podesta}$'라는 행정과 군사, 사법을 담당하는 장관도 황제가 파견하고 세금도 황제가 정한다. 코무네 주민은 그게 싫었다. 역사 연구자 가운데 자유를 추구한 탓이라고 말하는 사람도 적지 않다. 하지만 당시에는 오늘날 우리가 생각하는 자유, 행동과 언론의 자유를 제한할 정도의 힘은 황제조차 지니고 있지 못했다.

다만 사법과 행정, 경제 정책을 스스로 결정하겠다는 생각은 현대에서 보면 너무나도 당연한 바람이다. 그러므로 현대 역사학자들은 이탈리아어 '코무네'를 '자치도시'로 번역하는데 내실을 보면 아주 명확하지도 이상적이지도 않다. 앞서 말한 로미오와 줄리엣의 비극 그대로 코무네 안의 세력 다툼은 매우 치열해, 승리한 측이 패배한 측을 추방하거나 죽이는 것으로 배제하고 자기 입맛에 맞는 인물을 장관에 올려 세금도 자기들에게 유리하게 정하는 게 실정이었다. 처절한 싸움이 끝나지 않을 때는, 사실은 이럴 때가 더 많았는데, 명색이 도시를 대표하는 공인 '포데스타'조차 다른 도시에서 초빙해 취임시킬 정도였다. 밀라노 장관에 베네치아 시민이 오르는 식이었다. '자치를 원한다'라는 마음은 아름답지만, 현실은 이랬다. 처절한 내부 항쟁이라는 희생을 치르더라도 자치를 지키고 싶다는 것이 코무네라 불린 자치도시의 실체다.

그러니 '코무네'가 황제와 격돌한 것도 당연하다. 억누르려는 구 세력과 억눌리지 않겠다고 일어선 신흥 세력의 격돌이기도 했으니까. 2백 년 뒤에 찾아오는 르네상스를 앞둔 중세 후기를 특징짓는 역사적 현상이기도 하다.

군을 이끌고 알프스를 넘어온 붉은 수염 황제와 롬바르디아 동맹의 군사 충돌은 10년간 이어졌다. 그렇다고 해서 10년간 끊임없이 싸운 건 아니다. 황제가 남하하면 전투가 재개되는 식으로 몇 년마다 한 번씩 싸운 것이다. 처음에는 황제군이 우세했고 한때는 밀라노가 잿더미로 변한 적도 있다. 하지만 전황은 조금씩 롬바르디아 동맹 쪽이 유리해졌다. 그리고 1176년, 붉은 수염 황제는 '레냐노 전투'라는 이름으로 유명한 전투에서 큰 패배를 당한다.

이때가 되어서야 그때까지 중립을 지켜온 베네치아공화국이 나선다. 그리고 내심 황제의 승리를 바라지 않고 코무네를 응원했던 로마 교황 알렉산더 3세도 나서서, 베네치아에서 강화회의를 개최했다. 바다의 도시 베네치아에 로마 교황, 붉은 수염 황제, 그리고 롬바르디아 동맹의 대표가 모인 것이다. 이때는 6년간의 휴전만 정해졌는데 6년 후인 1183년에는 강화도 성립한다. 그것이 '콘스탄츠 강화'라고 불리는 것은 황제가 조인한 독일 마을 이름에서 따왔기 때문이다. 붉은 수염이라는 이름만으로 모르는 사람이 없을 정도로 이탈리아에서 유명했던 이 황제도 원래의 야망을 이루지는 못했다.

그럼 '콘스탄츠 강화'에서는 어떤 것들이 결정되었나.

신성로마제국 황제 프리드리히 1세는 롬바르디아 동맹의 여러 도시(코무네)를 공적으로 인정했다. 신성로마제국 영토라도 각 코무네 내부에서의 경제, 행정, 사법의 자치권을 공인한 것이다. '포데스타'의 임명권을 포기하고 코무네가 다른 나라에 파견하는 영사consul 인선권도 각 코무네에 있음을 인정했다.

대신 코무네 측도 법적으로는 영유권을 지닌 황제에 따를 것을 맹세한다. 장관도 영사도 임기는 1년이므로 1년마다 그들은 황제에 충성을 맹세해야 한다. 다만 맹세만이 아니라 이들 자치도시의 공무 집행자들은 외교나 국외 전쟁 같은 중요한 사항에 대해서는 황제와 상담하고 정한다고 명기되었다.

이 밖에도 코무네 측은 1만 5천 리라의 배상금(이는 일시금)과 매년 2천 리라의 연공을, 임대인이 집주인에게 내는 집세 같은 느낌으로 황제에게 납부한다. 또 황제가 알프스를 넘어 이탈리아로 남하할 때는 그에 필요한 모든 경비를 부담하기로 한다.

'콘스탄츠 강화'는 타협의 산물이었다. 황제는 명분을 유지하고 코무네 측은 실익을 챙겼다. 하지만 북부라 해도 이탈리아인과 맺은 타협을 독일인이 계속 믿는다는 보장은 없다는 게, 두 민족의 오랜 역사이기도 했다.

독일 남자 그 자체인 '붉은 수염'은 '싸우는 사람'을 대표하는 황제고, 상대인 이탈리아 남자들은 활달한 수공업자였다. 그들은 중세에서는 '기도하는 사람'이나 '싸우는 사람'보다 현격히 낮다고 여겨진 '일하는 사람'이었다. 그런 사람들에게 강화까지 맺고 잠자코 물러설 '붉은 수염'이 아니었다. 게다가 여전히 건강한 육체를 자랑하는 쉰여덟. 이로부터 7년 뒤에는 제1차 십자군으로 탈환한 성도 예루살렘을 이슬람의 명장 살라딘에 재탈환된 데 서유럽 전체가 분노로 들끓어 시작된 제3차 십자군을 위해, 영국의 사자심왕 리처드보다 먼저 오리엔트로 향하게 되는 붉은 수염이다. 바로 근처까지 진군하고 아주 사소한 사고로 익사해버리는데 살라딘과 정면승부를 벌이는 사자심왕과 비교해 강하면 강했지 결코 뒤처지는 남자는 아니었다. 그런 그였으니 황제를 회담 장소로 끌어내 이겼다며 기뻐하는 '코무네'의 코를 납작하게 할 계책을 생각했다.

시칠리아 왕국의 왕인 노르만 왕조의 굴리엘모 2세에게는 자식이 없었다. 하지만 후계가 없어 고민하던 이 왕에게는 결혼하지 않은 채 서른한 살이 된 숙모가 있었다. 한편 붉은 수염은 스무 살이 된 하인리히라는 후계자가 있었다. 이 둘을 결혼시키자는 것이 붉은 수염이 생각해낸 계책이었다.

이렇게 되면 하인리히는 황제의 후계자임과 동시에 시칠리아의 왕이 되고 그의 뒤는 콘스탄체와 하인리히 사이에서 태어난 아들에게 계승된다. 로마 교황이나 북부 이탈리아의 코무네가 알아차리지 못하게 극비리에 진행되었을 이런 내용의 설득을, 시칠리아 왕 굴리엘모 2세는 승낙했다. 후계자가 없어서 고민하던 그로서는 이제 자신의 후사도, 시칠리아 왕국의 존속도 보장된 셈이었으니까.

1186년, '콘스탄츠 강화' 조인 3년 뒤, 언젠가는 신성로마제국의 황제가 될 하인리히와 시칠리아 왕국의 왕위 계승자 콘스탄체는 밀라노대성당에서 장엄한 결혼식을 올렸다. 붉은 수염 황제에게 밀라노는 어디까지나 자신이 통치하는 영지다. 밀라노에 대한 세력 과시인 셈인데, 그걸 알면서도 밀라노 시민은 황제의 아들의 결혼식을 지켜보게 된 것이다. 비용은 모두 밀라노가 부담하고 신랑·신부 일행이 이탈리아에 체류하는 동안의 비용도 롬바르디아 동맹이 부담했다.

이 둘에게는 좀처럼 아이가 생기지 않았다. 콘스탄체는 그래도 다정하게 대해주는 남편에게 미안한 마음을 품었는데 결혼 8년 만에 드디어 사내아이를 낳는다. 그 아이가 바로 이 작품의 주인공인 프리드리히 2세다.

붉은 수염의 걱정은 역시 적중한 듯하다. 1190년, 오리엔트로 향하는 도중에 붉은 수염 황제가 익사했다는 소식이 퍼지자마자 롬바르디아 동맹의 여러 도시는 강화에서 정한 내용을 다시 고려하기 시작했다. 붉은 수염의 황제 자리는 하인리히가 계승했으나 그런 그도 7년 뒤, 서른둘의 젊은 나이로 죽는다. 남겨진 것은 세 살의 프리드리히였다. 그런데다 다음 해에는 어머니까지 세상을 떠나 완전히 고아가 된다. 이는 북부 이탈리아 코무네에 있어서 사실상 황제 부재의 시대가 왔음을 의미했다.

물론 그들이 '콘스탄츠 강화'를 계속 지켰을 리 없다. 이리하여 북부 이탈리아는 붉은 수염이 남하하기로 마음먹기 이전과 같은 상태로 돌아가 버린 것이다. '롬바르디아 동맹'도 적이 사라진 이상 자연스럽게 해산했다.

그래도 역시, 황제라는 존재 자체에 대한 반감은 사라지지 않았다. 해산으로부터 15년이 지난 1212년, 열일곱이 된 프리드리히는 처음으로 독일로 향한 여행에 나섰다. 이미 시칠리아 왕국의 왕이었던 그는 아직 독일의 왕도 아니고, 하물며 신성로마제국의 황위 자리도 확실치 않은 시기였다. 그리고 남부 이탈리아에서 독일로 가는 데는 알프스를 넘는 수밖에 없다. 제노바에서 배를 버린 열일곱 소년과 얼마 안 되는 그의 수행자들은 제노바부터 알프스의 입구인 베로나까지 북서부 이탈리아를 대각선으로 가로지를 수밖에 없었다.

그 일행을 독일에 보내지 않겠다며 뒤쫓은 것이 밀라노 군대였다. 이때 프리드리히 일행은 말을 탄 채 강에 뛰어들어 도망친다. '붉은 수염' 시대부터 황제파로 있어온 크레모나 마을로 도망쳐 들어가서야 겨우 난을 면할 수 있었다.

해산한 상태였음에도 '롬바르디아 동맹'의 리더는 여전히 밀라노였다. 아직 열일곱인 프리드리히라도 붉은 수염, 하인리히까지 2대에 걸쳐 신성로마제국 황제가 된 호엔슈타우펜 가문에 속한 이상, 황제가 되는 최단 거리에 있다. 나이가 많고 적고를 불문하고 이 일가의 남자들이 이탈리아와 독일을 자유롭게 오갈 수는 없게 해야 한다. 밀라노인의 가슴속에 불타고 있던 이런 생각은 동맹이 해산된 후에도 꺼지지 않았다.

그런 '롬바르디아 동맹'이 해산한 지 30년이 지나가려던 1226년이 되어, 다시 결성된 것이다. 이번에도 리더는 밀라노이고, 목적도 역시 반황제였다. 프리드리히는 6년 전인 1220년, 로마에서 교황의 손으로 제관을 받는 의식을 거쳐 명실상부 신성로마제국 황제로 취임했다.

사십 대의 붉은 수염 황제에 대항해 롬바르디아 동맹을 결성했던 북부이탈리아의 코무네가 그 절반의 나이밖에 되지 않은 황제의 출현에 강한 경계심을 드러냈다. 게다가 프리드리히 2세는 할아버지 1세와 달리 신성로마제국 황제임과 동시에 시칠리아 왕국의 왕이기도 했다. 즉 독일과 이탈리아 양쪽에 영토를 거느리고 있다는 이야기였다. 코무네가 흩어져 있던 북부 이탈리아는 남부 이탈리아부터 독일로 향하는 여정에 있다. 지리상의 이유만으로도 붉은 수염보다 손자인 프리드리히 쪽에 북부 이탈리아를 '평정'할 대의명분이 컸다.

역사적으로 붉은 수염 황제에 대항해 결성되었을 때의 동맹은 제1차 롬바르디아 동맹이라고 부르고, 그 손자인 프리드리히에 대항해 결성된 이번은 제2차 롬바르디아 동맹이라 부른다. 그리고 이 '제2차'에는 25년간이라는 존속 기간이 명기되었다. 무엇보다 중세 유럽에도 '인생 오십'이란 개념이 있었나 싶어 웃게 되는데 그해 서른하나였던 프리드리히도 살아 봤자 오십 대 중반까지라고 계산했다는 소리다.

기한이 정해지지 않았던 '제1차'에서도, 기한이 25년으로 정해진 '제2차'에서도 북부 이탈리아 코무네가 모여 결성한 '롬바르디아 동맹'이 신성로마제국 황제에 대한 대항을 목적으로 결성된 것임에는 변함이 없다. 그런 까닭에 황제에 대한 군사 행동으로 제한된 동맹인 것도 마찬가지다.

또 하나, 달라지지 않은 게 있다. 그것은 제1차와 제2차 모두 '롬바르디아 동맹' 뒤에는 늘 '로마 교황'이 버티고 있다는 점이다. 황제의 힘이 강해지는 것을 초지일관 꺼렸던 로마 교황이므로 당연한 일이다. 그러므로 롬바르디아 동맹과 황제의 대결은 로마 교황과 신성로마제국 황제의 대결이 된다. 종교가 전면에 나서지 않는 이런 경우도, 근본적으로는 '교황파(겔프)'와 '황제파(기벨린)'의 대결이었기 때문이다.

교황파(겔프)와 황제파(기벨린)

/

/

만약 남유럽사라는 분야가 있다면 절대 빼놓을 수 없는 게 '롬바르디아 동맹'인데 이 동맹에 참여한 '코무네(자치도시)'를 열거하라면 확실히 대답하기 어렵다. 시종일관 확신범처럼 교황파에 있던 도시와 황제파에 있던 도시는 댈 수 있다. 그것은 밀라노와 크레모나인데 이 두 도시는 수공업이라 해도 제조업 국가로 서로 라이벌 관계에 있었다.

두 도시 외에는 처음에는 참여했다가 이탈하고, 조금 있다가 다시 돌아오기도 해서 확실한 답을 줄 수 없다. 왜냐하면 깃발을 결정하는 것도 코무네 내부의 항쟁에 좌우되기 때문이다.

셰익스피어의 《로미오와 줄리엣》의 원작 연대는 이 시기를 무대로 하고 있다. 무대인 베로나도 롬바르디아 동맹에 참여했다. 그리고 이 시대 코무네의 예를 충실히 따라 베로나 역시 내부는 양분되어 있었다. 로미오가 속한 몬태규 가문과 줄리엣이 태어난 캐플릿 가문은 원수지간인데 몬태규 가문이 황제파를 칭하면 캐플릿 가문은 확실히 교황파에 섰을 것이다.

몬태규 가문이 내부 항쟁에 승리하면 베로나는 동맹을 이탈해 황제 측으로 변한다. 반대로 캐퓰릿 가문이 승리하면 베로나는 동맹 측에 머무는 식이다. 황제의 단호한 공격을 받아 코무네 내부 인심이 동요해 그때까지 우세했던 교황파 대신 황제파가 다수파가 되는 사태도 드물지 않았다. 이 또한, 롬바르디아 동맹에 참여한 도시의 수와 이름이 끊임없이 변한 이유 가운데 하나다.

프리드리히에 대항할 목적으로 결성된 제2차 롬바르디아 동맹에 참여한 코무네는 참가를 표명한 시점에서 다음과 같다.

서쪽에서 동쪽으로, 토리노, 베르첼리, 로디, 알레산드리아, 피아첸차, 밀라노, 크레마, 베르가모, 브레시아, 만토바, 베로나, 비첸차, 파도바, 트레비소. 그리고 중부 이탈리아까지 치면 페라라, 볼로냐가 된다.

1226년 3월에 밀라노의 제창에 응해 대표를 보내, 제2차 롬바르디아 동맹에 참여한 코무네는 이 16개 자치도시였다. 이 밖에도 북부 이탈리아에서 나름 강했던 코무네는 제노바와 파비아, 크레모나, 베네치아와 피사까지 다섯 개 도시였다. 이 다섯 개 도시가 모두 황제파에 선 건 아니다. 가장 분명하게 황제파인 것은 크레모나뿐이었다고 해도 좋을 정도로, 나머지 네 개 도시는 대표를 보내지 않았을 뿐이다.

이래서는 프리드리히가 이탈리아와 독일을 왕복하는 데 늘 고생하는 게 당연했다. 프리드리히를 막아선 것은 알프스산맥만이 아니다. 그 남쪽을 선으로 연결한 롬바르디아 동맹이라는 바리케이드가 놓인 것이다.

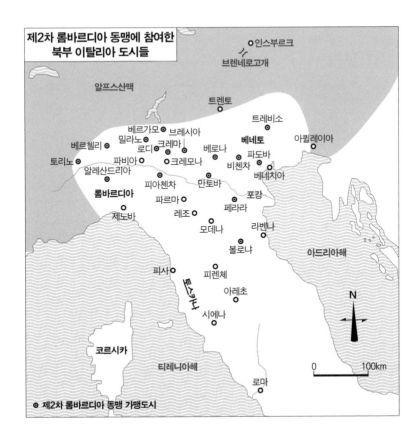

제2차 롬바르디아 동맹에 참여한
북부 이탈리아 도시들

인스부르크

브렌네로고개

알프스산맥

트렌토

트레비소

베르가모 브레시아

아퀼레이아

밀라노 크레마 베로나 베네토

베르첼리 로디 크레마 베로나 파도바

토리노 파비아 크레모나 비첸차

알레산드리아 크레모나 비첸차 베네치아

피아첸차 만토바

롬바르디아 파르마 포강

제노바 레조 페라라

모데나 라벤나

볼로냐 아드리아해

피사 피렌체

토스카나 아레초

시에나 N

코르시카 0   100km

티레니아해

로마

◎ 제2차 롬바르디아 동맹 가맹도시

　북부 이탈리아 전역은 서쪽 반을 차지하는 롬바르디아 지방과 동쪽의 베네토 지방으로 나뉘어 있다. 롬바르디아 지방의 중심 도시가 밀라노라면 베네토 지방에서 가장 강력한 도시는 베네치아였다. 그 베네치아공화국은 롬바르디아 동맹과는 끝까지 일정한 거리를 유지했을 뿐만 아니라 중립적인 위치를 이용해 콘스탄츠 강화를 중개하기까지 했다. 자치를 내건 도시국가라는 점도, 북부 이탈리아에 있다는 점도 다른 코무네와 같은 조건이었는데도 왜 베네치아만은 참여하지 않았을까.

베네치아공화국

/

/

베네치아인은 북부 이탈리아의 다른 도시처럼 어떤 영주의 땅을 빌려 자신의 도시를 세운 게 아니다. 고대 말기, 그때까지는 사람이 살려고 하지 않은 바다 위의 점점이 머리만 내놓은 육지를 엮어 만든 것이 베네치아라는 도시다. 또 중세로 들어온 9세기에는 그 베네치아마저 영지에 복속하려고 신성로마제국 초대 황제인 샤를마뉴의 아들 피핀이 공격해왔으나 베네치아는 이를 물리는 데 성공했다.

베네치아가 신성로마제국 영토에 들어간 적은 한 번도 없다. 붉은 수염도, 그 손자 프리드리히도 베네치아만은 다른 코무네와 동일시하지 않고 신성로마제국 이외의 독립국으로 대했다. 이것이 '롬바르디아 동맹'에 베네치아공화국이 참여하지 않은 가장 큰 이유다. 즉 황제가 참견할 위험이 없었으므로 그 황제에 반항할 필요도 없었다는 소리다.

두 번째 이유는 베네치아의 특이한 점이라고 해도 좋을, 국가가 아닌 주민 공동체라는 사고방식에 있다. 바다의 도시인 베네치아의 '발'은 육로를 이용할 수 있는 다른 도시와 달리 '배'였다. 바다에서 싸움이 일어나면 항해를 하지 못하는 데 그치지 않고 자칫하면 침몰한다. 따라서 베네치아가 얼마나 세심한 주의를 기울여 내부 항쟁이 일어나지 않는 사회를 만들려고 노력했는지는《바다의 도시 이야기》를 읽어보면 알 텐데, 그런 베네치아가 '중세의 로마'로 불린 것은 국내 세력이 일치된 모습을 보이는 데 뛰어났던, 고대 로마와 비교되었기 때문이다.

바다 위에서 선장과 선원들의 의견이 항상 일치하리란 보장은 없다. 다만 선장이나 선원들이 항해의 지속을 가장 우선시한다면 보조는 맞출 수 있다. 베네치아공화국은 이런 생각으로 운영된 것이다. 로미오와 줄리엣의 비극은 베로나와 밀라노였다면 일어났을 것이다. 하지만 베네치아에서는 일어나지 않았다. 왜냐하면 공화국 정부가 상층, 하층 모두 베네치아공화국 시민 사이가 견원지간이 되는 것을 허용하지 않았기 때문이다.

이렇게 생각하는 베네치아인이 보기에, 같은 북부 이탈리아에 있는 다른 자치도시(코무네)의 내부 항쟁은 도무지 이해할 수 없는 일이었을 것이다. 아니, 속으로는 경멸했을지 모른다. 내부 항쟁에 소비되는 에너지도 에너지인 것은 맞는데 낭비되는 에너지였다. 중세에서도 손꼽히는 경제적 동물이었던 베네치아인으로서는 경제적 이익이 전혀 생기지 않는 어린아이 같은 심술에 불과했다.

황제와 동맹 모두와 거리를 두고, 그 거리를 유지하는 데 유의했다. 황제파, 교황파 모두 통상 국가인 베네치아의 고객이자 상품 판매자였다.

'콘스탄츠 강화'는 이런 베네치아의 외교가 성공한 좋은 예다. 베네치아는 강화를 맺을 장소만 제공한 게 아니다. 황제 붉은 수염과 롬바르디아 동맹의 대표, 교황 알렉산더 3세가 한자리에 모인 회의를 시종일관 이끌었던 것은, 베네치아 정신을 체현한 원수였으니까.

베네치아공화국이 '롬바르디아 동맹'에 참여하지 않은 이유는 이것으로 다 설명했다 해도 '배'를 '발'로 생각했던 이탈리아의 해양 도시국가에는 베네치아의 라이벌인 제노바도 있다. 그렇다면 제노바는 왜 처음에는 황제 측에 있다가 동맹 측으로 태도를 바꿨을까, 하는 의문이 남는다.

그에 대해서는 배 안에서의 싸움은 절대 허용하지 않는다는 생활방식을 DNA처럼 지닌 것이 베네치아였고, 그것이 그만큼 강하지 않았던 게 제노바였다고 답할 수밖에 없다. 2백 년 뒤 콜럼버스를 배출했기 때문만이 아니라 제노바 남자들의 선원으로서의 능력은 중세 지중해 세계에서 최고였다. 하지만 그들의 조국 제노바로 말할 것 같으면 내부 항쟁의 연속으로, 유력한 네 개의 가문이 항상 둘로 나뉘어 싸웠다. 도리아와 스피놀라, 피에스키와 그리말디이다.

내부 항쟁에서 도리아와 스피놀라 가문 연합이 승리하면 피에스키와 그리말디 가문은 제노바에서 추방된다. 추방된 측도 세력으로는 막상막하이므로 정권 탈환을 획책한다. 다만 그 '획책'이란 것이 제노바 코앞에 있는 모나코를 거점으로 제노바 배라도 적의 배로 간주하고 습격해 짐을 빼앗고 선원을 노예로 파는 방식이다. 이렇게 해서 피에스키와 그리말디 가문 연합이 정권 탈환에 성공하면 바로 도리아와 스피놀라 가문이 국외로 추방되고, 원수지간이라도 방법만은 똑같아서 자국인의 배를 공격한다. 이런 방법으로 정권 탈환이 되풀이된 것이 해양 도시국가 제노바의 역사였다. 그러므로 황제 프리드리히와의 관계도 프리드리히의 방침에 찬성하느냐 반대하느냐에 따라서라기보다는 제노바 국내에서 두 파 중 어느 쪽이 정권을 잡느냐에 달려 있었다. 참고로 도리아 가문은 황제에 친근감을 지니고 있었으나 피에스키 가문의 남자들은 황제에 반감을 품은 자가 많았다. 이런 게 제노바였다. 베네치아에서는 결단코 일어날 수 없는 로미오와 줄리엣의 비극도 제노바라면 일어날 수 있는 것이다. 그런 사정은 베르디의 오페라 〈시몬 보카네그라〉를 보면 이해할 수 있다.

이처럼 북부 이탈리아의 자치도시라는 조건은 같더라도, 그 내실은 매우 다양했다.

활용되었든, 낭비되었든 간에 에너지만큼은 확실히 넘쳤다. 이 정도의 에너지를 품은 현상이 왜 북부 이탈리아에서는 일어나고 중부나 남부 이탈리아에서는 일어나지 않았을까. 북부 이탈리아에 사는 사람이 부지런하고 남부 이탈리아에는 게으른 사람이 살아서일까.

부지런한가 게으른가의 차이는 13세기라는 이 시대와는 전혀 상관없는 일이다. 핵심은 사는 지역이 국가로서 기능하고 있는가, 아니면 기능하지 않는 지역이냐의 차이였을 뿐이다.

우선, 중서부 이탈리아는 교회의 영지였으므로 선정이냐, 폭정이냐의 문제와는 별개로 로마 교황의 통치 아래에 있었다.

다음은 남부 이탈리아와 시칠리아인데 이 지방은 고대 로마제국이 멸망한 뒤로는 비잔틴제국의 영지가 된다. 그다음 비잔틴을 공격해 승리한 이슬람교도인 아랍인이 지배한 시대가 2백 년간 이어졌다. 그 아랍인을 정복해 지배자가 된 것이 북부 프랑스에서 흘러들어 온 노르만인이다. 그 사람들이 세운 노르만 왕조는 프리드리히의 어머니를 마지막으로 거의 2백 년간 통치했다. 게다가 아랍인도 노르만인도 피정복자들을 추방하거나 죽이면서 자신들의 지배를 확립하지 않았다. 피정복자에 정복자가 동화되는 형태로 지배권 확립에 성공한 탓에 2백 년이나 이어져온 것이다. 프리드리히가 왕이 된 '시칠리아 왕국', 즉 시칠리아섬과 남부 이탈리아를 합친 이탈리아 남쪽 전체는, 이처럼 권력의 공백기를 거치지 않고 중세 후반에 들어선 역사를 지니고 있었다.

한편 북부 이탈리아는 로마제국이 멸망한 뒤로 오랫동안 침략해온 야만족의 지배를 받았다. 하지만 북부 이탈리아 전체를 지배할 만한 야만족은 존재하지 않기 때문에 사실상 권력의 공백 상태가 오랫동안 이어졌다.

이런 공백 상태에서 코무네가 탄생한 것이다. 세금조차 얼마를 내라고 정해주는 사람이 없는 상태가 길어지면 얼마를 낼지 스스로 결정하자는 마음이 들 것이다. 그들이 일하는 사람이 되는 것은 이후에 벌어진 결과다. 처음에는 결정할 사람이 없으므로 스스로 정하자고 생각한 사람이 모여 '코무네'라고 불리는 자치도시가 북부 이탈리아에 우후죽순으로 생겼다. '코무네Comune'라는 이탈리아어 자체가 '공생'을 뜻하는데 고대에는 존재하지 않는 중세의 조어다. 즉 순수하게 중세적인 현상이라는 이야기다.

기능하는 '국가Res publica'에는 없어서는 안 되는 권력이 공백인 상태에서 생긴 '주민 공동체Res publica'인 것이다.

같은 시대였고 또 지리적으로도 가까웠음에도 '코무네'는 같은 시대 프랑스에는 생기지 않았다. 이 시대의 프랑스는 봉건 사회이고, 봉건 제후와 그들을 결속한 형태의 왕이기는 하나 일단 안정되어 있었다. 권력의 공백 상태가 아니었던 프랑스에 자치도시가 생길 수는 없었다.

어쨌든 지배하는 지역이라고 해봤자 고양이 이마 정도밖에 되지 않을 만큼 좁았는데도 불구하고 북부 이탈리아 코무네(자치도시)가, 가령 비슷한 도시끼리 동맹을 맺었다고 하더라도 어떻게 광대한 영토를 거느린 황제에 반항할 힘을 지닐 수 있었을까.

중세도, 서기 1천 년을 넘겨 후기에 들어서면 인구가 늘어난다. 기후 온난화 때문이라거나 농업기술의 발전이라거나 설은 다양하지만, 요컨대 이전처럼 쉽게 사람이 죽지는 않는다는 것이다.

'신이 그것을 바라신다!'라는 구호 아래, 유럽에서 대거 중근동을 침공한 십자군은 서기 1095년부터 시작되는데 이것도 유럽의 인구 증가가 없었다면 일어나지 못했을 것이다. 무엇보다 십자군 운동은 이후로도 2백 년이나 계속되니까.

늘어나는 인구를 농업지대가 다 흡수할 수 없었다. 십자군도 성지를 순례하고 흡족한 마음으로 돌아오는 사람이 많은 이상 흡수할 수 없다는 점은 마찬가지다. 그렇다면 어디서 흡수했을까. 그것도 일시적인 게 아니라 장기적으로.

코무네(자치도시)의 힘

/

/

《로마 멸망 이후의 지중해 세계》를 썼을 당시에 모아놓은 사료 가운데, 현재는 모로코, 알제리, 튀니지, 리비아로 나뉜 북아프리카의 이슬람 세계와 당시는 지중해를 끼고 북아프리카와 마주 보고 있던 그리스도교 세계의 국가들, 거기에 특히 이탈리아의 해양 도시국가인 제노바, 피사, 베네치아가 무엇을 수입하고 수출했는지를 연구한 자료가 있다.

그에 따르면 북아프리카가 이탈리아 해양 도시국가에 수출한 것은 사하라사막을 넘어 실어 온 황금과 아프리카산 대리석 같은 천연자원이었다. 한편 이탈리아 해양 도시국가의 배에 실려 북아프리카로 수출된 것은 수공업 수준이라고는 해도 공업제품, 즉 북아프리카는 원재료를 수출하고 가공품을 수입한 것이다.

《로마 멸망 이후의 지중해 세계》의 주제는 팍스 로마나가 무너진 뒤 지중해의 주인공이 되는 해적과 해군, 교역 상인에 대한 것이다. 북아프리카의 수출품이 천연자원이라면 잉여 인구를 흡수할 도리가 없다. 그러므로 직업을 갖지 못한 사람들은 해적 생활을 하는 수밖에 없었다는 결론을 내리며 끝낼 수 있다. 하지만 이와 같은 고찰을 이탈리아에 대입하면 지금 다루는 주제와도 관련이 생긴다.

이탈리아의 해양 도시국가는 아말피, 피사, 제노바, 베네치아 모두 자신이 제조한 물건을 수출한 게 아니다. 조금 더 있으면 베네치아만은 제조업 국가로 변신하지만, 13세기였던 이 시기에는 베네치아도 다른 해양 도시 국가도 교역을 중심으로 하는 국가였다. 베네치아도, 제노바와 피사도 주변 코무네에서 제품을 사들여 그것을 중근동과 북아프리카의 이슬람 세계로 가져가 팔아서 얻은 돈으로 향신료와 기타 동방의 물산을 사서 유럽에 팔았다. 그래서 교역 입국이라 부른 것이다.

그러므로 이 시기 그들은, 제조 과정에서의 인구 유입에 아직 직접적으로 공헌하지 않았다. 하지만 수공업에 에너지를 집중하고 있는 크레모나나 밀라노, 피렌체가 인구를 흡수하는 것을, 이들 도시의 물건을 사들임으로써 공헌한 것이다.

어떤 면에서는 더 공헌했다고 말할 수도 있다. 왜냐하면 이들 해양 도시 국가의 배는 선장부터 조수(漕手)에 이르기까지 급료가 보장된 사람들로 이루어져 있었으니까. 한편 이슬람교도의 해적선에서는 가장 많은 수가 필요했던 조수에는 납치해 노예로 삼은 그리스도교도들을 쓰는 게 일반적인 일이었다. 이거 하나만 봐도 중세 후기로 들어선 이 시기, 이슬람 세계보다 그리스도교 세계, 그것도 특히 북부 이탈리아에는 쉽게 죽지 않아 늘어나기만 하는 인구를 흡수할 수 있는 사회가 성립되고 있음을 알 수 있다.

하지만 이것만이라면, 붉은 수염 황제에 저항한 당시 제1차 롬바르디아 동맹의 힘을 해명하는 데는 도움이 되겠지만, 프리드리히가 직면한 제2차 롬바르디아 동맹의 힘까지는 해명할 수 없다. 왜냐하면 제2차 동맹이 결성된 1226년이라는 시기, 동맹 측, 그것도 특히 리더였던 밀라노를 강경하게 만드는 두 가지 사건이 겹쳐 일어났기 때문이다.

첫 번째는 남부 유럽에서 북부 이탈리아로 이동하는 다수의 난민, 게다가 스스로 생산 기능을 지닌 중산계급의 이입.

1208년에 당시 교황이었던 인노켄티우스 3세의 제창으로 시작된 '알비 십자군', 이교도가 아니라 이단으로 규정된 그리스도교도를 상대로 한 전쟁도 결국은 북부와 남부 프랑스의 싸움으로 변한 끝에 드디어 마지막을 맞았다. 완전한 끝은 1234년 프랑스 왕 루이 9세와 남부 프랑스의 최고 유력자인 프로방스 백작의 딸 마르그리트가 결혼함으로써 찾아왔는데, 북부 프랑스가 남부 프랑스를 병합하는 형태로 끝난 것은 이 결혼에서도 그대로 드러난다. 그리고 병합을 싫어했던 남부 프랑스 사람이 대거 북부 이탈리아로 흘러들어왔다.

이 시기 밀라노는 시가지를 지키는 성벽 규모를 두 배로 확대했다. 자연 증가만으로 인구가 이토록 늘어났을 리 없다. 중세라는 시대를 통틀어 북부 이탈리아와 남부 이탈리아보다 북부 이탈리아와 남부 프랑스가 거리에서나 다른 면에서도 공통점이 더 많다. 남부 프랑스인의 피난처가 북서부 이탈리아가 되는 것은 자연스러운 일이었다.

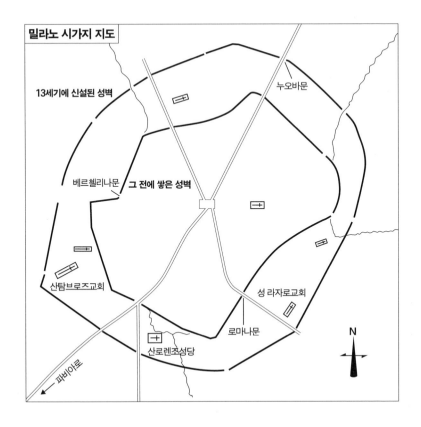

밀라노 시가지 지도

13세기에 신설된 성벽

누오바문

베르첼리나문　그 전에 쌓은 성벽

산탐브로즈교회

성 라자로교회

로마나문

산로렌초성당

파비아로

N

이 시기에 집중해 나타난 남부 프랑스에서 북부 이탈리아로의 난민 유입은 밀라노를 비롯한 북서부 이탈리아 코무네의 인구를 급증시킨다. 그러나 난민이란 받아들이는 지역이 그들을 활용할 수 없으면 그곳의 짐이 되고 사회 불안의 요소가 될 수밖에 없다. 하지만 당시 북서부 이탈리아의 코무네에는 난민들을 활용할 체제가 있었다. 이들 자치도시는 제조 입국이다. 그러므로 도망쳐 온 난민에게 일자리를 줄 수 있었다. 이렇게 되면 난민도 정주하게 된다. 이것이 밀라노를 비롯한 북부 이탈리아의 코무네가 강력해진 가장 큰 요인이다.

　이 시기, 유럽 최대 도시는 파리였다. 프랑스 왕들이 파리에 자리를 잡으면서 인구가 늘어난 것이다. 고대 로마는 2백만에 가까운 인구가 모여 산 도시인데 중세에는 백만 규모의 대도시는 존재하지 않았다. 그 시대에 최대 인구를 자랑한 도시가 12만 인구의 파리였다. 이 파리의 뒤를 이은 것이 프리드리히와 대결하던 시대의 밀라노였다. 밀라노의 인구는 8만에서 9만이었다. 베네치아가 7만 전후. 제노바는 그 반. 신흥으로 열정을 불태우던 피렌체도 6만을 넘지 못했고 그리스도교의 본산인 로마의 인구는 3만밖에 되지 않았다. 고대에는 '세계의 수도'로 불리던 로마인데, 고대에서는 11개나 있었던 수도(水道)도 하나만 수리하면 충분했을 정도로 인구가 줄어든 상태였다.

　이 시대에 8만 이상의 인구를 거느리고, 게다가 이 사람들이 모두 직접 생산하는 중산계급에 속했으므로 생산성도 높았다는 것은 풍요로움을 의미한다. 게다가 인간은, 자신들에게 안전과 직업을 보장해주는 국가에 애국심을 갖게 마련이다. 공격해온다면 손에 익지 않은 무기라도 들고 지키겠다는 기개가 생긴다. 이렇게 생각하는 사람들이 넓어진 성벽 안쪽에 모여 살던 것이 밀라노를 비롯한 북서부 코무네였다. 이 사람들이 프리드리히의 적이었다.

아시시의 프란체스코

/

/

북부 이탈리아 코무네의 힘을 강화한 두 번째 요인으로 종교를 꼽지 않을 수 없다. 이 부분의 '장본인'은 아시시의 프란체스코다. 이 수도사는 1182년에 태어나 1226년, 제2차 롬바르디아 동맹이 결성되던 해에 죽었다. 하지만 생전부터 그의 가르침에 공감하는 사람이 많았다. 특히 북부 이탈리아의 코무네 주민 사이에 널리 침투해 있었다.

아시시에서 태어나 프란체스코 종파를 창설한 이 사람을 나는 르네상스의 첫 번째 주자로 보는데 그것은 결코 종교인으로서의 활동 때문이 아니다. 분명 그의 주장은 당시 그리스도교에서는 혁명적이었다. 교황을 비롯한 성직자들의 호화로운 생활에 대항해 청빈함의 중요성을 역설하고, 그리스도교의 신은 이전까지 이야기되던 벌을 내리는 엄격한 신이 아니라 다정하게 감싸주는 사랑의 신이라고 주장한 것이 그였다. 또 고대에서 나병은 업보로 생긴 병이라도 일반적인 병으로 생각했으나 중세에서는 신이 저주를 내린 증거라며 나병 환자를 신의 저주를 받은 사람으로 여겼는데, 이런 인식을 고친 것도 그였다. 이 가련한 사람들은 성벽으로 둘러싸인 마을에서 쫓겨나 살아야 했고, 길을 걷다 사람들이 오면 멀리 떨어지라고 의무적으로 종을 울려야 했다. 중세 그리스도교는 신의 저주를 받은 사람들이므로 그들을 방치하는 게 당연하다고 생각했다.

프란체스코와 그를 따르는 젊은이들이 제일 먼저 한 일은 직접 그들의 몸을 닦아주고 그들이 편안히 쉴 수 있도록 시외의 동굴을 정비하고 그들에게 음식을 준 것이다.

이처럼 자선 사업에의 적극적인 관여만으로도, 프란체스코의 생각은 그가 살았던 중세라는 시대를 훌쩍 뛰어넘은 것이다. 종교학자들은 언급하지 않지만, 아시시 출신의 이탈리아 젊은이는 더 혁명적인 일을 해냈다.

그것은 이탈리아어로는 '테르자 오르디네terza ordine'라 불리는 '제3계급'의 조직화이다.

여러 번 설명하는데, 중세 사회는 셋으로 계층이 나뉘어 있었다. '기도하는 사람'과 '싸우는 사람', '일하는 사람'이다. '일하는 사람'은 '기도하는 사람'에게는 십일조를, '싸우는 사람'에게는 그들이 정한 액수의 세금을 냈다. 성직자 계급인 '기도하는 사람'에게는 살아가는 동안과 사후 마음의 평안을 위한 기도를 받기 위해, '싸우는 사람'에게는 살아가는 동안의 신변 안전을 보장받기 위해 세금을 낸다. 이런 종류의 돈은 보통 사회적 지위와는 거꾸로 흐른다. 즉 '일하는 사람'의 사회적 지위는 중세 사회에서 '기도하는 사람'이나 '싸우는 사람' 밑의 제3의 계급이 될 수밖에 없다.

프란체스코는 상인의 아들로 태어나고 자랐다. 상인으로 성공한 아버지는 아시시의 유력자였으나 '일하는 사람'이라는 점에는 변함이 없다. 그렇다고 프란체스코가 중세의 기존 계급인 '기도하는 사람'과 '싸우는 사람'을 전폐하자고 주장한 혁명가였다는 소리는 아니다. '신의 것은 신에게, 황제의 것은 황제에게'라고 말한 예수 그리스도의 가르침인 현실주의에, 그도 찬성했을지 모른다.

프란체스코가 실행한 '혁명'이란, '일하는 사람'들이 지녔던 열등감을 제거한 것이다. 그는 말한다.

나는 수도사가 되는 길을 택했다. 그러므로 평생 불행한 사람들을 구제하는 데 바친다. 이런 내게 찬동하는 동지들도 나와 같은 인생을 보내게 될 것이다.

하지만 모든 사람이 수도사만 된다면 사회는 존속되지 않을 것이다. 우리가 하는 자선 사업에도 돈은 든다. 그러므로 내 생각에 동의해도 수도사가 되는 데는 저항감을 느끼는 사람들은 당당하게 속인의 생활을 계속하길 바란다.

이 사람들을 '제3계급(테르자 오르디네)'이라 부르자. 세상에는 가난하고 불행한 사람이 있음을 항상 잊지 않고 그 사람들을 구제하기 위해 정신적으로나 물질적으로 원조를 아끼지 않으나, 평소에는 이윤 추구를 목적으로 공업과 상업에 전념해 생활하는 사람들을 모은 조직, 이라는 의미다. 이윤 일부를 우리 수도원에 기부해주면 신자의 의무도 다하는 것이다. 또 시간이 생기면 근처 수도원에 가서 일주일쯤 수도사 생활을 한다면 '제3계급'의 일원으로 충분하다.

프란체스코의 이런 가르침이 순식간에 북부와 중부 이탈리아의 코무네에 퍼졌다는 사실에 역사학자들 모두 동의한다. 거리낌 없이 돈 버는 일에 전념해도 좋다는 말에, 이탈리아의 '일하는 사람'들은 안도했을 뿐만 아니라 용기를 얻었을 것이다. 자본주의는 16세기 프로테스탄트 정신에서 생겼다고 주장한 막스 베버까지 갈 것도 없이, 자본주의는 13세기 성 프란체스코로부터 시작되었다고 말하고 싶은 심정이다.

자, 생각해보자. 프리드리히는 프란체스코보다 열두 살 연하였으니까 같은 시대 사람이다. 프리드리히도 '멜피 헌장'에서 정한 대로 자국인 '시칠리아 왕국'의 지방의회에 성직자와 봉건 제후에 시민 대표까지 추가해 소집했다. 즉 '일하는 사람'의 중요성은 그도 자각했다는 말이다. 그런데도 코무네라는 '일하는 사람'의 공동체를 적으로 두었을 때, 그 곤란함을 완벽히 이해했느냐 하면, 그건 아니었다. 왜 그랬을까.

프란체스코와 프리드리히 모두 2백 년 뒤 화려하게 꽃 피우는 르네상스의 선구자다. 둘 다 기존 개념에 얽매이지 않고 개명(開明)했다는 점에서는 비슷하다. 그러나 차이점 역시 있다. 그 차이점의 핵심은 프란체스코가 상인의 아들로 태어난 데 대해 프리드리히는 황제의 아들로 태어난 데 있지 않을까. 요즘 말로 하면 프란체스코는 상인의 DNA를 물려받은 데 비해 프리드리히는 황제의 DNA를 물려받았다고 해야 할까.

그 둘이 살아온 13세기의 이탈리아에서 대두하고 있던 신흥 세력은 '기도하는 사람'이나 '싸우는 사람'이 아니라 '일하는 사람'이었다. 1백 년 뒤에 찾아오는 르네상스 초기 '시민'으로 불리는 사람들이다.

이렇게 고찰하다 보면 또 다른 의문에 부딪힐 수밖에 없다. 합리적이지 않으면 성공할 수 없는 경제 세계에서 성공 가도를 달리던 북부 이탈리아의 코무네가 왜 합리적이지 않을 뿐만 아니라 구세력을 대표하는 최고 존재이기도 한 로마 교황과 공동 전선을 펼쳤을까. 왜, 구세력이라 해도 합리적이고 개명한 황제 프리드리히와 격돌하고 말았는가.

'롬바르디아인Lombardi'으로 총칭된 북서부 이탈리아 사람들이 신앙심이 적은 그리스도교도는 아니었다. 오히려 이탈리아 다른 지방 사람보다 훨씬 순수한 신앙을 지녔다고 자부해, 제1차 십자군으로 성도 예루살렘이 그리스도교도에게 돌아온 직후인 1101년, 그들끼리 결성한 십자군을 오리엔트에 보내기도 했다. 원정은 한심한 결과로 끝났으나 북부 이탈리아 사람들에게는 십자군에 참전했다는 사실만으로도 자랑으로 남았다. 주세페 베르디의 〈제1차 십자군의 롬바르디아인I Lombardi alla prima crociata〉이라는 이름의 오페라가 있다.

이 점에서 알 수 있듯이 다른 면에서는 신흥의 기운이 넘쳐흐르고 있었으나 종교 면에서는 기존 개념에 사로잡혀 조금도 의심하지 않았다. 즉 이교도 이슬람은 적이라는 생각에서 벗어나지 못한 사람들이었다.

같은 북부 이탈리아에 살고, 마찬가지로 자치도시의 주민이면서도 베네치아나 제노바, 피사는 롬바르디아 동맹에 참여하지 않고 관계를 갖더라도 미온적인 태도를 유지했다. 그것은 이들 해양 도시국가가 이슬람 세계와의 교역으로 살아가는 데 반해 교역 국가가 아닌 밀라노를 비롯한 내륙의 자치도시(코무네)는 이교도와 접촉할 필요가 적었기 때문이 아닐까 한다. 자신들이 제조한 상품의 고객이 이슬람교도라 하더라도 실제로 상품을 파는 사람은 같은 그리스도교도인 해양 도시국가지 자신들이 아니었으니까.

이들 롬바르디아인은 성 프란체스코의 가르침에 깊이 빠졌는데 프란체스코는 제5차 십자군에 동행했으나 전쟁에 나가지 않고 맨몸으로 적진의 술탄 알 카밀을 찾아간다. 술탄이 그리스도교로 개종하면 이슬람과 그리스도교 사이에도 평화가 올 것이라고 설교했는데 이 평화 교섭은 실패했다.

이슬람교도에게는 개종을 권하는 것만으로도 사형을 처할 수 있었으므로 그 자리에서 살해당해도 할 말이 없었다. 하지만 알 카밀은 웃으면서 그를 풀어주었다. 덕분에 중세에서 가장 사랑받는 이 성인은 오리엔트 땅에서 죽지 않고 살아 돌아왔다. 그러나 실패는 실패다. 누구보다 이 사실을 프란체스코 본인이 잘 알았다. 아시시의 성자는 이후 두 번 다시 비무장 외교를 시도하지 않았다.

반대로 롬바르디아인이 증오한 프리드리히는 평화를 목적으로 한 외교라도, 비무장으로 나서지 않았다. 그도 제6차 십자군을 이끌고 중근동으로 갔는데, 군사력을 상시 대기시킨 채 외교로만 해결했다. 물론 이슬람교도인 술탄에게 그리스도교로 개종하라고 권하지도 않았다. 상대의 종교를 존중하는 태도가 효과를 발휘했는지, 프리드리히는 알 카밀로부터 그리스도교도의 간절한 바람이었던 예루살렘 양도를 얻어냈다.

그런데 이교도와 교섭해 목적을 달성했다는 방법 자체에 반대하고 나선 것이 로마 교황 그레고리우스였다. 이 교황은 프리드리히가 오리엔트에 가느라 자리를 비운 사이 그의 영토인 남부 이탈리아로의 침공을 호소한다. 그 부름에 응한 것이 '롬바르디아 동맹'에 참여한 코무네였다. 다만 그들이 남하하기 전에 프리드리히가 먼저 귀국하는 바람에 프리드리히와 롬바르디아 동맹의 전투는 1230년에는 일어나지 않았다.

하지만 이 사건은 성직자와 경제인이라는, 공동 투쟁이 불가능해 보이는 사이라도, 경제인이 롬바르디아인이라면 그것이 가능함을 보여주었다. 십자군 원정의 최고 목적은 그리스도교도에게 가장 중요한 성스러운 땅인 예루살렘을 되찾는 데 있다. 하지만 이 목적을 달성했다 해도 그게 이교도와의 대화로 이루어진 것이라면 용서할 수 없다는 점에서 로마 교황도 롬바르디아인도 같은 생각을 지닌 것이다. 합리적인 사람이라 해서 모든 분야에서 합리적으로 생각하는 것은 아닌 법이다.

제1차 롬바르디아 전투

/

/

1236년 8월, 마흔하나가 된 프리드리히는 1천 명의 기병을 이끌고 알프스를 넘었다. 1천 기병이라 해도 보조 역할의 보병과 마부까지 더하면 3천이 넘어가는데, 주 전력은 어디까지나 1천 명이다. 프리드리히는 롬바르디아를 상대하는 전투에 1만 5천의 병력을 준비하려 했으나 이 시기에는 아직 수중에 이 전력밖에 없었다.

그래도 머리부터 발끝까지 강철 갑옷으로 감싼 1천 기병은 현대로 따지면 전차 1천 대를 앞에 둔 것과 같은 위압감을 준다. 알프스를 넘게 해서는 안 된다며 지키고 있던 동맹군을 그들의 마을로 도망치게 할 만큼의 위력은 있었다. 1천 기병을 보자마자 베로나는 황제 측으로 돌아섰다.

프리드리히는 롬바르디아 문제 해결에 군사력을 사용하기로 마음먹은 뒤에도 외교적 해결의 길도 닫지는 않았다. 물론 로마 교황 그레고리우스의 속내는 황제의 승리가 아니다. 그래도 프리드리히는 군사와 외교의 양면 작전을 계속할 생각이었다. 동맹 측과의 중재를 교황에 의뢰한다는 명목으로 뒤에서 조종하는 그레고리우스를 무대 위로 끌어낸 것이다.

남부 이탈리아에 사는 사람들이 프리드리히에게 붙인 별명은 '팔코(매)'였는데 로마의 서민이 교황 그레고리우스에게 붙인 별명은 '구포(올빼미)'였다.

매는 머리가 좋고 활동적이며 욕망이 큰 사람을 빗대는 말이다. 한편 올빼미 역시 빗대는 말로 단점만 보고 항상 험담하는 사교성이 떨어지는 사람, 붙임성이 없고 음험한 사람을 의미한다. 별명은 서민들의 평가였던 셈이다.

그 올빼미가 상대라면 프리드리히도 교섭 담당자로는 쥐고 있는 카드 가운데 최고를 꺼낼 수밖에 없었다. 수석에는 튜턴 기사단장 헤르만. 이전에도 외교관으로, 아니 그보다는 프리드리히의 외교부 장관으로 대단한 능력을 발휘해온 이 독일인은 3대 종교 기사단 가운데 하나인 튜턴 기사단의 단장이라는 지위로 인해 표면적으로는 교황 쪽 사람이다. 템플 기사단도 병원 기사단도 튜턴 기사단도 전사 집단이 아니라 수많은 수도원과 마찬가지로 로마 교황의 관리 아래 있기 때문이다. 즉 튜턴 기사단장 헤르만의 직속 상사는 황제 프리드리히가 아니라 교황 그레고리우스였다.

아무리 신뢰했더라도 교섭 담당으로 이런 지위의 인물을 내세운 것은 '프리드리히의 외교' 주력이 로마 교황을 상대해야만 했기 때문이다. 이슬람교도인 술탄이 상대라면 프리드리히가 직접 했다. 하지만 로마 교황을 상대하는 외교에는 교황 쪽 사람을 써야 했다.

헤르만의 뒤를 잇는 차석의 지위로 로마에 보낸 것이 피에르 델라 비냐와 타데오 다 세사였다. 둘 다 남부 이탈리아 출신의 이탈리아인으로, 나이도 프리드리히와 또래였다. 이 둘은 프리드리히가 등용한 인재이므로 교황 쪽 사람은 아니다. 이 셋이 하나가 되어 덤벼야 할 만큼 '올빼미'는 강한 적수였다.

롬바르디아 동맹과의 대결 해소 조건, 프리드리히가 내건 조건은, 동맹에 참여한 코무네는 황제의 통치권을 인정한다는 것이다. 이러면 '포데스타'를 임명하는 정치적 지배에 한정된 것처럼 보이는데 통치에는 경제 정책도 포함된다. 요컨대 황제가 임명하는 행정장관을 받아들이고 황제가 정한 세금을 내라는 것인데 롬바르디아인은 절대 받아들일 수 없는 조건이었다.

참고로 현대 이탈리아에는 '북부 동맹Lega Nord'이라는 이름의 정당이 있다. 이 정당을 상징하는 마크는 8백 년 전의 '롬바르디아 동맹'을 연상시키듯 황제군을 향해 검을 치켜든 코무네 병사가 그려져 있다. 그리고 베네치아공화국이 과거 이야기가 되어버린 지금, 북부 이탈리아 전역을 기반으로 하는 '북부 동

▶ 정당 '북부 동맹'의 심볼 마크

맹'이 기치로 내세우는 것이 우선 지방분권이고 둘째는 북부 이탈리아에서 징수하는 세금을 로마 중앙 정부에 보내지 않고 북부 이탈리아에서만 사용하자는 것이다. 이런 주장을 내세워 북부 이탈리아에 사는 사람들의

표를 21세기인 지금도 얻어가고 있는 것이 현실이다. 역사는 똑같이 되풀이되지는 않는다. 그러나 어떤 사안에 대한 인간의 감정은 되풀이된다.

이를 봐도 알 수 있듯 수장의 선출권과 경제 정책의 자결권은 동서고금을 막론하고 지방분권주의의 핵심이다. 8백 년 전 사람이었던 프리드리히는 남부 이탈리아에서는 문제없이 진행되던 군주 중심의 중앙집권국가의 확립을 북부 이탈리아에서도 실현하려 한 것이다. 그런 그에게 8백 년 뒤에 사는 우리와 같은 지방분권 인식을 요구할 수는 없다. 요컨대 프리드리히의 머리에는 롬바르디아 동맹이 요구하는 지방분권이 들어갈 여지가 없었다. 북부 이탈리아의 코무네가 그것을 획득한 '콘스탄츠 강화'는 할아버지 붉은 수염 황제가 레냐노 전투에서 패배해 어쩔 수 없이 인정한 것, 이라고 생각했다.

로마 교황 그레고리우스도 머릿속에 지방분권 같은 생각이 없었던 것은 황제와 마찬가지였다. 교황은 사실, 동맹 측이 요구하는 지방분권은 어찌 되든 알 바 아니었다. 교황의 유일한 관심사는 코무네와 황제의 대립이 해결되지 않은 채 앞으로 계속되는 것이다. 대립이 해소되면 교황의 영토인 로마를 중심으로 한 중부 이탈리아가 남부와 북부 이탈리아까지 지배하는 황제의 권력 틈바구니에 끼이는 셈이다. 갈등이 해결되지 않은 채 계속되면 남부 이탈리아와 독일을 쉽게 왕래할 수 없는 이상, 지금까지 교묘한 외교 전술로 승승장구해온 프리드리히의 '파워'를 크게 줄일 수도 있다.

이것이 황제와 교황 사이의 교섭에서 일관되게 흐르는 속내인 이상, 교섭 담당자로 최고의 카드를 투입했지만, 결론을 내지 못한 것도 당연했다.

프리드리히는 결국은 군사력 행사 쪽으로 방향을 튼다. 알프스를 넘어 이탈리아로 들어온 직후 입성한 베로나에도 오래 머물지 않았다. '롬바르디아 동맹'에 참여한 코무네를 하나씩 제패한다는 목표를 세운 것이다. 베로나를 떠난 후에는 만토바로 진군시킨다. 그런 그에게 미리 소집 명령을 내린 병사들이 독일과 남부 이탈리아에서 몰려들기 시작했다.

프리드리히의 시선은 여전히 눈앞의 북부 이탈리아만이 아니라 로마로도 향해 있었다. 근본적으로는 무인이 아니라 정치가였던 프리드리히는 항상 가능하다면 무력에 의한 해결보다 대화에 의한 해결을 선택했다. 이는 그를 연구하는 학자 대부분이 동의하는 견해다.

10월, 한동안 군사적 시위 행동을 벌인 다음, 프리드리히는 크레모나로 들어갔다. 북부 이탈리아의 코무네이면서 항상 황제에 충실한 크레모나에서 잠시 쉬며 로마에서 진행 중인 외교전의 성과를 기다릴 작정이었다.

외교란 군대를 쓰지 않고 벌이는 전투인데 그게 성공하려면 상대편에 가치관을 공유하는 사람을 얻어야 한다는 결점이 있다. 이슬람교도인 술탄과는 통했던 프리드리히인데 그리스도교도인 로마 교황과는 어려웠다. 그런 탓에 교섭 담당자 셋의 공적은 이제까지 세 치 혀로 변명을 늘어놓던 교황의 가면을 벗기고 교황 그레고리우스의 솔직한 생각을 털어놓게 한 것이 전부였다. '올빼미'가 드디어 입을 연 것이다. 롬바르디아 동맹과의 문제를 그토록 해결하고 싶다면 황제가 직접 로마에 와서 교황 앞에 엎드려 애원하라고.

헤르만의 보고를 받은 프리드리히는 10월 30일, 기병만 이끌고 크레모나를 떠났다. 그 시기에 이미 프리드리히의 부장 같은 존재가 된 에첼리노 다 로마노가 황제를 기다리고 있었다. 프리드리히와는 또래인데 로마 교회 자체에 대한 혐오를 감추지 않았고 전투에서 자비는 쓸모없다고 장담하는 무장이었다.

10월 31일, 120킬로미터를 단숨에 주파해 에첼리노와 합류한다. 간단히 식사할 때만 말에서 내린 마흔하나의 프리드리히는 30킬로미터를 더 달려 비첸차 앞에 도착했다.

예상치도 못한 황제의 도착은 비첸차 주민에게 방어 준비 시간을 주지 않았다. 11월 1일, 비첸차에 대한 공격이 시작된다. 모든 성문을 제대로 달 틈조차 없었던 비첸차는 그날 안으로 백기를 내걸었다.

시내에 들어간 황제군은 항복을 얻어낸 것만으로 끝내지 않았다. 불을 지르고 파괴했으며 도망치는 사람들을 말로 추격했고 저항하는 시민은 가차 없이 죽였다. 프리드리히의 명령을 충실히 따른 것인데 롬바르디아 동맹에 참여한 코무네 가운데 하나인 비첸차는 다른 코무네의 본보기로 철저하게 파괴된 것이다.

제패한 비첸차의 통치는 에첼리노에 맡겼다. 비첸차의 주교관 회랑을 걸으면서 프리드리히는 차고 있던 단검을 빼, 우거진 울타리에서 튀어나온 나뭇가지를 자르며 말했다. 무력으로 제패한 마을의 통치는 이렇게 하는 수밖에 없다고. 그 이야기를 듣고 있었을 에첼리노에게 이런 종류의 충고는 필요 없었을 것이다. 에첼리노 다 로마노라는 남자는 이후 단테의 《신곡》에서 지옥에 떨어지게 되는데, 튀어나온 나뭇가지만이 아니라 뿌리까지 뽑아내 없애버려 사람들을 두려움에 떨게 했다.

비첸차가 당한 참사는 곧바로 효력을 발휘했다. 비첸차의 참상은 즉시 북부 이탈리아 전역으로 퍼져, 황제 앞에 성문을 여는 코무네가 속출했다. 트레비소, 파도바, 만토바, 그리고 황제의 군대가 떠난 뒤 다시 동맹 측에 돌아갈 조짐을 보였던 베로나도, 페라라의 유력 영주인 에스테 가문도 프리드리히에게 충성을 맹세하는 사절을 보냈다.

북부 이탈리아 중 동쪽 반, 베네치아공화국의 영토를 제외한 북동 이탈리아 전역이 프리드리히 앞에 무릎을 꿇었다. 10년 전에 제2차 롬바르디아 동맹을 결성한 당시는 16개나 되었던 코무네 가운데 반이 일찌감치 탈락했다. '롬바르디아 동맹'은 그 이름에 충실하게 북부 이탈리아의 서쪽 반만 남은 셈이다. 이것이 프리드리히가 8월부터 11월까지 석 달에 걸쳐 이룬 성과였다.

프리드리히는 여기서 북부 이탈리아를 떠나기로 한다. 알프스 북쪽에 해결해야만 하는 문제가 있었기 때문인데, 이 석 달의 북동부 이탈리아에서의 전과로 로마 교황의 태도가 변하기를 기대했기 때문이기도 했다.

11월 말의 추운 계절임에도 프리드리히는 알프스를 넘었다. 8월에는 북에서 남으로 넘었는데 이때는 남에서 북으로 넘어간 것이다. 목적지는 빈. 말을 타고 산길을 달리면서 마흔둘을 앞두고 있던 프리드리히는 따라오는 사람들을 돌아보며 "철새와 반대로 가네" 하고 농담을 던졌다. 북부 이탈리아에서의 전과로 기분이 좋았던 게 분명하다.

빈에 가야 했던 이유는 퇴위시킨 아들 하인리히가 저지른 실정을 처리하기 위해서였다. 하인리히의 아내는 오스트리아 공의 딸이었는데 황제 후계자의 장인이 되면 자신의 지위도 올라가는 것으로 오해한 오스트리아 공이 사위의 실각으로 자신의 꿈이 무산된 데 불만을 품고 불온한 행동에 나선 것이다. 대놓고 반기를 들지는 않았다. 하지만 황제가 소집한 '디에타(제후 회의)'에 나오지 않았다.

이 오스트리아 공을 제압하는 것은 프리드리히에게 있어 어려운 문제는 아니었다. 알프스 북쪽에 퍼진 신성로마제국 안의 그의 위세는 남부 이탈리아의 시칠리아 왕국과 마찬가지로 확고했다. 프리드리히가 '디에타'를 소집하면 전원이 달려왔고 그가 요구하는 사안은 그 자리에서 법률로 채택되었다. 직접 대군을 거느리지 않았음에도 알프스 북쪽에서는 유력자와 일반 서민 모두 프리드리히를 자신들의 황제로 인정하고 자랑스러워했다.

사법 행정을 중시한 프리드리히의 정책에 따라 독일 사회는 안정되어 전쟁도 기아도 자취를 감추었다. 프리드리히가 조직한 사회, 고위 성직자인 대주교가 다스리는 지방과 세속 영주가 다스리는 지방의 공존 시스템이 제대로 기능한 것이다. 질서를 좋아하는 독일인의 성격에 맞았을지 모른다.

문제가 거의 없던 독일에서도 프리드리히는 각지를 돌아다니며 중요한 도시에 들러 그곳에서 '디에타'를 소집해 제후들을 통합하는 일을 계속했다. 반란은 싹이 나기 전에 자르는 것이 그의 방식이다. 그라츠, 레겐스부르크까지 그의 여행은 끝나지 않았다. 그라츠에서는 1236년 크리스마스를 보냈고 그다음 날 마흔두 살의 생일을 맞았다.

프리드리히의 유일한 걱정은 뒤를 이을 차남 콘라트가 아직 아홉 살 소년이라는 것이었다. 하지만 이 아홉 살 소년 외에는 후보가 없었다. 그래서 독일 체류 중에 콘라트를 정식으로 독일 왕에 앉히기로 한 것이다. 그런 이유로 다시 빈을 찾은 프리드리히는 도나우강이 흐르는 빈에서 소집한 '디에타'에서 제후들에게 정식으로 콘라트를 소개했다. 제후들은 만장일치로 아홉 살 소년의 신성로마제국 황제의 전 단계인 독일 왕 취임을 인정했다. 이로써 정식 후계자는 결정되었다.

이는 독일의 제후 대책으로 극히 중요한 일이었다. 프리드리히는 독일에 계속 있을 수 없는 처지였다. 그러므로 독일 제후에게 명확한 형태로 그의 '대리'를 보여줄 필요가 있었다. 그러나 콘라트는 아직 어렸다. 그래서 프리드리히와 오랜 친구인 마인츠 대주교 지크프리트를 교사 겸 후견인으로 지명했다. 이 인물은 성직자라기보다 세상 물정을 꿰고 있는 노력파였다. 장남 하인리히의 실패를 되풀이하고 싶지 않았던 프리드리히는 아직 아홉 살밖에 되지 않은 후계자의 양육을 떨어져 있더라도 지크프리트와 은밀히 연락하며 함께하기로 한 것이다. 자신은 이탈리아에 있더라도 아들은 독일 왕인 이상, 독일에 남겨둘 수밖에 없으므로. 그리고 아들을 남기고 독일을 떠나면 알프스를 넘어 반년 안에는 반드시 방문하기로 한다. 독일에 체류 중인 프리드리히에게 튜턴 기사단장 헤르만이 도착했다. 교황까지 포함한 롬바르디아 동맹과의 교섭이 예상은 했으나 역시 결렬된 것이다.

결렬된 것은 지난해 롬바르디아 동맹을 상대했던 프리드리히의 전과를 보고도 로마 교황이 태도를 바꾸지 않았기 때문이다. 교황은 전과는 둘째 치고 평소의 방식을 바꾸려 하지 않는 프리드리히에 대한 화를 참을 수 없었다.

프리드리히식 정보 공개

/

/

교황이든 대주교이든 주교이든, 성직자란 신자와 일대일로 마주하는 방식을 좋아한다. 신자의 의무인 고해성사도 굳이 이럴 필요가 있나 싶을 정도로 좁은 고해실에서, 성직자와 신자가 망사 칸막이를 사이에 두고 앉아서 한다. 그 안에서 신자는 이런 나쁜 짓을 저질렀다고 고백하고 성직자는 그 말을 다 들은 다음 아베마리아를 몇 번 외우라고 하고는 신자가 저지른 죄를 사해준다. 성직자란 신의 뜻을 전하는 위치에 있다고 되어 있으므로 신의 뜻에 반하는 짓을 한 신자를 용서할 자격도 있다고 생각하는 것이다.

성직자와 신자의 이 일대일 관계는 고해실 내부에만 국한된 게 아니다. 다른 장소에서도 성직자는 많은 신자 앞에서 설교하는 게 아니라면 항상 신자와 일대일로 마주하는 방식을 좋아한다.

프리드리히는 그 방식을 타파한다. 이미 10년도 전인 십자군 원정을 둘러싼 파문 소동 때도 이 불문율을 깼는데 롬바르디아 문제 해결을 위한 교황과의 절충에서는 더 분명하게 깬다.

당시는 외교 교섭이라도 현대의 우리가 생각하는 형식의 교섭이 아니다. 교섭 당사자는 어디까지나 교황과 황제이므로, 교섭은 이 둘 사이에서 이루어지는 서신을 통해 추진된다. 프리드리히가 파견한 헤르만이 수행하는 황제 측 수석 특사의 임무는 교황이 그들에게 건네는 황제에게 보내는 서신을 황제에게 전달하는 데 더해 그 서신이 작성된 시기의 교황과 교황청의 정보를 전달하는 게 거의 절반을 차지한다. 나머지 임무는 황제가 보내는 서신을 교황에게 건네고 그것을 읽는 교황의 반응을 황제에게 전달하는 것이다. 또 프리드리히의 진의를 자신들의 말로, 기름종이에 싼 듯 부드럽게 교황에게 전달하는 것도 특사들의 중요한 임무였다.

이게 당시 외교 교섭이었던 만큼 당연히 교황과 황제는 빈번히 서신을 교류했다.

프리드리히는 교황에게 받은 서신까지는 공개하지 않았다. 프라이버시 존중이라는 개념이 없던 시대였으나 예의를 지킨다는 개념은 존재했기 때문이다.

다만 황제 프리드리히는 자신이 교황 그레고리우스에 보낸 서신은 공개했다. 즉 대량으로 필사해 유럽 제후들에게 보낸 것이다.

황제가 교황에게 보낸 서신은, 교황이 보낸 글의 반론으로 빼곡했다. 무엇보다 최선의 반론은 일단 상대의 이야기를 이용해 반론하는 방식이다. 그러므로 황제가 교황에게 보낸 서신을 읽어보면 교황이 황제에게 무슨 말을 했는지 추측할 수 있게 된다. IT 시대인 지금이라면 이런 일은 기계 조삭 하나로 간단히 할 수 있을 것이다. 하지만 8백 년 전인 13세기에

는 다수의 서기에 필사시키고 전문 배달꾼에게 들려 유럽 각지로 '배달'해
야 실현할 수 있는 일이었다. 프리드리히와 함께 1백 명이나 되는 수행원
이 이동한 것은 당시에도 잘 알려져 있던 사실인데 수행원 대다수는 복사
기 역할의 서기와 배달부였다.

프리드리히가 구사한 이 방식으
로 인해 프랑스 왕과 영국 왕을 비
롯한 유럽의 유력자들은 로마 교황
이 자신들 세속 군주를 속으로 어떻
게 생각하고 있는지 알게 되었다.

무엇보다 프리드리히는 밀실이
어야 하는 고해실에 '스피커'를 달
아 그 좁은 공간 안에서 일대일로

▶ 이 시대의 필사 서기

진행되는 게 상식이었던 성직자와 속인 사이의 대화를 교회 안에 울려 퍼
지게 한 것이다. 그 교회 안에는 유럽의 유력자들이 가득 앉아, 전원이 고
해실에서 흘러나오는 두 사람의 목소리에 귀를 기울였다.

십자군 원정이 이슈였던 10년 전의 교황은 온화한 성품의 호노리우스
였기 때문에 프리드리히의 간계는 드러나지 않았다. 강경 일변도의 그레
고리우스가 간파했는지 아닌지는 모르겠으나 머리끝까지 분노가 치민 모
습은 쉽게 상상할 수 있다. 전례가 없는 일을 상상해내는 재능에서는 타의
추종을 불허하는 프리드리히인데 고해실에서의 대화를 교회 안에, 아니
교회 밖에 있는 일반 민중까지 알게 한 이 방식도 그 일례에 불과했다.

프리드리히는 이 방식을, 정보는 누구에게나 공개해야 한다는 생각으로 실행한 것은 아니다. 구체적인 성과를 올리는 전략으로 실행한 것이다.

그리고 이는 결과적으로 성공했다 할 수 있다. 이 시기 이후, 15년에 걸쳐 황제와 로마 교황 사이에는 처절한 항쟁이 전개되는데 그 15년 동안, 명확하게 황제 측에 서서 교황과 싸운 왕후는 없더라도, 교황 측에 서서 프리드리히를 적대한 왕후도 없다. 그들은 지금은 황제에게 향한 교황의 적대심이 내일은 자신에게 향할 위험이 있음을 알았기 때문이다.

콘스탄티누스 대제가 로마 교황에 기증한 고대 말기부터 유럽 전역은 이미 교황의 영지이므로, 왕후들은 교황으로부터 통치를 위임받았을 뿐이기에 그들로부터 땅을 되찾아오는 것은 유럽 전역의 진정한 소유자인 로마 교황으로서는 정당한 권리 행사라는 말이 교황의 입에서 나왔다는 사실을 안 지금, 프랑스 왕도, 영국 왕도, 독일의 유력 제후도, 내일은 자신이 이런 처지가 되지 않을까 생각한 것도 당연하다.

그레고리우스 9세는 가톨릭교회의 최고위이자 신의 지상 대리인이기도 한 로마 교황으로서 극히 중대한 실수를 저지른 것이다. 교황과 황제의 대립이 종교상의 문제로 일어난 게 아니라 다름 아닌 세속적인 영토를 둘러싼 대립에 불과하다는 사실을 폭로해버렸기 때문이다.

백부이기도 했던 교황 인노켄티우스 3세가 한 말이며 교황 그레고리우스 9세가 믿어 의심치 않았던 것은, 교황은 태양이고 황제는 달이라는 한 문장이었다.

황제 프리드리히 2세는 이에 반박한다. 교황보다 예수 그리스도의 말씀에 따라야 한다고. 그것은 '황제의 것은 황제에게, 신의 것은 신에게'라는 말씀이다. 교황과 황제는 상하 관계가 아니라 각자 담당하는 분야가 다른 것이다.

그의 이런 사고방식은 처음에는 프리드리히 혼자만의 주장이었으나 조금씩, 그리고 착실히 유럽 왕후들의 목소리로 변해간다. 하지만 그것도 프리드리히가 실행한 스피커 방식 때문인 면이 컸다.

1237년에 이르러, 롬바르디아 동맹과의 문제를 교황을 무대로 끌어냄으로써 해결하려던 외교 교섭은 사실상 실패로 끝났다. 프리드리히도 결심을 해야 할 때가 왔다는 것을 알고 있었다. 남부 독일의 아우크스부르크에 군대를 집결시키라는 황제의 명령이 알프스 북쪽 각지에 떨어졌다. 제2차 롬바르디아 전투가 시작된 것이다.

제2차 롬바르디아 전투

/

/

외교 교섭을 기대할 수 없게 된 이때 소집한 군사력 규모는 평소와 비교하면 대군이었다. 그래도 총 1만 5천밖에 되지 않는다. 한편 8만의 인구를 지닌 밀라노가 이끄는 롬바르디아 동맹에는 지난해 프리드리히의 전과로 동맹에서 떨어져 나간 코무네를 빼고도 여전히 9개의 코무네가 남아 있었다. 프리드리히가 쓸 수 있는 병력은 이제야 당시 동맹 측 병력과 대등한 수준에 불과했다.

아우크스부르크에 집결한 1만 5천의 전 병력은 2천 기의 독일 기병 외에 1만 3천의 보병으로, 그중 6천은 알프스 북쪽에 퍼져 있는 신성로마제국 영토의 남쪽 반, 현대로 따지면 동프랑스, 스위스, 남부 독일, 오스트리아에서 모인 병사와 알프스 남쪽인 북부 이탈리아와 중부 이탈리아에서 모인 병사로 이루어져 있었다. 남부 이탈리아에서는 루체라의 사라센인 병사 7천이 참가했다.

다만 이들 대부분은 황제의 명령으로 징발된 병사가 아니다. 프리드리히가 돈을 내고 참전하게 한, 말하자면 용병이다. 수하의 봉건 제후에게 병사를 제공하게 하면 비용은 제후가 부담하는데 그럼 그들의 발언권이 커진다. 붉은 수염 황제는 봉건 사회를 그대로 놔두었기에 십만 병력을 소집할 수 있었는데 그의 손자인 프리드리히는 중앙집권국가로의 이행에 열정을 불태운 사람이다. 병사 역시 제후에게 의존하지 않고 돈을 내 고용할 수밖에 없었다. 1만 5천이 그가 지닌 자금력의 한계는 아니었을까 하는 생각이 든다.

또 7천의 사라센인을 참전하게 한 것에 대해서는 특히 프리드리히에 비난이 집중된다. 롬바르디아 동맹의 구성원인 그리스도교도에게 원수인 이슬람교도를 동원하는 게 말이 되냐는 것이다. 하지만 프리드리히는 이것도 무시한다. 그의 생각으로는 자신의 군대 대부분이 돈으로 고용된 병사인 이상 다를 게 하나도 없기 때문이다. 게다가 사라센인은 궁사로서 매우 우수하다는 점만은 독일인도 인정했다.

수적으로는 같더라도 롬바르디아 동맹 측은 전원이 북부에 사는 이탈리아인이라는 단순한 구성인 데 반해 프리드리히는 각지에서 모은 혼성부대를 이끈다는 불리함이 있다. 마흔셋을 앞둔 프리드리히는 이 불리함을 극복할 수단을 거듭 생각한 듯하다.

이보다 250년 후인 르네상스 시대의 사람 마키아벨리는 그의 저서 《군주론》에 전장이든 아니든 리더에게 필요한 최고의 자질은 상상력이라고 썼다. 근본적으로 무인이 아니라 정치가였다는 평가를 받는 프리드리히는 상상력만큼은 충분했다. 아마도 8월의 아우크스부르크에서 병사가 모이길 기다리며 최고의 상상력을 발휘했을 것이다.

9월, 알프스 북쪽에서 모인 6천을 이끌고 아우크스부르크를 떠난 뒤 제일 먼저 인스브루크로 향했다. 거기서부터는 브렌네로고개를 거쳐 알프스산맥을 넘어 베로나까지 내려온다. 베로나에서 알프스 남쪽에서 모인 병사들과 합류하기로 되어 있었다.

9월 15일, 베로나에서 장군들이 모여 작전회의를 연다. 말은 작전회의라도 실은 프리드리히가 생각한 작전을 수행할 때 누가 무엇을 맡느냐를 결정하는 장소였을 뿐이었겠지만.

지난해 전투에서 북부 이탈리아의 동쪽 반은 황제 측이 되었다. 그러므로 올해 1237년의 전선은 롬바르디아 동맹의 본거지인 북서 이탈리아였다. 전투의 전초기지는 크레모나가 되는데, 전통적으로 황제파(기벨린)인 크레모나는 전초기지로서는 최적일지라도 크레모나와 베로나 사이의 안전을 확보할 필요가 있다. 독일에서 이탈리아로 오는 간선로 가운데 독일 쪽 입구가 인스브루크라면 이탈리아 쪽 출구는 베로나였기 때문이다. 그 베로나와 크레모나 사이에는 여전히 동맹 측인, 즉 교황파(겔프)인 만토바가 버티고 있었다.

프리드리히의 최초 목표는 만토바 공략이 된다. 만토바만 손에 넣으면 독일과의 연락을 보증할 수 있을 뿐만 아니라 베로나, 만토바, 크레모나를 연결하는 선의 동쪽, 즉 북동부 이탈리아라는 배후를 걱정할 필요 없이 동맹의 본거지인 북서부 이탈리아의 공격에 전념할 수 있다.

1만 5천의 병력에 맹공을 명령할 필요까지도 없었다. 1만 5천을 성벽 밖에 포진하는 것만으로 충분했다. 10월 1일, 만토바는 황제가 보낸 항복

권고를 받아들였다. 만토바를 도우러 밀라노가 보낸 원군이 도착하기도 전에 끝난 것이다.

항복은 했으나 만토바 주민의 공포가 사라진 것은 아니었다. 1년 전에 비첸차를 덮친 황제의 군대가 벌인 파괴가 만토바에서 되풀이되지 않을지 두려워한 것이다. 하지만 프리드리히는 만토바에 항복 이후의 순종 외에는 아무것도 요구하지 않았다. 아니, 단 두 명의 추방을 요구했고 그것은 바로 실행되었다.

그 두 사람이란 교황 그레고리우스가 보낸 추기경으로, 교황의 뜻에 따라 만토바 주민에게 황제에 대한 반항심을 부채질하는 것이 임무였다. 프리드리히는 이 두 추기경에게 전장이므로 신에게 기도하는 게 일인 성직자의 신변 안전까지는 보장할 수 없다는 내용의 교황에게 보내는 편지를 들려 로마로 보냈다.

만토바에 대한 프리드리히의 이 관용적인 조치는 생각지 못한 부산물을 낳았다. 만토바 남쪽의 파르마도 항복과 순종을 청해온 것이다. 이로써 베로나, 만토바, 크레모나, 파르마로 이어진 대 롬바르디아 동맹의 최전선이 확립된 것이다.

만토바를 도우러 밀라노가 보낸 군대가 60킬로미터밖에 떨어지지 않은 브레시아 근처까지 왔다. 만토바 구원에는 제때를 맞추지 못했으나 그들은 물러설 수 없었다.

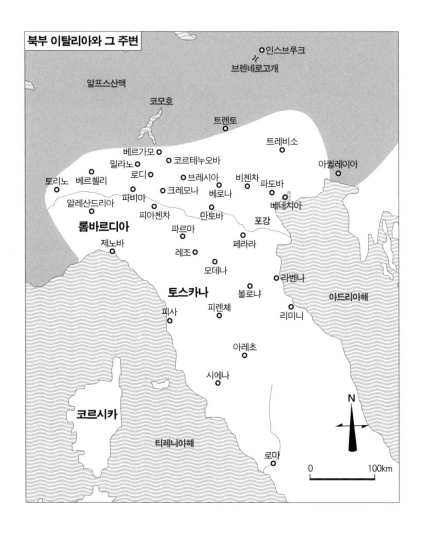

북부 이탈리아와 그 주변

인스브루크

브렌네로고개

알프스산맥

코모호

트렌토

트레비소

아퀼레이아

베르가모
밀라노
코르테누오바
비첸차
파도바

토리노
베르첼리
로디
브레시아
베로나
아퀼레이아

알레산드리아
파비아
크레모나
베네치아

롬바르디아
피아첸차
만토바
포강

제노바
파르마
페라라

레조

모데나
라벤나

토스카나
볼로냐
아드리아해

피사
피렌체
리미니

아레초

시에나

코르시카

티레니아해
로마

N

0   100km

이때 롬바르디아 동맹군을 이끈 것은 당시 밀라노의 '포데스타(장관)'인 티에폴로였다. 코무네 내부 항쟁으로 자국민 가운데 누구를 올려도 수습되지 않자, 타국에서 사람을 초빙해 장관에 앉히는 것은 이 시기 이탈리아 코무네(자치도시)에서는 드물지 않았다. 티에폴로는 베네치아공화국 시민인 데다 현 수상(도제)의 아들이었다. 베네치아공화국은 롬바르디아 동맹의 일원은 아니었으나 자국 시민이 동맹에 참여한 코무네의 '포데스타'에 취임하는 것을 막지는 않았다.

누가 이끌든 60킬로미터 밖에 있는 적을 그대로 놓아둘 수는 없었다. 그렇다고 전투를 시작하기에는 시기가 너무 나빴다. 북부 이탈리아의 겨울은 추위가 극심할 뿐 아니라 비가 많은 계절이다. 또 북부 이탈리아의 서쪽에서 동쪽으로 흐르는 포강의 지류가 많은 지역이라, 이 지방에서 겨울에 전투를 벌이는 것은 미친 짓이나 마찬가지라고 생각하는 게 상식이었다. 실제로 브레시아까지 오면서도 동맹 측을 공격할 낌새도 보이지 않았다.

그런데도 프리드리히는 먼저 공격에 나서기로 한다. 병사들이 충분히 휴식을 취했다고 판단한 11월 초, 1만 5천 중 1만 2천만을 이끌고 만토바를 떠났다. 포강으로 흘러드는 지류 가운데 하나인 올리오강을 왼쪽에 두고 강을 따라 서북쪽으로 행군한다. 목표는 올리오강의 상류 지대에 구축한 진지에 있는 동맹의 군대였다.

60킬로미터는 어렵지 않게 소화해 적이 눈앞에 있는 지점까지 도착했는데, 그로부터 15일 동안은 강을 끼고 양쪽 군이 대치하는 상태가 이어진다. 기병 2천에 보병 1만으로 이루어진 황제군은 기병 2천에 보병 6천의 동맹군보다 수적으로는 우세했다. 하지만 먼저 온 동맹군이 유리한 고지에 진지를 구축한 데 반해 나중에 온 황제군은 불리한 저지대에 진을 칠 수밖에 없었다. 또 강가이기 때문에 늪이 많다. 늪을 달려 나가 강을 건너 고지대를 공격하는 것은 적의 좋은 표적이 될 뿐이다. 그런데도 동맹군은 공격해

오지 않았다. 그들 처지에서 먼저 공격하는 것은, 곧 유리한 지세를 버리는 것을 의미했기 때문이다. 대치를 계속하는 가운데 시간만 흘러갔다.

프리드리히에게는 두 개의 선택지가 있었다. 11월도 중반을 넘어섰으니 지금은 일단 자리를 떠 크레모나로 돌아가 그곳에서 겨울을 넘기고 다음 봄을 기다려 다시 공격에 나서는 것이 첫 번째 선택지였다. 두 번째 선택지는 이런 계절이라도 공격에 나서는 것이었다.

둘 중 무엇을 선택하더라도 위험은 감수해야 했다. 첫 번째를 선택했을 때의 위험부담은 현재 수세에 몰린 동맹 측에 재기의 시간을 준다는 점이다. 한편 두 번째를 선택했을 때의 위험부담은 승부를 건 이상 피할 수 없는, 불리한 지형에서의 전투인 까닭에 반드시 발생할 병력의 대량 손실이었다.

이제 한 달만 있으면 마흔셋이 되는 프리드리히는 두 번째 선택지를 택한다. 다만 승부를 걸긴 걸더라도, 많은 희생까지는 치르지 않겠다는 생각이었다.

프리드리히는 첩자를 이용했다. 부하들을 근처 마을로 보내 아주 자연스럽게 황제군이 크레모나로 돌아가 겨울을 날 거라는 정보를 퍼뜨린 것이다. 동시에 독일인과 이탈리아인으로 이루어진 장군들을 모아 자세한 작전을 내렸다. 각 장군은 저마다 병사를 이끌고 각자 행동에 나선다. 올리오강을 건널 때까지는 전군이 행동한다. 이는 크레모나로 가려면 이 길이 지름길이기 때문인데, 역시 적을 속이는 작전 가운데 하나였다. 강을 다 건넌 뒤, 각 부대는 별도 행동에 나선다. 장군 하나는 보병을 이끌고 크레모나로 향하는 길로 가고, 다른 장군은 기병을 이끌고 숲속에 잠복한다. 후위를 책임지라는 명을 받은 사라센 병사 6천에게는 명령이 떨어지면 즉시 전위로 탈바꿈하는 역할이 맡겨졌다. 이리하여 1237년 11월 27일 아침이 밝았다.

동맹군은 완전히 믿어버렸다. 황제는 진지를 버리고 크레모나로 가고 황제군도 그 근처에서 겨울을 난다는 정보를 믿은 것이다. 황제는 크레모나에서 성탄절을 보내고 그다음 날인 자신의 생일도 느긋하게 즐길 게 분명하다고 착각했다. 프리드리히가 중요한 일이 생기면 성탄절이나 생일마저 기꺼이 희생하는 남자임을 모른 데서 온 착각과 자신들도 밀라노로 돌아가 가족들과 크리스마스를 축하하고 싶다는 바람이 섞여 생긴 오해였다.

대승

/

/

동맹군은 티에폴로의 명령 아래 진영을 떠났다. 그리고 남쪽에 있는 크레모나로 간다고 오해한 황제군과 반대로 밀라노가 있는 서쪽으로의 길을 행군하기 시작했다.

그것을 감시하던 병사의 보고가 황제에게 도착했다. 여러 정찰병의 같은 보고를 받은 뒤에도 프리드리히는 바로 명령을 내리지 않았다. 동맹군이 안전한 진영지로 돌아오려 해도 올 수 없는 지점까지 떨어지고, 기병 활용에 유리한 평탄하고 단단한 지반이 있는 지역까지 오길 기다린 것이다. 그 모든 요소를 확인한 후에야 비로소 미리 협의한 대로 신호를 올렸다. 공격 개시였다. 우선 기병이 선두를 끊었다. 후위에서 전위로 탈바꿈한 사라센 부대가 곧바로 그 뒤를 따랐다.

자신들의 마을로 돌아가는 행군이었다. 기분이 풀어진 탓인지, 전투 대형조차 갖추지 않았다. 진지로 도망쳐 돌아가려 해도 그 진지와 그들 사이에는 이미 황제가 보낸 보병이 막고 있었다. 이러지도 저러지도 못하는 상태가 된 동맹군을 향해 독일 기병과 사라센인 보병의 맹공이 쏟아졌다. 게다가 북쪽에 있는 베르가모로 도망치려 해도, 서쪽의 밀라노를 향해 도망치려 해도 그 방향에는 이미 포위한 황제의 보병 별동대가 가로막고 있었다. 올리오강 쪽을 제외하면 남쪽도 서쪽도 북쪽도 황제군으로 포위된 상태였다. 고대의 명장 한니발이 장기로 삼았던 포위 괴멸 작전이 북부 이탈리아의 코르테누오바 평원에서 1천 년 만에 재현된 것이다.

프리드리히의 승리는 완벽했다. 8천이었던 동맹군은 3천이나 되는 사망자를 냈다. 하지만 그 절반 이상이 겨울이라 불어난 올리오강에 뛰어들어 익사한 사람들이었다. 포로는 4천 명에 달했다. 총사령관인 티에폴로도 포로 가운데 하나였다. 이 밖에도 밀라노 유력 가문 자제가 많이 전사했다. 그들은 아군 병사를 지키려다 죽었다기보다 '카로초'라고 불린 밀라노시의 상징을 지키려고 싸우다 죽었다.

사전은 '카로초Carroccio'를 이렇게 설명하고 있다.

중세 이탈리아의 자치도시(코무네)에서 이용하던 소 네 마리가 끄는 짐차로, 도시의 깃발부터 제단, 종을 실은 도시의 상징이다. 시민들의 존경을 받아 시내를 다닐 때도 늘 병사들의 경호를 받았다고 한다.

고대 로마에서는 '아퀼라aquila(독수리 깃발)'라고 불린 군단기가 적에 넘어가는 것을 수치로 여겼다. 십자군도 십자가를 앞세워 싸웠다. 이 둘을 비교하면 '카로초'는 소 네 마리가 끌고 다니니 움직임 자체가 느리다. 도망칠 때도 이를 지키면서 도망쳐야 하니까 빨리 도망치지 못하는 게 당연하다. 그래서 제대로 움직일 수 없게 된 '카로초'를 적에게 건넬 바에야 자신들이 죽겠다며, 밀라노 명문가의 젊은이들이 대거 코르테누오바 들판에서 죽음을 맞았다. 상징으로 할 거면 좀 더 가지고 다니기 수월한 것으로 해야 하지 않았을까, 이건 어디까지나 제삼자의 생각이다. 현대 이탈리아 정당인 '북부 동맹'의 상징 마크는 황제에 대항하는 롬바르디아 동맹의 병사인데 이들은 정당의 별명을 '카로초'라고 부른다. 경제인인 탓에 합리적이었을 밀라노인도 제삼자가 보기에는 이해할 수 없는 것을 중시하는 면도 강했다.

12월 1일, 황제와 그의 군대는 코르테누오바로부터 30킬로미터를 '카로초'와 포로들을 끌고 크레모나에 개선했다. 거의 확실하게 황제파였던 크레모나 주민은 프리드리히를 열광적으로 맞이한다. 말을 타고 행진하는 황제 바로 뒤에 묶인 밀라노 장관 티에폴로를 태운 카로초가 뒤따랐다. 이 역시 거의 확실한 반황제파이므로 크레모나의 원수인 밀라노를 상징하는 '카로초'의 비참한 모습에, 크레모나의 아이들은 더욱 열광했다. 그날 밤은 포로가 너무 많아 감옥에 넣을 수 없어 시 청사만이 아니라 상품 거래소까지 포로로 채우고, 주민 전체가 참여한 향연이 밤까지 이어졌다.

며칠 뒤, 프리드리히는 이 카로초를 로마로 보냈다. 밀라노인의 자랑인 카로초는 프리드리히가 쓴 한 문장과 함께 로마 시민에게 보내는 선물이 된 것이다.

거기에는 예전 황제들의 영광에 대한 찬미를 지금의 로마인들과 공유하는 데 도움이 되길 바란다고 적었다. 나도 쓴웃음을 지으며 이거 상당히 얄밉네, 라고 말할 수밖에 없다. 고대 로마 황제들이 떠난 뒤 로마의 주인이 된 존재가 로마 교황이다. 그러므로 교황 같은 것은 잊고 황제를 떠올리라는 의미가 담겨 있는 것이다.

코르테누오바에서의 결과를 안 교황 그레고리우스의 낙담은 분노로 미쳐 날뛰는 그의 모습에 익숙한 사람들까지 놀라게 할 정도였다고 한다. 물론 선물로 온 캄피돌리오 언덕 위에 일반 공개된 카로초를 보러 갈 생각은 하지도 않았을 게 분명하다.

게다가 그 뒤에 이어진 보고는 교황 그레고리우스를 점점 더 침울하게 만들었다. 코르테누오바에서의 승리는 북부 이탈리아 전역의 분위기를 완전히 바꾸었다. 동맹에 참여했던 코무네는 공격받지도 않았는데 속속 황제에 항복하며 순종을 맹세했다. '롬바르디아 동맹'은 사실상 해체된 것이다. 밀라노는 주변 도시라고 해도 좋을 로디나 베르첼리, 파비아까지 동맹에서 이탈해 고립되었다.

1237년은 프리드리히에게 있어서 인생 최고의 해였을 것이다. 성탄절도 편안한 마음으로 축하하고 마흔셋의 생일도 지난 2년간의 성과를 음미하며 지냈을 게 분명하다. 1237년은 누가 황제인지를, 유럽 전체에 강하게 인식시킨 해였으니까. 그러나 운명의 여신은 질투가 심한 것으로도 유명했다.

(하권에 계속)

도판 출전 일람

245페이지 / 22페이지와 동일

263페이지 / Stephan C. Spiteri 그림

281페이지 오른쪽 / 작자 미상, 마르토라나 교회 소장(시칠리아/이탈리아)
© 게티이미지뱅크

281페이지 왼쪽 / 작자 미상, 몬테알레대성당 소장(시칠리아/이탈리아)
© 게티이미지뱅크

304페이지 오른쪽 / 프리드리히 2세의 아우구스탈레 금화(앞면),
대영박물관 소장(런던/영국) © British Museum

304페이지 가운데 / 디나르 금화, 피츠윌리엄 미술관(케임브리지/영국)
© Fitzwilliam Museum, University of Cambridge

304페이지 왼쪽 / 아우렐리우스 금화, 로마국립박물관(로마/이탈리아)
© Ministero per I Beni e le Attivita Culturali, Soprintendenza Archeologica di
Roma, Museo Nazionale Romano in Palazzo Massimo

307페이지 / 47페이지와 동일

308페이지 / 멜피 헌장, 페렐라다궁전도서관 소장, Domenico Maffei,
Un'epitome in volgare del "Liber Augustalis", Editori Laterza(Roma), 1995

393페이지 / 47페이지와 동일

장도비라 / ⓒ 게티이미지뱅크

지도 제작 / 소고세이즈연구소(綜合精研究所, 권두화, p25, 52, 68, 103, 141, 170,
190, 223, 230, 236, 241, 248, 260, 300, 362, 372, 387, 400)

황제 프리드리히 2세의 생애(상)

초판 1쇄 발행 2001년 06월 09일
초판 2쇄 발행 2024년 06월 17일

지은이 시오노 나나미
옮긴이 민경욱

발행인 심정섭
편집장 신수경
편집 김미경 김혜연 양승찬
디자인 디자인 봄에
마케팅 김호현
제작 정수호

발행처 (주)서울문화사
등록일 1988년 12월 16일 | **등록번호** 제2-484호
주소 서울시 용산구 한강대로 43길 5 (우)04376
구입문의 02-791-0708
이메일 book@seoulmedia.co.kr

ISBN 979-11-6438-967-4(0708)
ISBN 979-11-6438-966-7(세트)